ここから始める「憲法学習」の授業

児童生徒の深く豊かな学びのために

長瀬拓也
杉浦真理
奥野浩之【編著】
渡辺暁彦
松森靖行

ミネルヴァ書房

はじめに

　憲法を改訂する，しないに限らず，どの立場であっても憲法の精神を大切にする必要があります。その精神にたってこそ，憲法を自分たちの生活に置き換えて考え，憲法改正に関わる議論が生まれると考えます。そのため，教育免許状を取得する場合，必ず「日本国憲法」に関する科目を受講します。

　しかしながら，多くの教職の立場にいる人が憲法の精神を大切にしてきたかと訊ねられると自信をもって「そうだ」と答えることはなかなか難しいのではないでしょうか。もっと踏み込んでいえば，憲法の精神を知らないという若い先生も多いと考えています。

　学校現場に目を向けてみると，「憲法の授業はとても楽しく，意欲的に学べた」ということが残念ながら，多くはなかったのではないでしょうか。私自身も，小中高の授業や大学で学んだ「日本国憲法」は条文を紹介するだけのような講義が多く，正直面白くないなと感じたことが多くありました。

　憲法は私たちが生活する上でもっとも大切なものであり，私たちの未来をつくる礎でもあります。現在，立憲主義が脅かされる現状の一つひとつに憲法学ならびに教育学の中で，子どもたちが憲法について自分たちの生活に置きかえて深く考え，いきいきと学ぶような実践や理論を多くの先生に提供できていなかったのではないかという反省があります。

　しかし，憲法学習の実践者は実は草の根で長く活動していました。声高に叫ぶことはありませんでしたが，憲法について子どもたちと丁寧に学び合いながらすばらしい実践を展開していました。

　そこで，本書はそうした憲法学習の実践者の方々と協力して，「日本国憲法」の授業実践のテキストとして使えるよう，憲法の理論やそれに伴う授業づくりの実践を紹介しています。また，本書は学校現場で，若い先生のみならず，多くの先生にとって憲法学習の実践の参考になることをめざしています。

　本書をもとに教職課程の学生のみなさんならびに多くの先生の知見が広がることを期待しています。

2019年2月吉日

編著者の一人として　長瀬拓也

目　次

はじめに

第1章　なぜ，憲法学習は必要なのか …… 1

第2章　学校現場で大切にしたい憲法学習の意義 …… 9

1. 民主的に学ぶという視点から …… 10
2. 人権感覚を養うという視点から …… 12
3. 社会科教育の視点から …… 14
4. 道徳教育という視点から …… 16
5. 小学生が学ぶという視点から …… 18
6. 中学生が学ぶという視点から
　　――嫌法学習から憲法学習へ …… 20
7. 高校生が学ぶという視点から
　　――18歳選挙制度を見据えて …… 22
8. 大学生が学ぶという視点から …… 24
9. 国際的視野の視点から①
　　――アメリカの法教育の伝統 …… 26
10. 国際的視野の視点から②
　　――フランスの市民教育 …… 28
11. 国際的視野の視点から③
　　――ドイツの政治教育 …… 30
12. 憲法改正をめぐる歴史的背景から …… 32
13. 憲法学習としての「新聞」学習の可能性 …… 34

第3章　憲法学習の基礎基本
　　――小学校での授業のために …… 37

1. 日本国憲法の学習をはじめよう …… 38
2. 日本国憲法とわたしたちの暮らし …… 40
3. 民主主義と人権のあゆみ …… 42
4. 日本国憲法の成り立ち …… 44
5. 立憲主義 …… 46
6. 最高法規としての憲法 …… 48
7. 憲法と地方自治 …… 50
8. 三大原則 …… 52
9. 立法・行政・司法の三権と憲法 …… 54
10. 国民の義務 …… 56
11. 義務と権利のちがい …… 58
12. 国民主権 …… 60
13. 平和主義①
　　――日本国憲法の「平和主義」とは …… 62
14. 平和主義②
　　――憲法第9条と自衛隊 …… 64

15 平和主義③
　　——戦後70年，日本が戦争していないわけは？… 66

16 基本的人権の尊重 …………………… 68

17 裁判員制度と憲法 …………………… 70

第4章　さらに深める憲法学習
　　——中学校・高校での授業のために …… 73

1 個人の尊重 …………………………… 74

2 憲法の歴史と未来を考える ………… 76

3 国民主権と立憲主義 ………………… 78

4 象徴天皇制①
　　——大日本帝国憲法との比較 ……… 80

5 象徴天皇制②
　　——退位なども重ねて ……………… 82

6 幸福追求権と新しい権利①
　　——環境権 …………………………… 84

7 幸福追求権と新しい権利②
　　——自己決定権 ……………………… 86

8 幸福追求権と新しい権利③
　　——プライバシー権，忘れられる権利 … 88

9 平和主義①
　　——憲法第9条の解釈について …… 90

10 平和主義②
　　——「武力による平和」と国民の生命・
　　　財産・自由 ………………………… 92

11 自由権①
　　——概説・歴史的背景 ……………… 94

12 自由権②
　　——精神の自由 ……………………… 96

13 自由権③
　　——生命・身体の自由 ……………… 98

14 自由権④
　　——経済活動の自由 ………………… 100

15 自由権⑤
　　——財産権 …………………………… 102

16 社会権①
　　——社会権はなぜ必要か …………… 104

17 社会権②
　　——社会問題 ………………………… 106

18 平等権①
　　——概論・歴史的背景 ……………… 108

19 平等権②
　　——男女平等 ………………………… 110

20 平等権③
　　——部落差別・ヘイトスピーチ・外国人の人権 … 112

21 平等権④
　　——婚姻・両性の合意 ……………… 114

22 教育を受ける権利①
　　——教育の機会均等 ………………… 116

23 教育を受ける権利②
　　——権利を保障するための義務教育制度 … 118

24 労働権①
　　——働くことの意義と保障 ………… 120

25 労働権②
　　——働くことのリアルを求人票から考える … 122

26 参政権①
　　——概論・歴史的背景 ……………… 124

27 参政権②
　　——18歳選挙権と重ねて …………… 126

28 請願権 ………………………………… 128

29 国会と憲法①
　　——帝国議会との比較 ……………… 130

30 国会と憲法②
　　——国会の現状と課題 …………… *132*

31 内閣と憲法①
　　——内閣はどんな仕事をするのか ……… *134*

32 内閣と憲法②
　　——国会と内閣はどちらが強いか ……… *136*

33 裁判所と憲法①
　　——裁判のしくみ …………… *138*

34 裁判所と憲法②
　　——裁判員制度 …………… *140*

35 地方自治と憲法 …………… *142*

36 財　政 …………… *144*

37 憲法改正 …………… *146*

第5章　憲法学習を活かすために学校現場で気をつけること …… *149*

1 政治的中立の留意点 …………… *150*

2 小学校授業の留意点 …………… *152*

3 中学校・高校授業の留意点 …………… *154*

4 外国にルーツを持つ児童生徒への対応 …………… *156*

5 特別支援を要する児童生徒への対応 …………… *158*

6 ゲストティーチャーとのかかわり …………… *160*

7 学級経営とのかかわり …………… *162*

8 ICTを用いた授業の工夫 …………… *164*

9 ワークショップ型授業の工夫 …… *166*

10 提案・参加型授業の工夫 …………… *168*

巻末資料

　日本国憲法　*173*

　小学校学習指導要領（抄）　*180*

　中学校学習指導要領（抄）　*183*

　高等学校学習指導要領（抄）　*187*

おわりに

凡　例

　　最大判　　最高裁判所大法廷判決
　　最判　　　最高裁判所（小法廷）判決
　　最大決　　最高裁判所大法廷決定
　　最決　　　最高裁判所（小法廷）決定
　　高判　　　高等裁判所判決
　　高決　　　高等裁判所決定
　　地判　　　地方裁判所判決
　　地決　　　地方裁判所決定

第1章

なぜ，憲法学習は必要なのか

第1章　なぜ，憲法学習は必要なのか

① 私たちの憲法

　私たちは普段，空気の有難さに気づいていませんが，空気が汚れたとき，きれいな空気の有難さに気づくことになります。これと同様のことが憲法にも当てはまるのではないでしょうか。私たちは好きなことを話し，好きな人と結婚し，好きな宗教を信仰できます。それはなぜでしょうか。おそらく普段の生活でそのようなことを考える機会はないでしょう。普段の生活で当たり前と考えていることも実は当たり前ではないのです。歴史的に見ても，私たち人類はこれらの自由を国家という強大な権力によって制限され，剥奪されてきました。国家は自分たちに都合が悪い自由については，私たちから取り上げようとします。現在，日本では日本国憲法によって多くの自由が保障されています。憲法が国家権力を制限し，国民の自由を守ってくれているのです。

　2015年6月，公職選挙法等が一部改正され，選挙権年齢が満18歳以上に引き下げられました。しかし，選挙権年齢が満18歳以上に引き下げられてから初の衆院選となった第48回衆議院議員総選挙（2017年10月）では，戦後2番目に低い投票率となりました。この選挙では，憲法改正も争点のひとつとなっていたにもかかわらず，若年層の投票率が低く，全年代を通じた投票率53.68％に対し，10歳代が40.49％，20歳代が33.85％，30歳代が44.75％と，若年層全体としては，投票率は他の年代と比べて，低い水準にとどまっています。2018年6月には，日本国憲法第96条に定める日本国憲法の改正に関する手続を内容とする「日本国憲法の改正手続に関する法律（憲法改正国民投票法）」においても，投票権年齢が満18歳以上に引き下げられました。憲法とは何か，憲法はなぜ必要なのか，いま私たちは自分たちの憲法について考えてみるときなのではないでしょうか。特に，日本の未来を担う次世代の主権者である子どもたちに憲法を学んでもらい，憲法について考えてもらう必要があるのではないでしょうか（図1-1）。

② 憲法を守る義務は誰にあるのか

　国家統治の基礎は権力であり，その権力を握った者は，国民の権利や自由を守ろうというよりは，自分たちの都合のいいように国民の権利や自由を制限しがちです。人類が歴史上の経験から学んだように，どんなに素晴らしい人物であったとしても，いったん権力を握ってしまうと，誤りを犯してしまう危険性を秘めています。そこで，国家権力を担う者が，法律などによって国民の権利や自由を不当に侵害することがないように，一定の歯止めをかけようとしました。その道具が憲法です。すなわち，憲法は，ある一定の目的のために国民の権利や自由を制限する場合が多い一般の法

▷1　総務省「国政選挙における年代別投票率について」（http://www.soumu.go.jp/senkyo/senkyo_s/news/sonota/nendaibetu/, 2019.2.20）。

▷2　伊藤真（2007）『憲法（第3版）』弘文堂, p.3。

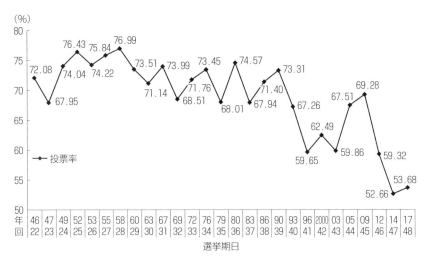

図1-1　衆議院議員総選挙における投票率の推移
出所：総務省（http://www.soumu.go.jp/senkyo/senkyo_s/news/sonota/ritu/，2019.2.20）。

律とは異なり，国家権力を制限して国民の権利や自由を守る法なのです。日本国憲法は「個人の尊重」（第13条）を最高の価値とし，国家権力を制限して国民の権利や自由を守ることを目的とします。

　この憲法における基本原理を理解させることができない憲法学習は，憲法学習と呼ぶに値しません。大学生に「憲法は誰が守るものですか」という質問を投げかけると，多くの学生から「国民」という回答が返ってきます。日本国憲法第99条の主語は，「天皇又は摂政及び国務大臣，国会議員，裁判官その他の公務員」とされており，「国民」とはされていません。つまり，日本の憲法は，国民に対して憲法を守れとは言っていないのです。このことは，憲法が「国民」よりも「天皇……その他の公務員」，すなわち国家権力に向けられていることを意味しています。近代国家における憲法は，立憲主義憲法です。立憲主義憲法は，個人の自由と権利を保障するために国家権力を制限することを目的とします。つまり，立憲主義憲法において，憲法を守る義務は国民ではなく，国家権力にあります。日本は，西洋近代国家をめざし，明治14年の政変後，立憲制の導入に向けて国家機構の整備につとめました。そして，1889（明治22）年2月11日に，大日本帝国憲法は公布されました。

　では，近代憲法であるはずの大日本帝国憲法は，戦前，なぜ国家権力の暴走を阻止し，国民の自由と権利を守りきることができなかったのでしょうか。大日本帝国憲法も，日本国憲法と同じく，権力の行使を憲法に基づかせようとした点においては，立憲主義憲法です。しかし，大日本帝国憲法は，「臣民」の権利を「法律ノ範囲内」で認めたにすぎず，君主権を制限するはずの議会の権限も限定されたものにすぎなかったため，絶対主義と立憲主義との間の妥協的性格のものでした。大日本帝国憲法では，

▷3　芦部信喜・高橋和之補訂（2015）『憲法（第6版）』岩波書店，pp. 9-13。

図1-2 「憲法」と「法律」のイメージ
出所：児玉祥一（2016）「次期学習指導要領地歴科新科目『歴史総合』を知る」神奈川県高等学校教育会館夏季講座配布資料。

「人々が生まれながらの人権をもっている」ということを確認するものとして憲法が制定されたというわけではなく，天皇による統治の体制を確認するために憲法が制定され，国民の権利も，天皇から与えられた恩恵としての「臣民」の権利として「法律ノ範囲内」で保障されたにすぎなかったのです。つまり，大日本帝国憲法は，完全な立憲主義憲法ではなかったのです。それに対して，日本国憲法は，法律の範囲内という制限を定めておらず，憲法による人権の保障を確立した立憲主義の憲法です。

この点については，中学校の教科書においても基本的人権の学習に入る前に説明がなされています。しかし，大学生になっても，憲法の対国家規範性について理解している学生はほとんどいません。本書を通して，学校教育における憲法学習のあり方について考えていきたいと思います（図1-2）。

▷ 4 「人権の保障は，第一に国に向けられています。国に対して，個人を尊重して自由な活動や幸福で平和な生活を実現することを要求しているのです。国家，個人の自由を侵害してはならず，また人々の生活の安定と福祉の向上を図り，差別をなくすなどの人権保障を推進していかなければなりません。」（坂上康俊ほか（2016）『新編 新しい社会 公民』東京書籍，p. 44。）

③ 学校教育の課題

政治単元の憲法学習は，条文を暗記する学習になりがちです。少ないながらも，言語活動を中心にした先進的な授業実践は，活動的な実践家から提示されてはいます。しかし，このような実践事例においても，生徒の興味・関心を重視するあまり，上で述べた日本国憲法における基本原理が見えにくい学習となってしまっています。

学校現場で法教育に対して難しいイメージがあるとするならば，教科書ではほとんど触れられていない民法，刑法，訴訟法なども教えなければならないと考えているからではないでしょうか。生徒が憲法の基礎的な理解もできていない現状において，教員は教科書を基礎として法教育の授業を実践していくことが重要であると考えます。ただ，教科書「を」教える授業ではなく，教科書「で」教える授業へと変えていく必要があります。

これまでの憲法学習では，憲法と法律の違いについて考えさせるということをしていないと言っても過言ではありません。そのため，私人対私人

の事件においても,生徒たちから違憲とか合憲といった意見が出てきます。つまり,生徒たちは憲法も法律と同じように,私たちが守らなければならないものであると考えています。しかし,憲法は対国家規範です。憲法第98条は,憲法に反し,無効になるものとして「法律,命令,詔勅及び国務に関するその他の行為」と国家行為ばかりあげているところからも,それはよくわかります。とすると,憲法に反する行為を私人がしたとしても,憲法を根拠に無効になるということはありません。もちろん,私人も他人の生存や財産,自由を侵害することは許されませんが,それは民法の不法行為による損害賠償や物権などを根拠にした差止の対象になるか,刑法に抵触し許されない行為になるかという問題に過ぎません。

　この点については,伊藤塾塾長の伊藤真(2001)も「私たちの塾に通う学生の多くは,憲法と法律の違いを知らない。……憲法は国家権力の側に歯止めをかける道具であるのに対して(第99条),法律は私たちに対する行動の基準となるものである。このように憲法と法律とでは質的にまったく異なるものである」と述べています。

▶5　全国法教育ネットワーク編著(2001)『法教育の可能性——学校教育における理論と実践』現代人文社, p. 133。

④ 憲法学習と道徳

　憲法は対国家規範であり,私たち国民の自由と権利を守ってくれるものであるということを学ぶとき,同時に「公共の福祉」という概念についても学習する必要があります。憲法学習というとき,私たちは社会科で学習するものと考えています。2017年改訂中学校学習指導要領の「特別の教科 道徳」では,第2「内容」C「主として集団や社会とのかかわりに関すること」の〔遵法精神,公徳心〕において,「法やきまりの意義を理解し,それらを進んで守るとともに,そのよりよい在り方について考え,自他の権利を大切にし,義務を果たして,規律ある安定した社会の実現に努めること」とあります。この中の「自他の権利を大切にし」というフレーズに注目したいと思います。「自他の権利を大切に」することと「公共の福祉」を同義に解することはできないものの,「公共の福祉」を理解することは「自他の権利を大切に」することにつながるものと考えています。「公共の福祉」は第一義的には,人権と人権のぶつかり合いを調整する原理と考えるべきです。その意味において,「自他の権利を大切に」することは「公共の福祉」との親和性が高く,憲法学習において「社会科」と「道徳科」の教科横断型の授業を開発していくことも重要です。2017年改訂小・中学校学習指導要領と2018年改訂高等学校学習指導要領では,カリキュラム・マネジメントの充実のために,「教育の内容等を教科等横断的な視点で組み立てていくこと」の重要性が示されています。憲法学習においても,社会科だけで終わらせることなく,教科等横断的な学習にしていくことが求

められているのです。

人権制約原理である日本国憲法第12条・第13条の「公共の福祉」について、ある教育委員会のウェブサイトに掲載されている学習指導計画では「全体の利益（権利）のために個人の利益（権利）が制限されることを知る」という説明がなされています。しかし、ナチス＝ドイツや軍国主義時代の日本でみられたように、個人の人権よりも全体の利益を安易に優先させる社会を正当化する論理として、「公共の福祉」を用いることは非常に危険です。「個人の尊重」という憲法理念に従う場合、ある個人の人権を制限できるものは「別の個人の人権」しかありません。「公共の福祉」とは、あくまでも人権と人権のぶつかり合いを調整する原理にすぎないということになります。つまり、自らの権利だけではなく他者の権利も尊重することが重要であり、どんな自由も他人に迷惑をかけない範囲で認められるのです。

▷ 6 伊藤真（2005）『高校生からわかる日本国憲法の論点』トランスビュー，pp. 82-84。

日本国憲法第13条には、「生命、自由、及び幸福追求に対する国民の権利については、公共の福祉に反しない限り、立法その他国政の上で、最大の尊重を必要とする」と書かれています。つまり、私たちが憲法で保障されている権利も公共の福祉に反した場合は、保障してもらえないということです。憲法第13条には「すべて国民は個人として尊重される」とあるように、すべての人それぞれが憲法で権利を保障されているのです。したがって、他人の権利を侵害してまでも、自分の権利が保障されるということはないのです。人の悪口を言って他人に迷惑をかけることは、憲法第13条の幸福追求に対する権利を侵害することになります。「表現の自由」が保障されているからといって、公然と人の悪口をいうことは許されません。実際に、刑法第231条には、「事実を摘示しなくても、公然と人を侮辱した者は、拘留又は科料に処する」と定められています。道徳の授業において、自らの権利も重要ですが、他者の視点に立ち、他者の権利についても考える必要があることに気づくことは、憲法の「公共の福祉」概念の学習につながるのです。

⑤ 憲法改正問題

日本国憲法は2017年5月に施行70年を迎え、憲法改正論議が活発化しています。「今年こそ憲法のあるべき姿を国民にしっかり提示し、憲法改正に向けた議論を一層深める1年にしたい」。安倍晋三首相は2018年年頭の記者会見で、改憲への強い意欲を表明しました。自民党は2017年の衆院選の選挙公約の柱のひとつに、初めて改憲を明記しました。その選挙で、改憲勢力が国民投票の発議に必要な3分の2の多数を占めたことには、それなりの重みがあります。私たちは、日本国憲法をよく理解したうえで、私

たちの憲法をどうすべきか考えるときにきているのです。憲法改正論議の中でも，憲法第9条の改正をめぐる問題が最も大きな論点となっています。

　日本国憲法が独特で，他に類をみない平和主義であるといわれてきたのは，第9条第1項以上に第2項の規定にあります。日本も署名した，第一次世界大戦後の1928年にパリで署名された不戦条約が，第1項にも引き継がれています。不戦条約では，「国際紛争解決のための戦争」を違法化する流れを決定づけましたが，自衛戦争を行う権利は認められるということが当然の前提として確認されていました。しかし，日本国憲法は，第2項で「戦力の不保持」「交戦権の否認」を規定することで，第1項とあわせれば自衛戦争も含めた一切の戦争を禁止していると読むことができるのです。政府見解によれば，自衛隊は戦力ではなく，国民の生命，財産を守るための必要最小限度の実力組織として存在するため合憲とされています。つまり，憲法第9条の下において許されている自衛権の行使は，わが国を防衛するため必要最小限度の範囲にとどまるべきであるといえます。2014年7月1日，第2次安倍内閣において，集団的自衛権を限定的に行使することができるという，憲法解釈を変更する閣議決定がなされました。集団的自衛権とは，政府解釈によれば「自国と密接な関係にある外国に対する武力攻撃を，自国が直接攻撃されていないにもかかわらず，実力をもって阻止する権利」です。わが国が武力攻撃されていないにもかかわらず，自衛隊が武力行使できるという解釈は違憲の疑いが強いため，改憲に賛成する人々からも批判が出ています。

　安倍首相は2017年5月，憲法第9条第1項（戦争放棄）と第2項（戦力不保持）を維持したまま，自衛隊の存在を書き足すことを提案しました。この他，第2項を削除し，自衛隊を軍隊と位置付けるべきであるという意見もあります。2014年に創設60年を迎えた自衛隊の存在を，いま改めて憲法に書き足すことは何を意味するのでしょうか。また，戦力不保持を維持してきた日本が，第2項を削除し，軍隊を置くことは周辺諸国との国際関係にどのような影響をもたらすのでしょうか。このような問題について考えるとき，戦後，どのような状況で，どのような国民の思いの下，日本国憲法が誕生したのかを理解するとともに，憲法第9条の解釈について学習する必要があるのです。私たちはもちろんのこと，次世代の主権者である子どもたちにこそ，日本国憲法に関心をもち，日本国憲法について学習してもらう必要があるのです。

（奥野浩之）

▷7　2012年の自由民主党による改憲草案では，以下のように示されている。「第9条　日本国民は，正義と秩序を基調とする国際平和を誠実に希求し，国権の発動としての戦争を放棄し，武力による威嚇及び武力の行使は，国際紛争を解決する手段としては用いない。

2　前項の規定は，自衛権の発動を妨げるものではない。

第9条の2　我が国の平和と独立並びに国及び国民の安全を確保するため，内閣総理大臣を最高指揮官とする国防軍を保持する。」（自由民主党（2012）「日本国憲法改正草案」（https://jimin.jp-east-2.os.cloud.nifty.com/pdf/news/policy/130250_1.pdf，2019.2.20））。

さらに学びたい人へのブックガイド

○全国法教育ネットワーク編（2001）『法教育の可能性――学校教育における理論と実践』現代人文社。
　法学者の視点を踏まえた法教育理論書。社会科教育への課題が書かれています。これからの民主社会を実現する市民を，初等・中等教育の中で，どのように育成していけばよいのかを考えるきっかけとなります。

○伊藤真（2005）『高校生からわかる日本国憲法の論点』トランスビュー。
　中学生や憲法関連書を初めて読む人でも理解しやすく，日本国憲法について幅広く書かれています。

○芦部信喜・高橋和之補訂（2019）『憲法（第7版）』岩波書店。
　放送大学のテキスト。憲法の基礎がわかりやすく書かれています。憲法学のスタンダードとして，生徒の調べ学習の資料として扱うことができます。

第2章

学校現場で大切にしたい憲法学習の意義

第2章　学校現場で大切にしたい憲法学習の意義

民主的に学ぶという視点から

① 一人ひとりが尊重される教室にするために

　結論を先に述べると，憲法学習を進める意義は，何よりも「民主的に学ぶ教室にしていく」ことだと考えています。ここでは，「民主的に学ぶ」とは「多様性を認め，互いに尊重しながら，自由に学びあえる」と定義しておきます。

　鈴木翔（2012）の『教室内カースト』など，教室内外において友達同士に上下関係が存在すると主張したときに，研究者や学校現場にとどまらず，大きな反響がありました。このように，上下関係を意識して動くことが大人の世界だけでなく子どもの世界にも存在します。同世代，同学年であっても，必要以上に友達関係に配慮したり，苦しんだりすることも少なくありません。そうした子どもたちとともに，憲法が大切にしてきた「個人の尊重」「自由」「平等」といった考え方を学ぶことは，これからの社会をつくっていく子どもたちに対して「生きる指針」を示すことになります。

　憲法学習は基本的に社会科の学習で行われます。しかし，社会科の学習のみに終わってしまい，さらには暗記科目の代名詞となってはもったいないと考えます。

　日本国憲法第13条を読んでみましょう。

> 第13条　すべて国民は，個人として尊重される。生命，自由及び幸福追求に対する国民の権利については，公共の福祉に反しない限り，立法その他の国政の上で，最大の尊重を必要とする。

　「個人として尊重する」ということ。子どもたちが当たり前のように考えていることは，実は当たり前ではありません。今までの歴史や先人たちの苦労や努力があって認められた「権利」です。今まで学んできた歴史の学習をふりかえりながら，個人として尊重されなかった事例を考えるとより認められた権利の大切さがわかります。

　「一人ひとり大切にされない社会なんてありえない」。子どもたちはそう考えるかもしれません。しかし，次のようにも考えるのではないでしょうか。

　「でも……，一人ひとりが大切にされる社会になっているかな……」と。

さらに，日本国憲法第14条を読んでみます。

第14条　すべて国民は，法の下に平等であつて，人種，信条，性別，社会的身分又は門地により，政治的，経済的又は社会的関係において，差別されない。

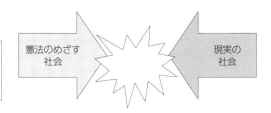

図2-1　現実の社会と憲法のめざす社会のギャップ
出所：筆者作成。

「差別をしてはいけない。当たり前だよ」と子どもたちは答えます。

しかし，「でも……」と続き，「できていないことも多いよね」と考えます。

つまり，憲法学習を進めることは，今の社会と理想とする社会の矛盾を見つけることにつながります。子どもたちが友達同士に対して起こす違和感も含め，憲法に書かれた世界と現実の社会のギャップを感じます。

実は，このギャップを感じることが「民主的な学びをする教室」にするための最初の一歩の学びだと考えます（図2-1）。

② だからこそ，教室から社会を変えていこう

自由で平等に個人が尊重される社会。

「そんな社会，できないよ」という子も出てくると思います。そんなときは，「では，憲法に書かれているのはなぜだろう」と投げかけます。

今の状況と憲法が大切にしている自由で平等に個人が尊重される社会とのギャップをいかに埋めていくか……。そのために，まず自分たちの教室から変えていくことを一緒に考えていきます。

「一人ひとりを尊重するクラスにするにはどうすればよいのだろう。」

「平等でいじめやいやがらせのない楽しいクラスにするにはどうすればよいのだろう。」

そうしたクラスにするためには，「どんな学びにすればよいのだろう」と考えていきます。

社会を変えるために，まずは目の前の教室を変えていくこと。そのためには，授業における学びの中で多様性を認め，互いに尊重しながら，自由に学び合えることが求められます。

③ 学級，学校，そして社会へ

憲法は基本的人権の尊重のみだけではなく，国家の権力の抑制や統治のあり方も述べられていて学ぶ必要もあります。そのうえで，この授業で大切にしたいことは，子どもたちはこれからの社会をつくっていく存在だということです。民主的な社会にするためには民主的な学びの積み重ねが求められます。そのひとつが憲法学習だといえます。

（長瀬拓也）

参考文献

鈴木翔／本田由紀解説（2002）『教室内カースト』光文社。

2 人権感覚を養うという視点から

① 人権感覚を養うのはいつから？

　人権感覚とは，人権の価値やその重要性を理解して，人権が守られていることを良い状況とし，逆に，それが守られていないとき，許せないとするような感覚です。子どもたちが人権感覚を養うのはいつからがよいのでしょうか。文部科学省（2008）「人権教育の指導方法等の在り方について（第3次とりまとめ）」の第1章では，人権教育を通じて育てたい資質・能力について(1)知識的側面，(2)価値的・態度的側面，(3)技能的側面，の3つを取り上げています。

　そのうち，(2)と(3)を高めることによって，人権感覚が養われるとしています。実際，「知識」をもっていてもそればかりが先行して，人権の保障の点で，不適切な言動や行動をとってしまう人はたくさんいるのが現状です。国は，(1)と(2)，(3)を分けて考え，(1)と同時に(2)，(3)も育てていける手段を模索している最中です。

　今現在，学校教育で人権教育を取り扱わない現場はありません。お互いの違いを認め合いながら「友だちと仲良くすること」「お互いに助け合うこと」など，これらはすべて人権教育です。教育現場では，様々な方法で人権に関する知識を教え，それをどう思い，どのように行動するべきか，つまり価値的・態度的・技能的側面も育てています。しかし，教師がどんな取り組みをしても，人権的に許されない行動，そこまでではないにしても心配になるような行動をとる子どもたちはたくさんいます。

　人権感覚を養うことは，学校現場だけでは不可能です。子どもたちの家庭環境が大きくかかわっているからです。学校では教員が教育環境をつくると同様に，家庭では保護者が教育環境をつくるのです。人権感覚を養うこと，特に学校現場においては，この「家庭環境」を把握することが重要になります。

　人は生まれた瞬間から様々な人にかかわります。生まれたときから「大切にされている」「大人は必ず守ってくれる」という感覚を肌で感じることが，最大の人権教育，人権感覚を養う教育なのです。しかし，虐待問題などそのように感じること，感じさせてあげることが難しくなっているのが現状です。今までそのような感覚を養ってもらえなかった子，人権感覚

が不足している子には，それまでを取り返すように，周りの大人がしっかりと支援していかなくてはなりません。学校では教員がその役割を担います。では，日本国憲法の何を大切にしていけばよいのでしょうか。

② 学校教育現場における人権感覚育成と日本国憲法

学校教育は，法的拘束力のある学習指導要領に基づいて行われています。学習指導要領の元をたどると学校教育法や教育基本法にたどりつきます。それらの根本原理を支えているのが日本国憲法です。日本国憲法の三本柱のひとつとして，「基本的人権の尊重」があげられています。学校教育は，この「基本的人権の尊重」を主として活動が組まれています。小さなところで見れば，「気持ちのよい挨拶をすること」や「相手の話をきちんと聞くこと」も人権感覚の育成ですし，「ハンセン病について」学ぶこともそれに当たります。

学校教育が「基本的人権の尊重」を主として活動が組まれている理由は，それが憲法の中で最も大切なものだからです。基本的人権を第11条では，「侵すことのできない永久の権利」としています。第12条では，国民に人権を守る義務を課しているようにも読み取れます（これには諸説あります）。第11条と同じ内容を第10章「最高法規」の冒頭の第97条でも述べています。

この基本的人権の憲法での内容を学校教育で活かしていくと，「学校できちんと教えていくべきもの」と「子どもたち個人を大切にしていくもの」との間で，葛藤をすることが多々あります。たとえば，けんかの当事者2人に対して，明らかに悪い側の児童生徒や保護者が納得をしないという状況です。それは，第13条の「個人の尊重」「包括的基本権」「公共の福祉」の存在があるからです。「包括的基本権」は「幸福追求権」ともいわれます。憲法はすべての人権を条文で説明している訳ではないのです。制定されたときには想定されていなかったのですが，時代の流れにより改憲には至らなくても，新しい人権が生まれています。プライバシーの権利などがそれです。わがままをする子ども，授業中であろうと担任に苦情を言う保護者などが現れたのも，その人たちが「包括的基本権」を主張しているからです。しかしこれでは，学校側は，どう対応していけばよいのかわからなくなってしまいます。しかし，人権だからといって無制限に認められるわけではありません。第13条にきちんと「公共の福祉」に反しない限り認められるとされています。つまり，自分以外の人に迷惑をかける人権は認められないということなのです。教員は，「公共の福祉」に反しないということも，きちんと教えるべきでしょう。それは，人権感覚を養いながら，同時に教えることで，より効果的になります。この「おりあい」をきちんとつけることこそ，課題なのです。

(松森靖行)

第2章 学校現場で大切にしたい憲法学習の意義

3 社会科教育の視点から

① 社会科の目標

　社会科の目標は公民的資質の育成です。1948年刊行の『小学校社会科学習指導要領補説編』において,「社会科の主要目標」は「できるだけりっぱな公民的資質を発展させること」としています。そして,「りっぱな公民的資質ということは,その目が社会的に開かれているということ以上のものを含んでいます。すなわちそのほかに,人々の幸福に対して積極的な熱意をもち,本質的な関心をもっていることが肝要です。それは政治的・社会的・経済的その他あらゆる不正に対して積極的に反ぱつする心です。人間性及び民主主義を信頼する心です」と説明されています。

　2017年3月に公示された小学校および中学校の学習指導要領においても,社会科の目標は「平和で民主的な国家及び社会の形成者に必要な公民としての資質・能力」の育成を掲げています。つまり,社会科は誕生以来,一貫して誰もが幸福を追求できる平和で差別のない民主的な社会を形成する公民としての資質の育成を目標に掲げてきました。

② 憲法学習の目標

　憲法学習の目標は,憲法の理念とその内容を理解し,より平和で民主的な社会にしていくために,私たちができることについて考え,それを実践していく態度を育成していくことにあります。憲法学習の目標は,公民的資質の育成を目標とする社会科の目標に直接つながるものであり,社会科は憲法学習の中核となる教科です。

　このことは,初期社会科においても1947年版社会科学習指導要領の中であらわされています。つまり,初期社会科は,子どもたちが日本国憲法で保障された基本的人権に目覚め,主権者として自他ともによりよい生活を追い求めていく主体形成をめざし,日本国憲法に示された民主的な社会を形成,維持,発展させていくための要となる教科だったのです。

③ 社会科教育における憲法学習

　社会科では,歴史学習と公民学習において憲法学習が位置づけられています。歴史学習の中では,主に,大日本帝国憲法成立の背景と大日本帝国

▷1 「事実,みずから自分の生活の独立を維持し,人間らしい生活を楽しむことを知っているものであるならば,そこにはじめて,他人の生活を尊重し,自他の生活の相互依存の関係を理解することができ,自分たちの社会生活を,よりよいものにしようとする熱意を持つことができる」(文部省(1947)「学習指導要領　社会科編(試案)」第1章「序論」第1節「社会科とは」国立教育政策研究所学習指導要領データベース (https://www.nier.go.jp/guideline/s22ejs1/chap1.htm, 2019.2.20))。

憲法下での日本のあゆみ，および日本国憲法成立の背景と日本国憲法下での日本の歩みについて学ぶことになります。そして，公民学習としては，主に，立憲主義とのかかわりの中で日本国憲法の三原則と各人権，および三権について学習していくことになります。

公民学習については，小学校では，各人権の内容にまで触れることはできませんが，中学校では憲法判例等を通して各人権の意義について考察することも重要になってきます。

④ 社会科新学習指導要領と憲法学習

2017年3月に公示された新学習指導要領において，改訂のポイントの1つとして主権者教育の充実があげられています。主権者教育の基盤となる憲法学習は，新学習指導要領においても重要と考えられています。

小学校学習指導要領の第6学年の社会の目標では，これまでの順序が改められ，「我が国の政治の考え方と仕組みや働き」について理解することが最初に示されました。主権者教育において重要な役割を担う教科として政治の働きへの関心を高めることが重視されています。内容については，これまでの「歴史→政治」の順から，「政治→歴史」の順になり，政治学習そのものについても変更が加えられ，憲法に関する内容が国や地方公共団体に関する内容より先に示されました。小学校学習指導要領の社会科では，政治学習の中でも特に憲法学習が重視されていると考えられます。

中学校学習指導要領の社会科では，公民的分野の授業時間数は100単位時間と変更することなく，地理的分野は120単位時間から115単位時間に縮減し，歴史的分野は130単位時間から135単位時間に増やしています。この変更には，歴史学習における民主政治の来歴の学習が想定されており，主権者教育の充実が大きくかかわっています。公民的分野で各人権について学習するとき，歴史的分野との横断型学習によって，各人権の歴史的文脈について考えることも重要なため，中学校社会科新学習指導要領でも憲法学習の存在は大きくなっているといえます。

憲法学習の充実が叫ばれる現代にあって，学校教育の現場には，大きな期待が寄せられています。社会科憲法学習の目標は，憲法の理念を体現し，平和で民主的な社会を形成することができる公民的資質の育成にあると考えています。しかし，日本の社会科の入試の多くが個別の知識の多寡を問うものだったために，学校における社会科憲法学習も条文の暗記を強いるような授業になりがちでした。条文の暗記で終わらせることなく，条文を活用し，歴史的文脈まで考慮しながら，具体的な事例を探究することで，憲法の本質に迫ることができる資質・能力を子供たちに育成していくことが社会科憲法学習に求められているのです。

（奥野浩之）

▷2　「小学校学習指導要領」第2章「各教科」第2節「社会」第2「各学年の目標及び内容」（第6学年）より（2017年告示）。

▷3　北俊夫・加藤寿朗編著（2018）『平成29年版 小学校新学習指導要領の展開 社会編』明治図書出版，pp. 86-88。

▷4　原田智仁編著（2017）『平成29年版 中学校新学習指導要領の展開 社会編』明治図書出版，p. 10。

第2章 学校現場で大切にしたい憲法学習の意義

道徳教育という視点から

① 学校教育における道徳教育の位置づけ

「道徳教育」と一言でいっても，実は2つの意味が隠されています。それは，学校の教育活動全体で取り組む「道徳教育」という意味と，週に1度年間35時間（小学校1年生は34時間）の枠を用いて実施する「特別の教科 道徳」（道徳科）という意味です。

学習指導要領には次のように規定されています。

道徳教育の目標は「特別の教科である道徳（以下「道徳科」という。）を要_{かなめ}として学校の教育活動全体を通じて行うものであり，（中略），自己の生き方を考え，主体的な判断の下に行動し，自立した人間として他者と共によりよく生きるための基盤となる道徳性を養うことを目標とする」。

また道徳科の目標は，「よりよく生きるための基盤となる道徳性を養うため，道徳的諸価値についての理解を基に，自己を見つめ，物事を（広い視野から）多面的・多角的に考え，自己（人間として）の生き方についての考えを深める学習を通して，道徳的な判断力，心情，実践意欲と態度を育てる（内は中学校）」。

ちょっとわかりにくいかもしれませんが，国語であれ，社会であれ，ホームルームなどの特別活動であれ，学校教育すべての場面において道徳教育はおこなわれるものであること，そして特に道徳科においては，正直や誠実，規則の尊重といった道徳的諸価値に焦点を当て，道徳性を育む授業を行うということが示されています。

ただ，道徳教育も道徳科も目標とするのは「他者とともによりよく生きるための基盤となる道徳性を養うこと」です。どうすれば異質な存在としての私たちがともによりよく生きていくことができるのか，学校教育や道徳科の中で考えを巡らせながら，ときには実践し，そしてよりよく生きる存在として社会に出ていくことをめざすのが，道徳教育の役割であるといえます。

② 日本国憲法と道徳科の授業

道徳科の内容項目において，ずばり憲法そのものについて学ぶことはありません。ただし，日本国憲法の3つの基本原則である「国民主権」「基

▷1 「小学校学習指導要領」第1章「総則」第1「小学校教育の基本と教育課程の役割」（2017年告示）。なお，「中学校学習指導要領」（2017年告示）も同様。

▷2 「小学校学習指導要領」第3章「特別の教科 道徳」第1「目標」（2017年告示）。なお，「中学校学習指導要領」（2017年告示）も同様。

▷3 内容項目とは，道徳科において扱う道徳的価値を意味する。学習指導要領では，「A 主として自分自身に関すること」（「正直，誠実」など），「B 主として人との関わりに関すること」（「友情，信頼」など），「C 主として集団や社会との関わりに関すること」（「規則の尊重」など），「D 主として生命や自然，崇高なものとの関わりに関すること」（「生命の尊さ」など），という4つの視点から整理されている。小学校低学年では19項目，中学年では20項目，高学年と中学校は22項目取り上げられている。またこれ以外にも，情報モラルに関すること，いじめに関すること，社会の持続可能な発展などの現代的な課題について扱うことが求められている。

本的人権の尊重」「平和主義」という視点から見れば，道徳科においても，そのエッセンスを学ぶことは可能になってきます。たとえば，国民主権そのものについて学ばないとしても，他者と協働していくことや自分たちが郷土の課題を解決する主体としてどういうことができるのか考えることはできるでしょう。その際に道徳的価値として「自主，自律，自由と責任」「社会参画，公共の精神」などを扱うことが可能です。

　また道徳科においては憲法上の議論から平和主義を扱うことはできないかもしれませんが，たとえば「平和であることとはそもそもどういうことなのか」ということについては扱うことができます。その際に「国際理解，国際貢献」の内容項目を絡めて国際的な視野から平和について捉えていくことも可能です。

　では基本的人権の尊重についてはどうでしょうか。

③ 権利について学ぶということ

　基本的人権の尊重，すなわち人権について道徳科で学ぶことはもちろん可能です。権利と義務について学ぶ「遵法精神，公徳心」という内容項目がそれに該当します。教材として「**世界人権宣言**」が取り上げられる場合もあります。児童生徒が権利主体として生きていくことを考えれば，「**児童の権利に関する条約**（子どもの権利条約）」を扱うことも可能でしょう。子どもの権利条約は，「生きる」「育つ」「守られる」「参加する」という4つの権利の柱から成立していますが，特に参加するという意見表明権については，児童生徒のみならず大人もその意義を正しく理解しなければなりません。

　意見表明権は，ややもすれば児童生徒のわがままと解釈されがちですが，決してそうではありません。自分の意見を表明することは，他者の意見を尊重することにもつながります。お互いが権利の主体であることを認識することが非常に大切です。自分の意見だけを押し通すことが意見表明権ではなく，お互いが自分の考えを出し合い，対話していく中で，「納得解」（お互いが納得できる共通理解を見出すこと）を探っていくことが道徳教育として大切な視点になってきます。

　繰り返しになりますが，道徳教育がめざすのは，他者とともによりよく生きるための基盤となる道徳性を育んでいくことです。自分のみならず，自分とは異なる他者も権利主体として認め，多様な存在であることを常に認識し，いかにして共存していくかを探っていくことが，これからの道徳教育に大きく求められる役割であるといえるでしょう。

　　　　　　　　　　　　　　　　　　　　　　　　　（荒木寿友）

▷4　世界人権宣言（人権に関する世界宣言）
人権および自由を尊重し確保するために，「すべての人民とすべての国とが達成すべき共通の基準」を宣言したものである（外務省のウェブサイト参照）。1948年第3回国連総会で採択され，1950年の第5回国連総会において毎年12月10日を「世界人権の日」と決議した。

▷5　文部科学省（2014）『私たちの道徳　中学校』において，取り上げられている。

▷6　児童の権利に関する条約（子どもの権利条約）
その名の通り，子どもの権利について定めた国際的な条約である。1989年に第44回国連総会で採択され，日本は1990年に署名，1994年に批准した。2017年3月現在196の国と地域で締約されている。

第2章　学校現場で大切にしたい憲法学習の意義

5　小学生が学ぶという視点から

① 小学生のときから主権者教育を

　小学校における憲法学習は，6年の社会科の学習内容である「歴史」「政治・憲法」「世界」の3本柱のひとつに位置づけられています。

　しかし，「18歳選挙権」が現実になった今，もっと早い時期から日常の生活とかかわらせて政治や憲法に触れていく必要があります。ある大学が行ったアンケートでは，回答した学生の4分の1がこれまで自分が受けてきた教育を振り返って「主権者教育の必要性」を指摘し，その中の学生の1人は「自分が主体になって物事を決める感覚を初等教育でも家庭内においても根付かせていくことが大切」と述べています。

　実際，現代の子どもたちは情報化社会の中で生きており，幼いときからたくさんの知識や情報をテレビやインターネット等から得ています。そして，社会の様々な出来事に対して「なぜ，そういうことが起こるのか」「問題を解決するにはどうすればいいのだろう」と問いや探求心を抱いています。高学年ともなれば，学びを深めていく中で「こんな世の中に変えていきたい」「だれもが人間らしく生きられる社会をつくりたい」と，希望をもって主体的に社会にかかわっていこうとする姿が見られ，個々人の意見表明もできるようになります。

　日常生活の中に，また日々のニュースの中に政治，憲法学習の材料はたくさん転がっています。選挙権を得た18歳が自信をもって投票できるよう，幼いときから時事問題等をきっかけに社会や政治，憲法に関心をもつことができるように地道に主権者教育を積み重ねていくことが大切です。

② あらゆる機会を通して憲法を学ぶ

　小学校低学年での憲法との出会いは，5月の連休です。連休前日に「明日から3日続けてお休みです。何の日でしょう？」と子どもたちに問います。「こどもの日」「みどりの日」は出てきても，「憲法記念日」と正確に言い当てる子どもは少ないでしょう。そこで，5月3日は何の日か，うちの人に聞いてくることを宿題にします。連休明けの朝，子どもたちは憲法や記念日について家庭で教わったことを張り切って発表することでしょう。難しいことはわからずとも，憲法とは「国のきまり」であること，それは

▷1　『朝日新聞』「フォーラム　18歳選挙権」2015年5月11日付朝刊。

▷2　井上ひさし（2006）『井上ひさしの　子どもにつたえる日本国憲法』講談社。井上ひさし原案・武田美穂（2011）『「けんぽう」のおはなし』講談社。

▷3　朝日訴訟
1957年に朝日茂氏（当時44歳）が，生活保護の基準が憲法の定める生存権保障に違反するとして提訴した行政訴訟。この訴訟の原告であった故朝日茂氏は，重度の結核患者で国立岡山療養所に長年入院し，生活保護法に基づく医療扶助と月額600円の日用品費の生活扶

5 小学生が学ぶという視点から

学校のきまりとは違って，国を治めている人たちが好き勝手なことをしないように歯止めをかけるものであることを押さえておくといいでしょう。小学生向けに書かれた「けんぽう」の絵本なども利用すると効果的です。

また地域や学校・家庭での出来事を通して，自由や平等，諸権利等について考えさせ憲法を身近なものにしていきます。積極的に題材を見つけて，低学年からあらゆる機会に憲法を学ぶことが大切です。

③ 憲法と私たちの暮らし

グローバル化が進展し，身近な地域や学校でも多様性を認めていこうとする社会の変化の中で，だれもが人間らしく生きられる社会と平和とはどのようなものであるかを考え，学びを深めていくことが求められています。

その学習の拠り所となるのは，日本国憲法前文です。そこから「国民主権」「戦争放棄」「基本的人権の尊重」を柱とする日本国憲法の理念を読み取るとともに，そこには全世界の人々の「平和的共存」が謳われていることを押さえます。それは国内外におけるすべての人々が平和のうちに「ともに生きる」ことを意味していると理解することができます。

小学校の憲法学習では，とりわけ具体的な事例を通して，暮らしの中に生きている憲法および憲法の理念が実現できていない現実に気づかせることが大切です。憲法の学習を人間としての生き方や自分たちの生活問題に引きつけて展開していくとよいでしょう。

「国民主権」については，大日本帝国憲法との対比や日本国憲法前文を通して主権在民の意義を理解できるようにするとともに，18歳以上のすべての国民がもつ選挙権は国民主権の代表的なものであり，政治のあり方を最終的に決めるのは国民一人ひとりであることを押さえます。

「戦争放棄」については，「70年以上日本が戦争をしない国でいられたのはなぜだろう」と問う中で「憲法第9条」に注目させます。一方，集団的自衛権容認，武器輸出，核兵器禁止条約への政府の姿勢など子どもたちの関心は高く，討論授業なども考えられるでしょう。

「基本的人権」では，第25条の「健康で文化的な最低限度の生活」について「朝日訴訟」「大飯原発3，4号機運転差し止め請求事件」判決などを例に考えさせ，第13条の幸福追求権にもつなげます。基本的人権が守られていない事例として，沖縄の米軍基地や福島の原子力発電所事故の問題，身近ないじめや虐待，様々な社会的差別の問題など，子どもたちからたくさん出ることでしょう。憲法の理念が実現できていない現実を直視し，だれもが人間らしく生きられる社会をつくっていくためにはどうすればよいか，自分の生き方とも関わらせて考えられる展開をめざしたいものです。

(西村美智子)

助を受けていた。その後，実兄から1500円の仕送りを受けることになるが，岡山県津山市社会福祉事務所長は，この1500円から600円を日用品費に当てさせ生活扶助を廃止し，さらに残りの900円を医療費の一部自己負担として朝日氏に負担させるという，保護変更決定を行った。朝日氏は，この決定を不服とし，岡山県知事と厚生大臣に不服申し立てを行ったが，いずれも却下されたため，却下裁決の取り消しを求めて裁判所に訴えを提起した。裁判の結果を見ずに朝日氏は死去したが，朝日訴訟はその後の社会保障の闘いに大きな影響を与えた（最大判昭和42年5月24日）。

▷4 「大飯原発3，4号機運転差し止め請求事件」判決

本判決の憲法における法的根拠は，第13条の人格権と第25条の生存権で，判決は次のように述べている。「生存を基礎とする人格権が公法，私法を問わず，すべての法分野において最高の価値を持つとされている以上，本件訴訟においてもよって立つべき解釈上の指針である。個人の生命，身体，精神及び生活に関する利益は，各人の人格に本質的なものであって，その総体が人格権であるということができる。人格権は憲法上の権利であり（第13条），また人の生命を基礎とするものである（第25条）がゆえに，我が国の法制下においてはこれを超える価値を他に見出すことはできない」（福井地判平成26年5月21日）。

第2章　学校現場で大切にしたい憲法学習の意義

6　中学生が学ぶという視点から
―― 嫌法学習から憲法学習へ ――

▷1　本来中学校では3年生で憲法学習を行うが、この事例は私立学校のため特例である。

筆者が，公立中学校退職後，非常勤講師として勤務していた中学2年生に，憲法学習を終えた時点で，感想を書かせました[41]。以下が，学習の観点から整理したものです。

① 脱！条文暗記学習

憲法学習は単なる条文の暗記と考えている生徒もいます。憲法条文を「暗記」する学習だけではなく，対立や葛藤のあるテーマを取り上げ，事実や資料を基に，多面的・多角的に考察・構想し，説明できることが大切です。たとえば，「夫婦別姓」「外国人への選挙権」「自衛隊の海外派遣」などのテーマです。

「私は社会科といえば暗記教科と思っていましたが，考えることや，意外なクイズなどがあり，達成感を覚え，疑問などが解けるワクワク感があります」「日本国憲法の奇特さや，世界における日本の立場，今なお続く，様々な問題の解決方法を考える授業はとても楽しかったです」「9条改正について，武力ないと弱いから改正すればいいと軽く考えていました。しかし，最近は，迷うようになりました。そしてニュースが楽しくなりました」。

とくに「迷うようになった」という感想は，他者との対話の中で，意見の多様性に気づき，多面的・多角的に考察するようになった変化をみることができます。

② 生活に根差した憲法学習

▷2　1996年に出版された，SMAP（解散）メンバー等の居住地を示したマップを取り巻く事例。SMAP側がプライバシーの権利を主張したのに対して，出版社側が表現の自由を主張し，裁判で争われた（東京地判平成10年11月30日）。

▷3　筆者が開発した，誰もが貧困になる可能性があることを実感できるワークショップ。

憲法は，他人事ではなく，自分たちの生活と関係していることに気づかせることが大切です。「（ある事件で……）君が容疑者とされた，さてどうする？」「芸能人追っかけマップ[42]」「ある貧困女子の話[43]」などのテーマです。

「憲法の人権学習では，身近な事件を例に勉強したから興味がわきました」「憲法は日常生活に深くかかわるものであり，それらはけっして堅くるしくなく，興味あることだとわかりました」「ニュースでも流れている原発問題や領土問題も憲法の課題だということがわかった」。

このように，生徒は身近なものと関連づけることでより実感をもって憲法学習に取り組むことができます。生徒の興味・関心に根差したリアルタイムの事象を憲法との関係で扱うことが大切です。

③ 憲法を生かすのは私たち

憲法の意義と、国民の不断の努力により憲法も変化していることを学ぶことが大切です。「朝日訴訟により飛躍的にアップした生活保護費」「教科書無償運動」「障害者の雇用促進」「女性の人権の拡大」などのテーマです。

「裁判をうける権利や知る権利など多くの権利により守られていること、もちろん義務もあることもわかった」「憲法によって国民が守られ、多くの人々の努力によって新しい法律が作られ、憲法が豊かになっているのがわかりました」「憲法26条の教育をうける権利もあたりまえと思っていましたが、教科書の無償配布、障害者の教育を受ける権利など努力によって実現していることがわかりました」。

生徒がこのような感想を抱くためには、憲法は、自分たちを縛るものではなく、権力を縛る「立憲主義」であることや、憲法の理念と現実には少なからず乖離があり、この乖離を埋める憲法の役割と人々の不断の努力を伝えることが大切です。

④ 世界と日本を変える憲法

社会に主体的にかかわろうとする「参加・参画」の視点です。「第9条を生かした世界への貢献」「憲法と持続可能な発展にむけた課題」などのテーマです。

「この憲法を使って何ができるのかと考えるようになったし、もっとくわしく学習して未来につなげていきたいと思う」「日本や世界のために何ができるか考えたことはなかったですが、憲法を学習し、貢献できることもあることを知りました。将来は、世界や日本のために活躍できたらいいなと思う」「9条や安保を学習し、選挙にも興味をもち、早く選挙権をもちたいと思いました。国民一人一人が日本の未来を考え、選挙に参加することが大事と思えたことは大きな変化でした」。

憲法学習は、主権者教育とも不可分に結びついています。よりよい社会を築いていくための発信・参加・参画型授業を視野に入れ学習していく必要があります。

憲法学習は、説明中心の講義型授業ではなく、アクティブ・ラーニング型授業が有効です。ロールプレー、フォトランゲージ、シミュレーション、ディベート、紙上討論、討論、など多様な授業形態を工夫することが必要です。子どもたちの価値判断形成を促すためにも、多様な意見を紹介し、一方的な意見の押し付けにならないよう注意や配慮をすることも大切です。

（河原和之）

▷4 ロールプレー
自分の考えではなく、立場や役割により意見を述べる方法。

▷5 フォトランゲージ
主に写真などから意見や考えを述べ合う授業方法。

▷6 シミュレーション
模擬的に体験する授業方法。

▷7 ディベート
自分の考えを含め、異なる多様な立場から賛否を争う討論ゲーム。

▷8 紙上討論
事象に対する意見を書くことにより討論する方法。

第 2 章 学校現場で大切にしたい憲法学習の意義

高校生が学ぶという視点から
――18歳選挙制度を見据えて――

▷1 政治的リテラシー
政治を理解するうえでの政党の在り方，めざす社会を知り，具体的に政治を動かすいくつかの方法を知ること。協働して社会に働きかけの仕方（選挙，請願など）を知り行動の基準，信条をそれぞれに獲得するサポートをする知識。

▷2 国民投票法
2007年に成立した憲法改正のための手続きを決めた法律。18歳選挙権に先立って，18歳からの国民投票を法文化した。最低投票率の規定がなく，通常選挙より宣伝への制限が少ないので，財力を持った側の宣伝が過多になると批判が出ている。

▷3 シティズンシップ教育
市民としての資質能力を形成し，競争社会でも，市民性，協働性を取りもどすために，政治を知り，自分と違う他者と協働しながら，社会の課題について学ぶ。未来の市民社会の担い手として，社会を形成する力を育てる教育。

▷4 模擬請願
憲法第16条の請願権を行使する準備として，地域社会，日本社会を知り，地域や日本社会の願いを知り，それを実現するために，議会を活用しようという教育。地方議会によっては，本請願を高校生が行うこともでき

2015年18歳選挙権が公職選挙法改正で実現しました。文部科学省も主権者教育に乗り出し，総務省とともに，副読本『私たちが拓く日本の未来』を全国の高校生に配布しています。このように，政治的リテラシーを身につけるための憲法教育が求められています。

① 「憲法学習」の教育内容を学ぶ視点

教育内容を教員が選ぶ視点として，とりわけ社会への参加参画を組み込むことの大切さを考えます。

日本では，2015年に公職選挙法が改正され，18歳が主権者になりました。それは国民投票法を実行していくための保守政党の政治的妥協の側面が強かったのです。しかし，海外の先進国に目を移せば，18歳選挙権は1960年代後半から確立され，2007年には，オーストラリアをはじめ16歳での選挙権も認められ始めています。当然，日本と違い被選挙権も多くの国で引き下げられています。また，第二次世界大戦後の人権保障の拡大は，女性，有色人種，障害者の権利とともに，若者を社会の正規のパートナーと認めて，選挙権の行使という市民的政治参加権を拡大してきました。周回遅れの日本では，中高の社会科（公民科）教育で，主権者の育成が正面から受け止められる必要が出てきているのです。そのため，政治的中立を踏まえながら，日本の若者の声を聞いて，社会参加を促すシティズンシップ教育としての憲法教育が求められています。

教育内容として，立憲主義，憲法3原則を制定時と，その後の解釈も含めて教えることは，政治的中立を侵すことにはなりませんし，憲法教育でもっとも求められているといえます。

② シティズンシップ教育としての「憲法学習」

シティズンシップ教育としての憲法学習が求められています。なぜなら第1に，近現代の市民社会が憲法を生み出しました。これによる，様々な社会運動の成果が，人権を発展させ，それを引き継ぐものとして，私たちが市民社会の担い手（主権者）に成長していくということです。第2に，個人の尊厳から憲法は出発することが大事です。国家や家族のためではないかけがえのない個人が，人生の主体であり，社会を自分と違う他者と共

生しながら社会をつくるのです。しかし、その個人の人権、幸福を追求することを阻む社会の課題は多くあります。他者と連帯して、その課題を改善できる主体に育てることが大切です。第3に、憲法の条文があっても、自動的に人権は保障されません。マイノリティーの声に耳を傾け、その力をエンパワーする市民こそ、憲法を理解した生徒です。未来をより良くすべての人が幸福な社会を実現する主体形成が憲法教育のミッションです。その課題を、憲法教育は担っているといえます。

そのためには、児童の権利に関する条約（通称、子どもの権利条約）のとりわけ意見表明権が日本の生徒に大事です。生徒は、自己の信条を自由に形成していく主体であると見なくてはいけません。そのため、憲法学の原理原則、学界の通説を教えることは大事です。と同時に、生徒の信条形成、政治的リテラシーにかかわるものについては、少数者の意見も尊重して伝えましょう。ディベートも交えながら、他者との交代可能性も考慮に入れて論理的に議論をさせることで、憲法教育は、中高生に定着し、憲法リテラシーを獲得していくことになります。たとえば、請願権（第16条）は、文言を理解するより、模擬請願書をグループワークで作ります。また、議会に模擬請願をしてみると、より主権者としての意識を獲得しながら、請願権の意味、権利行使を理解し、社会（公的機関）がそれにどう向き合うかを、アクティブに学ぶことができるのです。

③ 法を通しての憲法学習

中高生をアクティブラーナーとして、判例や時事問題で憲法を扱い、リーガルマインドをもって読み解く力、未来を創るための意見形成を促します。

たとえば、憲法に基づいて、その具体化としての生活保護水準をどう決めるのかを政策判断することで、政策を知り意見形成のできるアクティブラーニーに育てることができるのです。この方法やリサーチの仕方、友達とディベートなど協働的に学ぶことによって、憲法を使いこなす生徒に育つのです。

さらに高校では判例学習も必要になります。憲法第25条にかかわることとして、すぐに朝日訴訟が浮かぶとよいでしょう。他にも、**堀木訴訟、桶川クーラー事件、福岡市学資保険訴訟**、生活保護切り下げの不当裁判など、今係争中の裁判も含めて、社会保障法の裁判で第25条をどう適用して国民の生存権を守るかが、日々社会的に問われていますので、原告と被告の主張を整理して、生徒が議論できるようになれば、授業としては成功です。

（杉浦真理）

る。本書第4章28も参照。

▷5 リーガルマインド
人権を尊重し、法を使い、法的に紛争を解決しようという能力。法律の実際の適用に必要な判断力を養うことで身につくとされる論理的思考力。

▷6 堀木訴訟、桶川クーラー事件
障害者福祉年金と児童扶養手当の併給禁止規定を争った堀木訴訟（最大判昭和57年7月7日）。桶川クーラー事件は、クーラーを生活保護費で購入できるかを争った事件。

▷7 福岡市学資保険訴訟
生存権を具体的に保障する生活保護費から、学資保険を積み立てたところ、資産として生活保護費を福岡市は減額。それに不服な原告は裁判を行い、前記市の処置を取り消させて、その権利保障を勝ち取った裁判（最判平成16年3月16日）。

参考文献
橋本康弘・藤井剛（2007）『授業LIVE 18歳からの選挙参加』清水書院、pp.127-139。
全国民主主義教育研究会編（2014）『主権者教育のすすめ』同時代社。
杉浦真理（2013）『シティズンシップ教育のすすめ』法律文化社。
小玉重夫（2018）「高大接続改革と主権者教育」Voters No. 42。
伊藤真ほか（2016）『日本国憲法の核心』日本評論社。
総務省・文部科学省（2015）『私たちが拓く日本の将来——有権者として求められる力を身に付けるために』。

8 大学生が学ぶという視点から

　児童・生徒が大人（主権者）に成長していくために，どんな憲法と憲法にかかわる社会的事象から教材を見つけるのかを考えることが大切です。

① 2通りの教職への道

（1）教育学部の教職課程

　教職をめざす学生は，教育学部の学生が多いでしょう。小中の教員をめざす教育学部の学生の多くは4年間まるごと，教員になるための学習，自主活動，あるいは，学習塾でのアルバイト，学校への支援活動をします。

　多くの国立大学の教育学部は，戦前の**師範学校**の流れをもっています。その流れは，国家が教員を養成し，地域の教育に責任をもたせるために，都道府県単位で教育系の大学・学部になりました。戦後，多くの大学は，日本国憲法や**教育基本法**（1947年）によって民主化されて，子どもたちを重視した学びや，戦前の師範学校と違って日本国憲法の人権を教えられる教員の養成ができるようになりました。このような成り立ちから教育内容，とりわけ日本国憲法の講義，並びに，人権教育，社会科教育の内容を取り扱う講義は，特に中高の社会科教員をめざす学生はより深く学ぶ必要があります。

（2）開放制の教職課程

　一方，戦後，**開放制**の教員免許が取れるようになった多くの学部は，専門教育を修めながら，さらにかなりの単位を教職課程で取得する必要があります。開放性とは，教育学部に限らずリベラルアーツを修めた学士が，学校教育を担うことです。閉鎖的な師範学校の徒弟的な教員の在り方に対して，多くはそれぞれの建学の精神をもつ私立大学からの教員を増やしてきました。しかし，教員免許法によって，教職課程の総単位，分野が拡大され，開放制の大学から教員になる道は厳しさを増してきました。また，その中でも開放制の学生は，憲法関連の授業を多く履修しており，憲法の内容についての理解は，他の学部生に比べて高い専門性を獲得しています。このような，教育学部以外の教職課程の学生は，社会科教育学，教育心理学など，生徒理解，授業の方法論を身につける努力が必要です。

　このように，教育学部と，それ以外の学部では，学生の単位取得の負担の差は大きくなっています。しかし，それぞれの養成を受けた学生が教員

▷1　**師範学校**
戦前の教育制度では，学費は無料であり，国家に尽くす子どもを育成するために，教育系の学校ができ，その師範学校を出ないと学校の教員になれなかった。そこでは，忠君愛国の教育や読み書きにはじまり，科学技術教育，語学教育の実践的な研究がされていた。

▷2　**教育基本法**（1947年）
日本国憲法を教育理念として実現するために，民主的で文化的な国家を建設して，人類の福祉に貢献しようとする，個人の尊厳を重んじ，真理と平和を希求する人間の育成など，人格の完成をめざして教育が行われることを明記し，教育の憲法として確立した法規。2006年に一部改訂され，国家主義，愛国心につながる内容も教育目標も掲げられた。

▷3　**開放制**
教育系（旧師範系）の学部だけでなく，学部教育の専門を生かした教員免許の取得ができるように，戦後の民主的改革の中で変更された。それよって，中高，とりわけ高校で，教育系学部以外の学部から教員になる道が広がった。

になっていくことが，児童・生徒に接し，教え育む上で大切だといえるでしょう。また，憲法学習の中で，外国にルーツをもつ児童・生徒も含めて，他者の人権も尊重できる児童・生徒を育てるうえで，教員のダイバーシティは必要なのです。

（3）大学の学びで大切にすること

講義は大切です。教育内容の科学的学問的な獲得が大事です。また，演習（ゼミ）では，文献と向き合う仲間の学生との交互作用から，グループワークの重要性，とりわけ集団学習のスキルと価値を体得していくことができます。アクティブ・ラーニングを作れる教員は，集団の力学，個を超えた知の発展を体感するのです。

また，憲法をはじめ教養を深めることも大事です。憲法の体系的理解に加えて，憲法を必要として，裁判で人権の救済を求める人々への共感が必要であり，憲法改正が人権にとってどうかの視座をもつことがこの時代には求められています。

② 憲法を教職課程の学生がなぜ学ぶのか

教職課程の学生が憲法を学ぶのは，第1に，教員は主権者を育てるからです。未来の地域や日本，ひいては世界の課題を引き受けて，その課題に挑戦する児童・生徒を育てることは，教員の使命です。したがって，人権保障を裏づける制度的基盤としての統治機構について理解を深めていく必要があります。さらに，それを動かす政治学，政策科学を講義や文献で学び，時事問題に関心をもてるような講義科目を履修することも必要になります。

第2に，市民社会の担い手を育て，誰でも幸福を追求できることを児童・生徒に理解してもらうためです。憲法第13条の幸福追求権・人格権は，市民社会に連帯する姿勢も必要です。近代市民社会の中で，自由に生きていくことを，私たちは憲法の自由権によって，保障されています。また，生活していくことを支えるために，国家による自由としての社会権（生存権）があることを伝えたいです。そのためには，社会保障論や民法・近代的家族論なども，法的側面，人権の具体化の側面を，憲法の条文の豊かな理解として，深めて学んでおくことで，事例や判例を通じて法的価値が実現します。また，人権が保障されることを，児童・生徒に伝えていくことになります。

このように，教職課程の科目だけでなく，また，自分の専門学部の科目だけでなく，卒業単位以外でも取っておくことが，憲法を教える，あるいは，憲法的価値で，教育を実践するうえで大切なのです。

（杉浦真理）

参考文献
西原博史・斎藤一久（2016）『教職課程のための憲法入門』弘文堂。
市川正人・倉田原志編（2014）『憲法入門』法律文化社。
浦部法穂ほか（2017）『法学館憲法研究所所報』法学館憲法研究所，No. 17。

第2章　学校現場で大切にしたい憲法学習の意義

9 国際的視野の視点から①
── アメリカの法教育の伝統 ──

① アメリカ憲法の歴史

　1776年7月4日，アメリカ合衆国はイギリスからの独立を宣言しました。1787年5月，東部フィラデルフィアに集まった12邦の代表は憲法の作成に取りかかり，翌1788年6月に合衆国憲法が成立しました。

　ところが，この憲法はもっぱら合衆国（連邦）の統治機構を定めるのみで，市民の権利や自由に関する規定を欠くものでした。そこで2年後の1791年，市民の権利に関わる10ヵ条の「権利章典」（修正第1条から修正第10条まで）が加えられました。もとの条文には手を入れず，憲法に「修正条項」を追加したのです。このようにして効力を保ち続けてきた合衆国憲法は，現存する「最も古い憲法」です。

　民主主義社会を支えるうえで，「言論および出版の自由」（表現の自由）はとくに重要な権利ですが，これも後から追加されたものです（修正第1条）。憲法に規定されたといっても，その当時，それが何を保障するか十分に議論されておらず，この規定によって州の権力を制限すべきでないという意見もみられたようです。このように，肝心かなめの部分でさえ曖昧なまま，憲法は「見切り発車した」のです。したがって，その後の歴史は，修正第1条の意味するものが何かを明らかにしようとする，市民の《権力をもつ者》に対する闘いの歴史でもありました。

　アメリカ憲法の理解には，裁判所の「判決」が不可欠です。それは現実の争いの中でこそ，憲法規定のもつ本来の意味が明らかになると考えられるからです。憲法を「生きた憲法」にするには，市民自らが自由・平等といった憲法の価値を理解し，その実現に向けて主体的に関わろうとする意識が必要です。アメリカ連邦最高裁判所・ブライヤー判事の言葉を借りれば，それは「時間と継続的な努力」，つまり「何世代にもわたる生徒に対して，わが国の歴史と統治を組織だって教えることができるかにかかっている」のです。この点にアメリカの憲法教育の意義をみつけることができます。

② アメリカの法教育の取り組み

　司法制度改革以降，日本でも「法教育」という言葉が一般に用いられるようになってきました。その際に，大いに参考とされたのがアメリカの法

▷1　修正条項
アメリカでは，諸外国の憲法改正にみられるように憲法規定を差し替えるのではなく，もともとの1788年憲法を補うかたちで，新しい規定（いわゆる「修正条項」）が追加されていく。最も新しいのは，1992年に成立した修正第27条である。

▷2　修正第1条
「合衆国議会は，国教を樹立する法律もしくは自由な宗教活動を禁止する法律，または言論もしくは出版の自由または人民が平穏に集会し，不平の解消を求めて政府に請願する権利を奪う法律を制定してはならない」（土井真一訳／高橋和之編（2012）『［新版］世界憲法集（第2版）』岩波書店。）

▷3　奥平（1999）p. 53。

▷4

図2-2　アメリカ連邦最高裁判所・外観
出所：（https://www.supremecourt.gov/visiting/visiting.aspx, 2018.6.5)。

教育（Law-Related Education）です。

法教育とは、「法律家ではない人々を対象に、法律、法形成プロセス、法制度およびこれらの基礎にある原理や価値に関する知識・技能を提供する教育」（アメリカ1978年の「法教育に関する法律」）をいいます。アメリカで法教育が導入されたのは、1960年代後半以降の政治不信の高まりや青少年による非行・犯罪の増加によるといわれます。

法教育で取り上げる内容として次の点があげられます。(1)市民が拠りどころとする基本的な法原理や価値、(2)権利章典と憲法、(3)民主的な社会における法の役割と限界、(4)紛争処理、(5)紛争を回避する法の役割、(6)ルールの定立と適用、(7)刑事・民事制度の運営とその長短、(8)インフォーマルな法と慣習、(9)権威、自由、強制、処罰に関する論争、(10)社会的・政治的論争とその処理手段としての法、(11)市民の日常生活に影響を与える法領域、(12)国際関係論、人類学、経済学など他分野の法。

ここからも、憲法教育が法教育の重要な柱であることがわかります。幼稚園段階でも「公正」や「市民性」などといった価値を学びますが、アメリカでは子どもらの成長・発達にあわせて少しずつ憲法の基本理念を会得していくことになります。憲法教育は単なる憲法条文の学習にとどまりません。学校や教室そのものが憲法価値を実現していく場なのです。

先に「判決」の重要性に触れましたが、高校の授業では、(1)実際の判決を参考に模擬裁判を行ったり、(2)教員から聞いた事実関係をもとに生徒が判決をまとめ、それを実際の判決と比較してみたり、あるいは(3)様々な利益集団の立場から判決を評価したりといったことなども行われています。

③ 法教育・憲法教育に対する支援・協力

授業で法教育を行う教員らのために、それを支援する数多くの機関・団体がアメリカにはあります。そこで提供される教材等の多様性もひとつの特徴です。それらはたとえば、隣国カナダの教育実践でも参考にされています。

代表的な機関・団体として、ABA（アメリカ法曹協会）やCCE（公民教育センター）、CRFC（憲法上の権利財団）がよく知られています。ABAは弁護士を中心とした法曹の代表機関ですが、その公教育部門（1981年に設置）は、各機関・団体が行う法教育プログラムの調整機関として中心的な役割を果たしています。

こうした団体が提供する教育プログラムの一部は、すでに日本でも翻訳・紹介が行われています。少し工夫をすれば日本でもそのまま活用できそうです。それは、異なる文化・価値観を学ぶきっかけにもなることでしょう。

（渡辺暁彦）

図2-3　アメリカ連邦最高裁判所・内部
出所：（https://www.supremecourt.gov/visiting/whatcaniseeanddo.aspx, 2018.6.5)。

▷5　スティーブン・ブライヤー／大久保史郎監訳(2016)『アメリカ最高裁判所――民主主義を活かす』岩波書店、p. 257。

▷6　司法制度改革
90年代後半、日本では司法への国民的基盤の確立を目的として、司法制度の見直しが議論された。その成果として、迅速な裁判に向けての制度改革、裁判員制度の導入などがあげられる。それとともに、「司法教育の充実」も求められた。

▷7　磯山恭子「アメリカにおける法教育の到達点から学ぶ」全国法教育ネットワーク編(2001)『法教育の可能性』現代人文社。

▷8　たとえば、Center for Civic Education／江口勇治監訳(2001)『テキストブック　わたしたちと法』現代人文社。

参考文献
奥平康弘(1999)『「表現の自由」を求めて　アメリカにおける権利獲得の軌跡』岩波書店。

W. キャシディ＆R. イェーツ編／同志社大学法教育研究会訳(2015)『小学校で法を語ろう』成文堂。

第 2 章　学校現場で大切にしたい憲法学習の意義

10　国際的視野の視点から②
―― フランスの市民教育 ――

▷1　フランス共和国のシンボルとしては，学校の入り口に三色旗がEU旗とともに掲げられている。同義のシンボルとしてマリアンヌ像が設置されていることもある。

図2-4　マリアンヌ像
出所：パリ市内公立小学校にて筆者撮影。

▷2　共和国の価値は憲法的価値といってよいだろう。「自由」「平等」「人間の尊重」などを指す。「ライシテ」も含まれる。

▷3　「人および市民の権利宣言」および「ライシテ憲章」は，学校に掲示することが法的に義務づけられている。

① フランスの憲法学習

　フランス共和国の小学校・中学校・高校では憲法学習という言葉はあまり使われません。憲法的価値を教える教育として市民教育（éducation civique），あるいは市民性教育（éducation à la citoyenneté）という言葉が使われます。

　フランスの学校のミッションは「知識の伝達に加えて，共和国の価値を共有すること」と法定されています。憲法的価値の教育は，道徳教育に相当するものでもあります。フランスは1882年から公立学校において宗教教育を排除してきた歴史があるのですが，特定の宗教を信じる（あるいは，信じない）にかかわらず，公立学校で行われる教育として，憲法的価値に基づいた道徳教育が行われています。すなわち，「自由」という価値から「自分の尊重，他者の尊重」，そして「平等」という価値から「差別の禁止」といったように，憲法が採択している価値から日常生活の道徳を導いて教えているのです。共和国の価値としての「自由」はいわば絶対的な価値のようなもので，「自由を否定する自由」はありません。

　フランスの憲法教育では，憲法の条文に言及することは比較的少なく，あるとしてもひとつの学習のための根拠（source）して用いられます。1789年の人および市民の権利宣言（フランス人権宣言），1948年の世界人権宣言，1989年の児童の権利に関する条約（子どもの権利条約）なども根拠として使われます。さらに学級や学校の規則も日常生活と関連づけて，「ともに生きる」「他者の尊重」といった価値を学ぶための根拠となります。

② フランスにおける憲法学習の一例――「ライシテ（非宗教性）」の学習

　フランスの憲法学習について，最近とくに強調されているのが「ライシテ」の学習です。ライシテとは「非宗教性」などと訳されますが，日本では日常的に使われる言葉ではありません。しかし，日本国憲法も第20条で信教の自由・政教分離などを定めており，ライシテと無関係なわけではありません。

　フランス共和国は特定の宗教に与しないことを明言しています。共和国

の中で，異なった信仰の持ち主がいかに「ともに生きる」ことができるのか，という問題があります。

2013年に「ライシテ憲章」（図2-5）すなわち，ライシテに関する憲法や法律の15の文言を集めたものが定められ，各学校は掲示することが義務となりました。

その内容はまず，「共和国におけるライシテ」として，フランス1958年憲法第1条から引用した文言である「フランスは不可分で非宗教的，民主的かつ社会的な共和国である。……フランスはすべての市民の法の下の平等を保障する。フランスはあらゆる信条を尊重する」（第1条）のほか，「ライシテはすべての人に良心の自由を保障する」（第3条）など，1905年の「教会と国家の分離に関する法律」に由来する文言などが並べられています。

図2-5　ライシテ憲章
出所：フランス国民教育省。

続いて，「学校におけるライシテ」としてより具体的に，「ライシテは共通で共有された文化・教養へのアクセスを児童生徒に保障します」，さらに，「表現の自由」「共和国の価値と意見の多様性の尊重」（第8条），「差別や暴力の拒否」「他者の尊重」「男女平等」（第9条），「中立である義務」（第11条）などの原理が並べられています。2004年に制定された「宗教シンボル禁止法」に由来する条文ですが，「宗教を誇示する標章や服装」を学校内で着用することの禁止も書かれています（第14条）。すなわち，フランスでは学校は「ライシテ」という憲法的価値を実現する場であり，子ども同士がお互いの良心の自由を尊重する，宗教的中立性を守る場所として位置づけられているのです。フランスでは女性が頭髪を覆うためにかぶる「スカーフ」は「イスラム教の宗教を誇示するもの」であり，公立初等中等学校での着用は法律上禁止されています。それは，「大きな十字架のペンダント」「ユダヤ教のキッパ」なども同様に禁止されます。

フランスの憲法教育の特徴としては，憲法的価値を児童生徒の日常生活と結びつけて教えていることがあるといえそうです。学校の規則や学級の規則を尊重することも，日常生活において憲法的価値を相互に尊重しあい，「共に生きる」ためのこととして，教えられます。

（大津尚志）

▷4　「第5共和政憲法」とも呼ばれる。人権規定はおかれていないが，前文に「フランス人民は，1789年宣言により規定され，1946年憲法前文により確認かつ補定された人権および国民主権の諸原理に対する愛着，および，2004年環境憲章により規定された権利と義務に対する愛着を厳粛に宣言する」と記されている。

▷5　フランスの政教分離原則を完成させたと評価される法律。特定の宗教にむけての国家予算の支出が禁止された。

▷6　フランスの中学校の「生徒手帳」には，「校則」が掲載されており，生徒と保護者が同意のサインをすることになっている。

参考文献
大津尚志（2009）「道徳・公民教育」フランス教育学会編『フランス教育の伝統と革新』大学教育出版，pp. 140-148。
伊達聖伸（2018）『ライシテから読む現代フランス』岩波書店。

第 2 章　学校現場で大切にしたい憲法学習の意義

11　国際的視野の視点から③
──ドイツの政治教育──

① 戦後ドイツの憲法（基本法）

　第二次世界大戦の敗戦の下に生まれたドイツ憲法（基本法）には，同時期に作られた日本国憲法とは異なるいくつかの大きな特徴がみられます。

　そのひとつが，「自由で民主的な基本秩序」という価値に対する信頼です。戦後のドイツは，ナチス・ヒトラーによるワイマール民主主義の破壊の教訓から，「自由の敵には自由を与えない」（「たたかう民主制」）という考え方を，憲法の中に取り入れました（たとえば，ドイツ基本法第21条第2項）。ヒトラーを賛美するような言動は，たとえ表現の自由が保障されているとしても認められません。

　憲法上の価値を実現するには，それを支える市民，つまり民主主義の担い手を育てることが重要な課題となります。そこでドイツでは，「民主主義の発展のためにはそれに相応しい政治教育が不可欠と考えられ，その努力が多くの資源を投入して実際に進められてき」ました。

　日本国憲法も「自由」「民主主義」「平和主義」といった価値を大切にしています。将来，有権者となる子どもたちが，これらの価値を獲得することを「憲法教育」と呼ぶとすれば，それはドイツの政治教育と相通ずるものがあります。

②「過去の教訓」と向き合う政治教育

　政治教育への積極的な取り組みで知られるドイツですが，その特徴として，近藤（2016）は次の3点をあげています。
　(1)　政治教育のための政府機関や研究機関が各地に整備されていること。
　(2)　現実の政治的論争や対立を積極的に授業で取り上げること。
　(3)　メディアリテラシーを重視すること。

　ドイツ政治教育の特徴として真っ先に指摘されるのが，授業の中で，しばしば実際の政治的な論争や対立が取り上げられることでしょう（上記(2)，図2-6）。難民政策が大きな争点となった連邦議会選挙（2017年）の際に，「政治科」の授業で立候補者を招き子どもらと対話を行った学校がありました。

　また，ナチス時代にメディア戦略によって国民の政治的判断が大きく歪

▷1　基本法
ドイツでは，憲法を「基本法」（Grundgesetz, GG）と呼ぶ。1949年5月23日公布。基本法は，ワイマール共和国崩壊に与した制度的要因を取り除くことに意を用いた。例として，連邦憲法裁判所の設置（GG第92条以下），議会多数派の信任に基づく安定した政権運営のための工夫（GG第67～69条）などがよく知られる。

▷2　ドイツ基本法第21条第2項
「政党の中で，その目的またはその支持者の行動により，自由で民主的な基本秩序を侵害もしくは除去し，またはドイツ連邦共和国の存立を危うくすることをめざすものは憲法違反である。その違憲性の疑いについては，連邦憲法裁判所がこれを決定する。」

▷3　近藤（2005）p. vi。

▷4　『毎日新聞』「『政治教育』どう進める？　ドイツ60年の取り組み」2018年1月8日付朝刊。

▷5　ボイテルスバッハ合意とは次の3点である。

められた経験から，マスメディアの情報を批判的に読み解くことが重要視されます（上記(3)，なお(1)については後述③）。

こうしてみると，そこかしこに20世紀前半の歴史，とくにワイマール民主主義の崩壊やヒトラー独裁，そしてユダヤ人迫害といった「負の歴史」と結びつけて，政治教育が行われていることがわかります。近年，ヒトラーの著書『わが闘争』を教材化する試みがみられます。教材化に反対する意見もありますが，そうした対立すらも格好の教材だといえます。

授業では現実の政治的対立が取り上げられますが，どのようにして教育の政治的中立性は保たれるのでしょうか。ドイツでは，教員が自らの政治的意見を生徒に述べても問題になりません。人がそれぞれ何らかの主義・主張をもつのは当たり前だと考えられているのです。ただし，教員が自らの意見を述べるときには，それと異なる意見もあることを生徒に説明する必要があります。

こうした基本的な考え方は，様々な議論を経て集約された「ボイテルスバッハ合意」（1976年）に示されています。

③ 連邦政治教育センターによる支援

政治教育を行うには，それを支援する機関・団体の役割が重要となります。その点で，現在大きな役割を果たしているのが「連邦政治教育センター（Bundeszentrale für politische Bildung, bpb）」です。同センターは300人近いスタッフを擁する公的機関で，予算規模は70億円を超えています。

また連邦制をとるドイツでは，各州にそれぞれ「政治教育センター」が設置され，様々な情報提供や教材プログラムの開発，文化団体への公的支援などが行われています。

連邦政治教育センターのウェブサイトには，学校の授業を行ううえで参考になる最新の資料・情報が提供されています。また同センターが発行する機関誌『政治と現代史から』には多くの専門家が寄稿しています。

その他，公私を問わず様々な文化団体も政治教育プログラムを提供しています（たとえば，ジュニア選挙で知られるクムルス（Kumulus e. V.）など）。

選挙権年齢が18歳に引き下げられ，日本でも主権者教育の充実が叫ばれています。もっとも，現実の政治的対立を授業で取り上げたことに対して，政治的中立性を脅かすものだとして問題視された事案もありました。この点でもドイツの政治教育の取り組みから学ぶべき点は少なくないようです。

（渡辺暁彦）

図2-6　意見表明の自由を示した図
注：原発政策について，左の紙面は「原発への反対」を表明，右は「原発への賛成」を表明している。
出所：Bundeszentrale für politische Bildung（http://www.bpb.de/politik/grundfragen/politik-einfach-fuer-alle/236732/es-gilt-meinungsfreiheit-und-pressefreiheit, 2018.3.29）。

① 教員は，期待される見解をもって生徒を圧倒し，生徒が自らの判断を持つことを妨げてはならない。
② 学問と政治の世界において議論があることは，授業の中でも議論があることとして扱わなくてはならない。多様な視点が取り上げられず，他の選択肢が隠されたところでは，「教化」がはじまるからである。
③ 生徒は，自らの関心・利害に基づいて効果的に政治に参加できるように，必要な手段と方法を獲得できるようにならなければならない。

▷6　Kumulus e. V.（http://www.kumulus.de/Juniorwahl.html, 2018.6.11）。

参考文献

近藤孝弘（2005）『ドイツの政治教育』岩波書店。
近藤孝弘（2016）「ドイツに学ぶ主権者教育のあり方」明るい選挙推進協会監修『現役先生が教える　主権者教育授業実例集』国政情報センター。
ドイツ・連邦政治教育センター（http://www.bpb.de/, 2018.3.29）。

12 憲法改正をめぐる歴史的背景から

① 憲法改正と平和主義

　日本国憲法は，70年間，一文字も改正が行われていません。しかし，憲法改正にかかわる諸問題は，何度も注目されてきました。

　1955年には，「自主憲法の制定」をめざして自由民主党が結党しました。翌年，内閣に憲法調査会が設置され，岸信介らを中心に憲法改正の検討が進められました。また，1990〜91年の湾岸戦争を契機に，自衛隊の海外派遣（国際貢献の在り方）をめぐって，第9条を中心に憲法改正の議論が，政治の表舞台に登場しました。その後，世界各地の戦争やテロ，朝鮮半島有事にかかわって，安全保障政策の一環として，憲法改正が取り沙汰されてきました。2014年には，自由民主党が憲法改正草案を示し，2019年現在，憲法改正が現実味を帯びています。

　憲法改正の最大の論点は，「憲法9条」といわれています。これは，日本国憲法の3大原則にあたる「平和主義」にかかわるものです。日本国憲法は，第96条に規定されるように改正することが可能です。しかし，憲法改正をめぐる論点が，平和主義といった憲法の原則にかかわることもあり，実際に改正されることはありませんでした。

② 憲法改正をめぐる意見の対立

　戦後の日本社会の歩みを振り返ってみると，憲法改正をめぐって複数の立場が展開してきました。大きくは，「改憲」と「護憲」，そして「解釈改憲」に分けられます。

　日本国憲法は，制定と同時に改憲がめざされました。その背景には，アメリカに押し付けられた憲法という考え方がありました（「押し付け憲法」）。こうした主張は，1950年に朝鮮戦争が起きると，「日本の安全をどのように守っていくのか」という議論と結びつきました。近年では，環境権やプライバシー権といった「新しい人権」にかかわって，改憲の支持も広がりを見せています。こうした動向の中で，「平和主義」「国民の人権保障」といった観点から憲法改正に異議が唱えられてきました。時期によって，程度差こそありますが，日本社会党や日本共産党が中心となりました。

　憲法は，国家の基本原理です。第96条にあるように，改正は容易になし

得るものではありません。また，憲法改正の是非を論じる中では，とかく保革の意見が激しく対立しがちであり，ともすれば政治が空転してしまいます。そこで，憲法改正に着手せずとも，社会の変化・現実に合わせて憲法条文を柔軟に解釈して，実際の政治を行っていくという手段がとられてきました。こうした立場を解釈改憲といいます。たとえば，2014年には集団的自衛権の行使容認が閣議決定されました。この時期は，集団的自衛権や安保法制にかかわるデモが行われ，メディアでも取り上げられました。

このように，歴史的にみて，憲法改正に関する意見が大きく分かれてきた背景には，憲法にかかわる事実認識や価値観，さらには憲法そのものに対するスタンスの違いがあります。国民一人ひとりが，どの立場をとるかは個人の自由に開かれています。多様な意見の存在を認め，異なる人々がいかに共存していくかを議論していくことが求められています。

③ 憲法をいかに扱うか

教員は，憲法をいかに授業で扱ったらよいのでしょうか。社会科授業では，「公共の福祉」と「人権」の対立や，「生存権」をはじめとした各条文の憲法解釈が学習内容となることがあります。また，憲法改正の是非について直接的な議論をすることもあるかもしれません。しかし，子ども同士の意見合戦に終始しては，社会科授業としては物足りません。

社会科における憲法学習の方向性には，2パターンが想定できます。

第1は，「論争問題学習」としての扱いです。憲法改正の諸問題は，立場によって意見が分かれ，正解がありません。ひとつの見解を教え込むことはあってはならないことです。なぜ改憲が主張されているのか，なぜ護憲が主張されているのかを，冷静に吟味・分析していく授業が求められます。たとえば，複数社の新聞記事等を活用して，対立の論点を明確化し，それぞれの主張とその根拠を捉えさせていく方法が考えられます。

第2は，「探究学習」としての扱いです。子どもたちが，将来の主権者として，社会・国家のあり方を主体的に考えていくことのできる力を育てることが，社会科の使命です。そのため，憲法を扱った社会科授業においては，改正の是非について直接的に判断させることも重要ではありますが，その前提として，立憲主義や民主主義といった価値，日本国憲法の諸概念を獲得させていくような授業が重要になってきます。

近年のアクティブな授業を重視する動向を反映して，子どもたちが活発に動く，討論やディベートに注目が集まりがちです。しかし，憲法にかかわる諸問題は，容易に意思決定しえないが故に，現行制度の正当化に行き着いてしまいがちです。憲法改正に注目が集まる今こそ，憲法の本質を捉えていく授業が求められるのではないでしょうか。　　　　　　　　（渡邉　巧）

参考文献

川口暁弘（2017）『ふたつの憲法と日本人』吉川弘文館。

長谷部恭男（2018）『憲法の良識』朝日新聞出版。

樋口陽一（2017）『六訂憲法入門』勁草書房。

樋口陽一・小林節（2016）『「憲法改正」の真実』集英社。

松井茂記（2014）『日本国憲法を考える（第3版）』大阪大学出版会。

第2章　学校現場で大切にしたい憲法学習の意義

13 憲法学習としての「新聞」学習の可能性

① 「新聞」には「憲法」があふれている

とにかく「新聞」を手にとって、1ページから最後まで、記事のボリューム感と見出しのニュアンスを味わいつつ、ざっとめくってみましょう。何分もかからないのですが、直接・間接の「憲法」問題がそこら中に散在していることを発見するはずです。改憲問題、安全保障と国際紛争、皇位継承、過労死や労働条件の問題、貧困格差問題と福祉、教育格差の問題、女性の地位、国会と内閣の動向、一票の格差問題、……。あれもこれも全部何らかの「憲法」問題なのです。日々沸き起こる社会現象を「憲法」の規定とつきあわせて評価し、また、憲法の個々の規定の有効性を実際の社会現象をもって検証することは、大変有益です。

② 「新聞」をほとんど読まない若者たち

1日に15分以上何らかのかたちで新聞を読む人の割合（新聞行為者率）が、2015年10歳代で3.5%（2005年7%）、20歳代で5.5%（2005年18.5%）です（表2-1）。60歳代になってやっと過半になるという調査結果は衝撃的です。今や大学生のほとんどが、新聞をまったく読まないかめったに読まない状況になっています。もはや、「民主主義社会の必需品」といわれていた「新聞」は、日本の若者の生活からはほぼ撤退し、怪しげな情報の混在するネット情報の乱流の中で、社会の実像と動向がほとんど把握できなくなっているのではないでしょうか。こんな時代だからこそ、主権者教育の柱としての「憲法学習」において、「新聞」という伝統的なメディアの有効性を再確認し、意識的に教室に「新聞」を持ち込み、その威力と魅力を実感できるようにしなければなりません。

③ すべての教室に「新聞」を毎日届ける

新聞を定期購読しなくなった家庭が顕著に増えてきた2000年代後半あたりから、全生徒を対象に新聞の切り抜きなどの作業を指示することが難しくなりました。しかし、憲法学習を軸とした社会科（公民科）の学習には新聞を欠かすことはできません。そこで、高校社会科教員として筆者が経験した2つの取り組みを紹介します。

▷1　ここでいう「新聞」は、いわゆる「日刊全国紙」（『読売新聞』『朝日新聞』『毎日新聞』『日経新聞』『産経新聞』）と地方新聞（『東京新聞』『埼玉新聞』など）を対象にしている。本文中で出てくる「すべての教室に新聞を」運動も、上記全国紙5紙と地方紙を対象にしていた。

表2-1　新聞行為者率の対比

	2005年	2015年
	読者率	読者率
10代	7.0	3.5
20代	18.5	5.9
30代	29.0	11.0
40代	45.0	22.0
50代	58.0	39.0
60代	67.5	54.5
70代	61.0	60.0
合計	44.0	33.0

注：NHK放送文化研究所「国民生活時間調査」。
出所：畑尾一知（2018）『新聞社崩壊』新潮社、p. 16。

ひとつは新聞販売協会の「すべての教室へ新聞を」運動に依拠して、学校すべてのクラスに毎日主要な全国紙と地方紙が届けられたことです。どのクラスでもその日の新聞を教室で手にすることができます。教室と社会を新聞が日常的につなぐのです。しかもこれは無料です。毎朝、当番の生徒が玄関の新聞置き場に行き、新聞に目を通しながら教室に向かう風景は、ちょっといいものです。

④ すべての生徒に毎朝「現代社会のとびら」を届ける

もうひとつは、3年生の社会科担当の教員複数で「現代社会のとびら」という「教科通信」を毎朝3学年の生徒全員に配布したことです。教員が「ぜひ生徒に読ませたい」と思う記事を選び、B4版の用紙に切り貼りし、傍線を引き、ちょっとしたコメントを書き込んだものです（図2-7）。3人の教員が毎日ローテーションで作成し、クラス担任が朝のショートホームルームのときに「今日の『とびら』は面白いよ」などと声をかけながら配布します。生徒は「現代社会のとびら」を毎日手にし、目を通したうえで、ファイルに綴じ込みます。社会科の授業があれば、教員が何らかのコメントを加えます。定期考査の試験範囲でもあるので、分厚いファイルを試験前には復習します。

図2-7 「現代社会」のとびらの例

この取り組みの特徴は、毎朝生徒に届けられ、着席すると、必ず何かしらのニュースに接し、生活の一部になることです。複数の教員によってランダムにセレクトされた新聞記事なのですが、毎日続けるとなると自然にその時期の社会変動の特徴が浮き彫りになるのです。

複数の教員で取り組むのがポイントです。一人で毎日発行し続けるのは大変ですが、3日に1回というテンポが快適です。しかも教員の関心がそれぞれ異なっていて、記事の幅の広さとバランスが見事です。作業労働としては実に簡単で時間もかかりません。「面白いものはないかなあ」とあれこれ探すのも楽しいものです。選んだ新聞記事を貼り付け、傍線を入れたり、囲みにしたり、「重要！」などといったコメントを数行入れ、日付とナンバーを書き込み、人数分印刷をして、各クラスのレターケースに入れておけば、翌朝、担任を通して3年生全員の手に渡るのです。

この「現代社会のとびら」は、授業日一日もかけることなく発行され、すべての生徒が同時代の実況中継を詰め込んだような分厚いファイルを手にしました。愉快ですから、是非、お試しいただければと思います。

（田中祐児）

▷2 「すべての教室へ新聞を」運動
新聞の無購読化が進行する中で、小中高校の各教室に新聞を無料で提供する日本新聞販売協会による運動。2017年5月時点で、全国の2779校で実施されている。

▷3 筆者の地域では、読売新聞、朝日新聞、毎日新聞、日経新聞、産経新聞、東京新聞、埼玉新聞の計7紙が届けられていた。

さらに学びたい人へのブックガイド

○鈴木翔／本田由紀解説（2012）『教室内（スクール）カースト』光文社。
　学級における「いじめ」の原理を，わかりやすく，そして深く解説しています。学級経営，生徒指導の観点から，「民主主義とは」を考えることもできます。

○井上ひさし／いわさきちひろ絵 (2006)『井上ひさしの　子どもにつたえる日本国憲法』講談社。
　小学校中学年からでも読み聞かせが可能な本。やさしい文章で書かれています。いわさきちひろ氏の絵とともに，憲法に書いてあることを，心で感じることができる絵本です。

○西原博史・斎藤一久編著（2019）『教職課程のための憲法入門（第2版）』弘文堂。
　教職課程を履修している学生のための本。教職に就き，憲法をどう教えるのかを考えるための本です。実際に現場に出て，授業をつくるうえでも参考になります。

第 3 章

憲法学習の基礎基本
―― 小学校での授業のために ――

第3章 憲法学習の基礎基本

日本国憲法の学習をはじめよう

〈授業のゴール〉
- 憲法とはどのようなものかを知る。
- 日本国憲法で大切にしているポイントを考える。
- 憲法学習に対して興味，関心を高める。

〈使用教材〉
- 国語辞典
- 文部省（1947）『あたらしい憲法のはなし』。

▷1 あたらしい憲法のはなし
太平洋戦争が終わった後，文部省（当時）によってつくられた中学校1年生用社会科の教科書。日本国憲法の成り立ちから内容まで，その全体をわかりやすく説明しているので導入の教材として使用しやすい。現在はパブリックドメインとなっており，インターネットで検索するとフリーで読むことができる。

▷2 日本国憲法を考えるうえで，「憲法とは何か」を理解しておきたい。教える側が理解しておくことで憲法の授業が効果的になる。憲法とは，工藤（2013）などによれば①国家の統治や国民との関係など基本を定める最高法規の法であること，②国家が暴走しないようにコントロールし，国民の自由を守る法であること，③形式的意味の憲法とよばれ，憲法の名で明文化され，改正には手続きが必要である法であること，といえる。

▷3 憲法の種類は，①成文と不文，②欽定と民定，③硬性と軟性，に分けられ

① 授業のはじめに

日本国憲法の学習の導入期の授業のつくり方とその留意点について考えましょう。小学校高学年であれば，十七条の憲法や大日本帝国憲法など，「憲法」について少なからず知っています。そこで，憲法とはどのようなものかを授業のはじめに簡潔に紹介しながら，憲法学習の導入を考えてみましょう。

② 授業のすすめ方

憲法学習の導入として，まず子どもたちの憲法に対するイメージや認識を確認するところから始めます。子どもたちが知っていることを大切にしながら，辞書を引き，憲法の意味や種類を確認していきます。そのうえで，『あたらしい憲法のはなし』を資料として使い，その挿絵や文章を使いながら，日本国憲法の基本的な考え方（本時では主に基本的人権の大切さ）について理解を深めるようにしていきます。

③ 授業でのワンポイントアドバイス

小学校では，「憲法とは何か」についてはその詳細を教えることは多くありません。しかし，その後の授業で，国民の義務規定より自由の保護の視点が多いことを知ります。これは，憲法が国民の自由を保護し，国家権力を制限しているためです。そのため，簡潔に憲法とは何かについて理解を深めておくとその後の学習がより深まっていくと考えられます。

ただし，国家が国民の自由を保護し，その権力を制限することを理解することは小学生では難しいので，たとえば，大日本帝国憲法と比較しながら，国民の自由を多く保障や保護していることをまず理解させていくとよいでしょう。

④ 指導計画

学習者の活動	○教師の働きかけ ◎評価
1．憲法とはどのようなものかを知る ・十七条の憲法　・大日本帝国憲法 ・日本国憲法　　・合衆国憲法　など	○憲法についてのイメージや知っていることを自由に発言できるようにする▷2。
2．辞書で「憲法」の言葉を引き，憲法とはどのようなものかを理解する。	○辞書の言葉を使いながら，憲法とは何かをできるだけ簡潔に述べておくとよい▷3。
3．「あたらしい憲法のはなし」のさし絵（図3-1）を見て，絵に描かれていることを話し合う。 「人が3人いるよ。」 「太陽に憲法がえがかれているね。」	○「あたらしい憲法のはなし」は，太平洋戦争が終わった後に使用された，中学校1年生用社会科の教科書であることを説明する。
4．さし絵（図3-1）を参考にしながら，日本国憲法とはどのようなことを大切にしているのかを学習課題とする。	◎「あたらしい憲法のはなし」の挿絵を見ながら，課題を考えようとすることができる。
5．なぜ，太陽に憲法が描かれ，当時の人たちはどんな思いで憲法のことを中学生1年生に伝えたかったのかを「あたらしい憲法のはなし▷4」をもとに話し合う。	◎憲法は国の最高法規であり，国民の基本的人権を保障しているものであることを理解することができる。
6．さし絵（図3-2）を見ながら，太陽は誰を照らしているのかを「あたらしい憲法のはなし」から考える。	◎日本国憲法の性質を理解し，興味や関心を高めることができる。

図3-1　日本国憲法のイメージ
出所：文部省（1947）『あたらしい憲法のはなし』。

図3-2　基本的人権とは何か
出所：図3-1と同様。

⑤ 学びをさらに深めたい人に

授業のまとめに，「憲法とは」というテーマで「あたらしい憲法のはなし」を参考に，一文を学習者が書くことで，一人ひとりが憲法とは何かを考えるきっかけにもなります。

（長瀬拓也）

る。①について，日本では成文（文章が書かれたもの）だが，イギリスは不文で，慣習や議会の制定する法律によって，憲法に定められるような内容が定められている。②について，欽定とは天皇など君主が定めたものであり，大日本帝国憲法がそれに当たる。対する民定は，国民が定めたものである。③憲法は改正が難しい硬性のものと，改正しやすい軟性のものに分けられ，日本国憲法は硬性といえる。

▷4　ここでは，特に以下の文章を参考にできる。「國をどういうふうに治め，國の仕事をどういうふうにやってゆくかということをきめた，いちばん根本になっている規則が憲法です。もしみなさんの家の柱がなくなったとしたらどうでしょう。家はたちまちたおれてしまうでしょう。いま國を家にたとえると，ちょうど柱にあたるものが憲法です。もし憲法がなければ，國の中におゝぜいの人がいても，どうして國を治めてゆくかということがわかりません。それでどこの國でも，憲法をいちばん大事な規則として，これをたいせつに守ってゆくのです。」（『あたらしい憲法のはなし』）

参考文献

芦部信喜・高橋和之補訂（2015）『憲法（第6版）』岩波書店。

工藤達朗編（2013）『よくわかる憲法』ミネルヴァ書房。

高見勝利（2013）『あたらしい憲法のはなし　他二篇』岩波書店。

第3章　憲法学習の基礎基本

2 日本国憲法とわたしたちの暮らし

〈授業のゴール〉
・公共施設がどのような考え方をもとにして作られているのか調べ，日本国憲法の考え方にもとづいて法律にしたがって作られていることを理解する。
・自分たちの暮らしと日本国憲法とのつながりについて問いをもち，自分なりの考えをもつ。

〈使用教材〉
・写真資料①「駅にエレベーターを設置する工事」，②「駅のエレベーターを利用する人々」，③「はばが一部広くなった改札口」，④「駅の多目的トイレ」，⑤「点字が表示された券売機」。
・インタビュー資料「駅長さんの話」（有田和正・石弘光他（2017）『小学社会6下』教育出版。）

▷1　写真資料は，児童・生徒が親しみをもてるように，普段使用する駅のものがあると，なおよい。

▷2　バリアフリー法
正式名称は「高齢者，障害者等の移動等の円滑化の促進に関する法律」。2006年に制定された同法は，公共交通機関や建築物のバリアフリー化，地域における重点的・一体的なバリアフリー化，心のバリアフリー化の3つを推進する措置を定めている。
日本国憲法とのかかわりについていえば，第13条（幸福追求権），第22条（居住・移転及び職業選択の自由），第25条（生存権）をその基礎としている。

１　授業のはじめに

　私たちの暮らしには，日本国憲法や法律が関係しています。ただ，小学生の子どもたちにとって，具体的にその例をあげることは決して容易なことではありません。そこで，子どもたちにとって身近な「駅」をじっくりと見つめ，「誰もが使いやすい駅は，日本国憲法の考え方にもとづいている」という「駅長さんの話」を読み取ること通して，私たちの暮らしと日本国憲法のつながりについて考えていきます。

２　授業のすすめ方

　まず，駅の設備や改修工事の写真資料を見て，気づいたことを話し合います。「誰もが使いやすい駅」という気づきを引き出した後，駅長さんのインタビュー資料を提示し，改修工事を行うもとになっている考え方を読み取っていきます。
　バリアフリー法という法律や，この法律が日本国憲法の考え方にもとづいていることを知った子どもたちは，憲法に対する興味・関心を高めていきます。そこから，「私たちの暮らしと憲法は，どのようにつながっているのだろう？」という問いや追究の見通しをもたせ，授業を終えます。

３　授業でのワンポイントアドバイス

　「駅のバリアフリー化」「鉄道会社の願い」「バリアフリー法」「日本国憲法」の4つのそれぞれのつながりを理解しやすくするために，関係を図解化して板書し，視覚的に捉えられるようにしていきます（図3-3）。

図3-3　板書例

2 日本国憲法とわたしたちの暮らし

④ 指導計画

(1) 駅の設備や改修工事の写真を見て，気づいたことを話し合う

この時，ノートに気づいたことや考えたことを書かせることで，写真資料をじっくりと見つめる時間を保障します。

「エレベーターがあると車いすやベビーカーを使う人が便利だ」「新しく作っているようだ」。このような子どもたちの発言を受けて図3－4を提示し，「公共施設はどのような考え方でつくられているのだろう？」といった質問を投げかけます。

(2) 駅長さんの話から，改修工事を行うもとの考え方を読み取る

> 「駅長さんの話」
> 駅の改修工事は，お年寄りや障害のある人など，だれもが不自由なく，安全に利用できるようにと考えて行っています。工事には多くの費用がかかりますが，鉄道会社がすべてを負担するのではなく，国や都道府県からの補助金（税金）も使われています。
> こうした工事は，バリアフリー法という法律に従って行われています。この法律は，駅や病院，道路などの公共施設を，すべての人が利用しやすいように整備することを定めています。安全に自由に移動することをさまたげているものを改善していこうとするバリアフリー法の趣旨は，日本国憲法の考え方にもとづいています[3]。

▷ 3 有田和正・石弘光他(2017)『小学社会6下』教育出版。

参考文献

国土交通省総合政策局政策課交通消費者行政課・バリアフリー新法研究会(2007)『Q&A バリアフリー新法――高齢者，障害者等の移動等の円滑化の促進に関する法律の解説』ぎょうせい。

気になる所に線を引かせ，読み取らせていきます。すると，「誰もが不自由なく安全に利用できるようにという考えで作られている」「工事の費用に税金も使われている」「日本国憲法の考え方って？」といった発言がみられることでしょう。

(3) 暮らしと憲法のつながりについて問いをもち，予想を立てる

「私たちの暮らしと憲法はどのようにつながっているのだろう？」と問うと「一人ひとりを大切にする考え方かな」「駅の工事が憲法とつながっているなんて知らなかった」「他にもつながりがあると思う。早く調べたい」といった返答がみられます。このようなことをもとに歴史で学んだことも想起させながら，予想を立てさせるようにします。

⑤ 学びをさらに深めたい人に

この問いをもとに，「暮らしとのつながり」を視点に日本国憲法について意欲的に調べることができるよう，参考資料コーナーの設置や役所や税務署の人の話を聞く機会を設定する等の手立てを講じていきます。

（由井薗健）

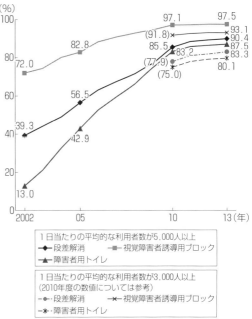

図3－4　旅客施設におけるバリアフリー化の推移
出所：国土交通省「旅客施設におけるバリアフリー化の推移」を一部改変。

第3章　憲法学習の基礎基本

3　民主主義と人権のあゆみ

〈授業のゴール〉
・民主主義とは民衆の願い，闘い，犠牲のうえで獲得されたことを知る。
・人権（基本的人権）も民主主義同様，市民革命を経て，国際的に保障されるようになった歴史的過程を知る。

〈使用教材〉
・教科書，副読本（日本国憲法，世界人権宣言，国際人権規約）。
・高木八尺ほか編（1957）『人権宣言集』岩波書店。

▷1　フランス人権宣言
専制君主の圧制に苦しむ民衆がフランス革命を起こし，そのときに発せられた宣言。人間の自由と平等，国民主権，身体の安全，租税の分担などの17条からなる。

▷2　ブルジョワ
大地主，大借地農，裕福市民，特権商人といった有産市民。

▷3　世界人権宣言
世界中の人々が人権に対してもつべき，そして達成しなければならない共通の基準をまとめた宣言。1948年，国際連合で採択。

▷4　ワイマール憲法
1919年，世界で初めて生存権を盛り込み，国が保障することを明記したドイツの憲法。その後多くの憲法に影響を与えた。

① 授業のすすめ方——民主主義のあゆみ

　民主主義はいかに実現されたのでしょうか。それは，民衆の専制政治に対しての闘いと犠牲のうえで勝ち取った勝利の記念品なのです。近代以前のヨーロッパ社会では，国王といった専制君主の勝手気ままな考えで政治が行われ，自由などが奪われてきました。その状況をフランス革命前の版画から読み取ります（図3-5）。「石は税金，平民は税金という石に押しつぶされています。それに対し，免税特権をもつ聖職者と貴族は，平然と石に乗っています」と説明し，石に押しつぶされている平民はどんな不満があるのかを考えます。すると，「税負担は平等にすべきだ」「専制君主から自由になりたい」という意見が出てきます。このような社会を倒したのがフランス革命という市民革命です。革命の結果，聖職者，貴族も税負担者となりました。さらに版画の市民が掲げる旧制度の死亡証明書も宣言されます（図3-6）。さてこの死亡証明書には何が書かれているのでしょうか。その答えを**フランス人権宣言**を読んで考えます。宣言にある第1条「人間は生まれながらにして自由・平等である」と第3条「あらゆる主権は国民に存する」から人権の保障と国民主権が約束された旧制度の死亡証明書であることに気づきます。では版画の「死亡証明書をもつ市民」は誰でしょうか。答えは，下層ブルジョワや大部分の農民ではなく，上中流**ブルジョワ**です。このように近代以前のヨーロッパの専制政治は，ブルジョワによる市民革命によって倒され，そして現代につながる民主政治が確立されたのです。

② 人権のあゆみ

　まず日本国憲法第97条を読みます。当たり前だと思っている人権は実は，市民革命を通じて保障されてきたことがわかります。

図3-5　フランス革命前の税負担

また、世界人権宣言を読むことで、人権は国際的にも保障されていることがわかります。

では、日本国憲法第97条にある「人類の多年にわたる自由獲得の努力の成果」によって、国際的にも保障されるようになった人権は、どのようにして勝ち取られたのでしょうか。

まず最古の憲法だといわれるアメリカ独立宣言とフランス人権宣言を読みます。そこには生命・身体がおびやかされない自由や財産を自由に蓄えることができる所有権、そして身分による差別をなくす平等権が宣言されています。この「自由・平等」の権利が今日の人権の原理となりました。

しかし自由な経済活動に介入しない自由は資本主義を発展させますが、それは一方で労働者に大きな影響を与えます。その影響とは、自由権のもとで経済的な繁栄を手にする者と貧困に陥る者との経済格差の拡大です。その実態を考えるのが、19世紀のイギリスの工場で鞭で打たれながら働く児童や炭鉱で働く児童などの版画です（図3-7）。その版画を見て改善点を考えます。必然的に、自由・平等の人権のほかに、国家が人間らしい生活を保障すべきであるという社会権の必要性の意見が出てきます。そこで、ワイマール憲法を読みます。第151条(1)「経済生活の秩序は、すべての者に人間たるに値する生活を保障する目的をもつ正義の原則に適合しなければならない」という社会権をもりこんだ憲法が誕生した理由がわかります。

さらに人権は、第二次世界大戦後人権を踏みにじったファシズムの反省から、人権の保障は、平和のために、そして人類普遍の原理であると認識され、国際連合で世界人権宣言が採択され、そして国際人権規約などで、人権が世界全体で保障されるようになります。

③ 授業でのワンポイントアドバイス

民主主義とは何か？　その説明の際にはリンカーン大統領の「人民の、人民による、人民のための政治」にふれるとよいでしょう。そしてその民主主義を実現した市民革命時には、ロックやルソーなどの専制政治に抵抗する思想にふれると、市民革命で民衆が求めたものは何かがよくわかります。

最後に「世界人権宣言」には法的拘束力がありませんが、「国際人権規約」には法的拘束力があることはおさえておきましょう。

（河原紀彦）

図3-6　旧制度の死亡証明書
出所:「週刊朝日百科　世界の歴史98——フランス革命の群像　ゴヤ」（1990）朝日新聞社。

図3-7　鞭で打たれる少年労働者
出所:「週刊朝日百科　世界の歴史102——資本と産業」（1990）朝日新聞社。

参考文献

川島孝郎・石井郁男・安井俊夫編著（2001）『1単元の授業21中学社会公民』日本書籍。

池上彰監修／帝国書院編集部編（2018）『ライブ！現代社会2018』帝国書院。

第3章　憲法学習の基礎基本

日本国憲法の成り立ち

〈授業のゴール〉
・どのように日本国憲法が作られたのかを知る。
・日本国憲法にはどのような特徴があるのかを理解する。
〈使用教材〉
・年表（表3-1など）および当時の文書画像（図3-8など）。

▷1　「押し付け憲法」論
首相公邸で開催された会食の席で，安倍首相が「GHQによって作られた今の憲法を日本人の手で（変えるための）条文作りの作業に積極的に参加して下さい」と語ったとされるが（『朝日新聞』2018年3月7日付朝刊），このような憲法見直しの主張が「押し付け憲法」論と呼ばれる。

▷2　ポツダム宣言の受諾
ポツダム宣言第10項は，「日本における民主主義的傾向の復活強化と基本的人権の尊重」を要求していた。

① 授業のはじめに――「押し付け憲法」とは？

憲法改正を求める声があります。その中には「**押し付け憲法**」論の立場から，「占領軍によって作られた憲法を国民の手で作り直そう」という意見もみられます。そもそも日本国憲法はどのように作られたのでしょうか。

憲法が施行されるまでには様々なドラマがありました。そこには当時の人々の努力や工夫が垣間みられます。年表で当時を振り返りながら，歴史の偶然やその後の展開に思いをめぐらせてみてもよいでしょう（表3-1）。

学習指導要領（2017年告示）によれば，小学校第6学年で日本国憲法の基本的な考え方や，それが国民生活に果たす役割について学びます。「日本国憲法の制定」については，「我が国の歴史上の主な事象」のひとつにあげられています。

戦後の民主主義の発展は，日本国憲法の基本的な考え方と密接なつながりがあります。だとすれば，その出発点である憲法の制定過程について，当時，何がどのように議論されたのか理解しておきたいところです。

② 日本国憲法の制定過程

ポツダム宣言の受諾を受けて，日本はアメリカを中心とする連合国軍によって占領されました。連合国軍最高司令官総司令部（GHQ）の統制のもと，様々な民主化改革が進められました。憲法制定もそのひとつです。

日本国憲法の制定過程は大きく2つの段階に分けられます。当初，日本政府

表3-1　日本国憲法の成立過程（略年表）

1945年	8月14日	ポツダム宣言の受諾。
	10月9日	幣原喜重郎内閣の成立。
	10月27日	政府の憲法問題調査委員会（委員長・松本烝治）設置。
1946年	1月1日	天皇，神格化否定の詔書（人間宣言）。
	2月1日	毎日新聞によるスクープ。……①
	2月3日	マッカーサー，GHQ民政局に憲法草案の作成を指示。
	2月8日	憲法改正要綱（松本試案）をGHQに提出。
	2月13日	松本試案を拒否，GHQ草案（マッカーサー草案）手交。
	3月2日	GHQ草案をもとに，政府の「3月2日」案を作成。
	3月6日	憲法改正草案要綱の発表。
	4月5日	憲法改正案を口語化することを閣議決定。……②
	4月17日	政府，帝国憲法改正草案の正文を発表。
	6月20日	憲法改正案が帝国議会に提出。
	11月3日	日本国憲法の公布。
1947年	5月3日	日本国憲法の施行。

出所：筆者作成。

大日本帝国憲法（明治憲法）を改正しなくとも民主化の要求に応えることができると考えていました。その後，政府は憲法問題調査委員会を設置し，天皇の統治権など明治憲法の根本原則に手を加えないという方針のもとで改正作業を進めていきます。これが第1段階です。

第2段階は，1946年2月の毎日新聞のスクープ報道（図3-8）に始まります。ここで政府の改正草案の内容が明るみになりました。GHQはその保守的な内容に驚き，独自に憲法草案を作成することになったといわれます。その際の指針が有名なマッカーサー・ノート（3原則）です。2月13日，GHQ草案が日本側に手渡されました。その内容は象徴天皇制や戦争放棄など

図3-8 「毎日新聞」1946年2月1日
出所：国立国会図書館「日本国憲法の誕生」(http://www.ndl.go.jp/constitution/，2018.6.5)。

驚くべきもので，日本政府はGHQに対して再考を求めましたが受け入れられず，以後，政府案はGHQ案にそってまとめられていきます。

GHQは，日本側の修正要求をほとんど認めませんでした。後に「押し付け憲法」と呼ばれるゆえんです。日本政府の立場とGHQ案，何れがその後の民主国家としてのあゆみにふさわしいものであったでしょうか。

③ 授業のアイディア

授業では，日本国憲法と明治憲法とを対比させながら，それぞれ条文を確認し，各憲法の特徴を確認するという方法がしばしば用いられます。それとあわせて，次のような制定過程当時の諸事情や，最近の憲法改正をめぐる議論などと結びつけてもよいでしょう。

(1) 毎日新聞のスクープ

制定過程のエピソードとして，毎日新聞のスクープが注目されます（表3-1①）。どのようにして秘密扱いの草案がスクープされたのでしょうか。はっきりした真相は未だにわかっていません。

(2) 憲法のひらがな口語

また，2つの憲法の文体の違いに着目させる試みもあります。政府は，1946年4月17日に憲法改正草案を発表しましたが（表3-1②），そこではじめてひらがな口語体が用いられます。それまで明治憲法の条文にみられるように，カタカナ文語体が使われていました。なぜ，そのような変更が行われたのでしょうか。

平易な法律の文章は，「民権の保障，法律の民主化」を意味します。日本国憲法がひらがなで書かれたことで，これ以降，日本の法令や公文書では口語体が用いられています。

（渡辺暁彦）

▷3 制定過程をめぐっては，憲法学でも，その正当性や自律性について（たとえば，国民の自律的な決定に基づいて作られたといえるのか），今なお議論が繰り広げられている。

▷4 毎日新聞のスクープは，日本政府に対して，GHQの意向に沿った憲法草案を作成させる絶好のチャンスとなったようである。「これほどまでにタイムリーだと，これは『毎日のスクープ』ではなく，政府内部による『毎日へのリーク』ではなかったのか，という疑いすら出てきても不思議ではない」（古関彰一（2017）『日本国憲法の誕生（増補改訂版）』岩波書店，p. 129）。

▷5 横田喜三郎「憲法のひらかな口語」林大・碧海純一編（1981）『法と日本語』有斐閣，p. 266。

参考文献
芦部信喜・高橋和之補訂（2015）『憲法（第6版）』岩波書店。

第3章　憲法学習の基礎基本

5 立憲主義

〈授業のゴール〉
- 「日本での『法』のイメージ」と「憲法の実際」を比べる。
- 「立憲主義」が日本国憲法でどう具現化しているかを学ぶ。

〈使用教材〉
- 日本国憲法…本書巻末資料参照。

▷1　ここでは，認識の逆転（「縛られる」「強制」「−」の法のイメージから，「守られる」「自由・権利」「＋」の憲法のイメージに転換させるきっかけ）になる問いのしかけを作る。

▷2　**違憲立法審査権**
市民の訴えによって，法律が憲法に違反していないかを裁判所がチェックすること（第81条）。

▷3　ここでは，条文条項を覚えるよりも，どんな自由や権利が憲法で保障されているかを知ることが大切。別に「自分の一生と憲法のかかわりを書こう」という課題を出すと，生徒たちは自分の夢を交えて，ユニークにまた波乱万丈にまとめあげてきて興味深い。

▷4　「三権」の「権」は「権力」の略称。権利の「権」も同じなので，混乱を生むが，それは明治期の翻訳の問題が残っている。天皇の政治権力が否定されていること（第4条第1項）にも留意する。なお，これらの3つの権力の中で

① 授業のはじめに

まず導入として「法のイメージ」について質問してみましょう。「難しいもの」「強制，縛られる，拘束されるもの」など否定的なイメージの回答が多く出されると思います。次に，「毎日の生活と法（憲法，法律）とのかかわり」について具体例をあげさせると，義務教育，選挙，売買，殺人，信号無視などいろいろ出てくるでしょう。

② 授業のすすめ方

導入後，人の支配から法の支配への歴史を簡単に説明し，(1)「法の中の法」は何か，(2)憲法といろいろな法律の区別，(3)憲法の自己紹介：最高法規性（憲法第98条第1項），(4)それをチェックするのは誰か：**違憲立法審査権**が与えられていること（憲法第81条）などを学習します。

次に，「私たちの人生」のイラスト（図3-9）に取り組みます。(1)自分のこれからの人生，生活と憲法は非常に関係が深いこと，(2)憲法には「義務」よりも「自由」「権利」が多く書かれていることを知り，「暮らしの中に生きる憲法」を体感できるようにします。そうすることで，一般的な日本での「法のイメージ」と日本国憲法の違いも知ることができます。

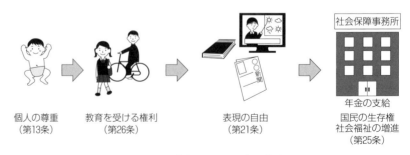

図3-9　「私たちの人生」と憲法
出所：『中学社会──公民的分野』大阪書籍をもとに筆者作成。

ここで、「憲法クイズ」を行います。

> Q1：日本国憲法で一番大切な条文は？
> 〔(ア)第13条「個人の尊重」、(イ)第14条「平等権」、(ウ)第25条「生存権」、(エ)国民主権・基本的人権の尊重・戦争放棄の三大原則〕
> Q2：憲法は誰を縛るの？
> 〔(ア)国民、(イ)国会議員、(ウ)裁判官、(エ)公務員、(オ)大臣、(カ)天皇〕
> Q3：近代憲法の成立過程は？〔誰の何を守るために？〕

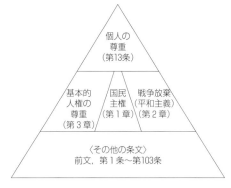

図3-10　日本国憲法の全体像
注：「個人の尊重」を核心的価値とした日本国憲法（大学の授業や教科書には明記）。
出所：筆者作成。

Q1については(エ)と答える生徒が多くいます。しかし、その前提にある考え方は何かと問い、(ア)の第13条の「個人の尊重」であることを導き出します（図3-10）。日本国憲法においては、第4章から第6章で国の権力を3つに分立させています（三権分立）。では、なぜ国家権力を分立させているのでしょうか。生徒からは、「互いの権力をけん制し合うため」「権力がひとつに集中する独裁政治を防ぐため」などの意見が出されます。さらに、なぜその目的があるのかを問うと、最終的には「国民、市民の自由と人権を守るため」に権力が分立されていることが導き出されます。そこで、3つの権力を動かしている人々は一体誰なのかを問いましょう。

図3-11　檻（おり）の中のライオン
出所：『朝日新聞』「はじめての憲法」2015年5月3日より筆者作成。

Q2については、憲法第99条の「憲法尊重擁護義務」を読みましょう。憲法第99条では「大日本帝国憲法下で権力をもっていた天皇と、現在権力を動かしている人々：(イ)〜(カ)国務大臣、国会議員、裁判官、その他の公務員」と書かれています（クイズではほとんど正解は出ません）。そこで憲法を守る義務が課せられているのは、国民ではなく、権力を動かしている人々であることを教えましょう。

Q3では、「権利の保障が確保されず、権力分立を定めない国家は憲法をもつものとはいえない」（フランス人権宣言）の考え方をもとに、近代憲法の性格として、憲法とは「国民みんなで権力者をしばり、制限するための大切な決まり」であり、「国民が守る大切な決まりではない」ことを再確認しましょう。そして、私たち一人ひとりが国家権力の監視を怠ってはならないことも求めていることについて触れましょう（憲法第12条、第97条など）（図3-11）。

（竹山幸男）

も、直接国民から選挙によって選ばれるのは、国会議員だけであるので、国会が「国権の最高機関」（憲法第41条）と憲法では説明されている。

▷5　実は「権力」をイメージ感覚としてどうわかりやすくつかませるかが意外と難しい。権力は、無色透明なものではなく、凶暴で暴走して市民の自由、権利を奪うこともある。この点については、図3-11が非常にわかりやすい。楾大樹（2016）『檻の中のライオン』（かもがわ出版）でも興味深いイメージ図が多く用いられているので、教材作成の参考になる。

第3章　憲法学習の基礎基本

最高法規としての憲法

〈授業のゴール〉
・憲法は最高法規であることを知る。
・権利・自由を国家権力から守るという視点から最高法規であることを理解する。
・最高法規の視点から様々な権利や自由が憲法によって守られていることを考える。

① 授業のはじめに

　日本国憲法第98条において、「この憲法は、国の最高法規であって、その条規に反する法律、命令、詔勅及び国務に関するその他の行為の全部又は一部は、その効力を有しない」と書かれています。日本国憲法は、様々な法や命令の上位にたつ最高法規であることを憲法の権利や自由を保障する条文から考えることで、個人の権利や尊重を大切にする憲法の価値に生徒が気づくことができればよいと考えています。

② 授業のすすめ方

　まず、子どもたちに日本国憲法は最高法規であり、憲法に反する法律や命令などはその力を失ってしまうことを伝えます。子どもたちの中で「なぜ、そんなに憲法は強いのか」と疑問が生まれます。そこで、憲法が最も上位にある理由を教科書に載っている「言論や集会の自由」「仕事について働く権利」「健康で文化的な生活を営む権利（生存権）」など国民の権利からひとつ選び、憲法が最も上位にある理由（最高法規である理由）を発言させていきます。
　そのうえで、個人の尊重や権利を大切にしているからこそ、日本国憲法は最高法規と呼ばれるものであることを確認します。

③ 授業でのワンポイントアドバイス

▷1　芦部信喜・高橋和之補訂（2015）『憲法（第6版）』岩波書店。

　芦部信喜（2015）によれば、最高法規としての憲法の本質は、
・実質的に法律とは異なるということ。
・人間の権利や自由を国家権力からの不可侵を保障する規範としていること。
・「自由の基礎法」が憲法の最高法規の実質的根拠であること。
ということが、憲法の最高法規として支えているものであることを意味していると述べています。

そのため,「最高法規」であることを理解するだけではなく,自由や権利を守るという視点で法律とは異なり,極めて重要な法であることを理解させたいものです。

④ 指導計画

学習者の活動	○教師の働きかけ ◎評価
1. 日本国憲法は,最高法規であることを知る。 「一番強い法は,次のうち,どれでしょう。【日本国憲法 刑法 国の命令】」 ・「刑法は犯罪をとりしまる法律だから一番強いんじゃないかな。」 ・「日本国憲法だと思うよ。国民主権だから。」 ・「国の命令が一番強いと思う。」 「答えは,日本国憲法です。憲法第98条には,日本国憲法に反する法律や命令はその効力を持たない。つまり,効果がない。法律として存在できないということです。」	○刑法や国の命令などについては,まずは,簡単にどんな法かを説明するとよい。
2. 学習課題をつくる。 「なぜ,日本国憲法は最も強い法なのか」	○日本国憲法が最高法規であるのはなぜかと追究の課題として考えるようにするとよい。
3. 日本国憲法が最も強い法(最高法規)である理由を教科書の国民の権利を選び,その根拠を話し合う。 ・「言論や集会の自由を認めているからじゃないかな。自由に考え,伝えることをまず守るべきだよ。」 ・「仕事について働く権利だと思う。この権利がないと働けなくなってしまう。」 ・「健康で文化的な生活を営む権利(生存権)だと思う。やはり,一人ひとりが健康に生活できるようにすることは一番大切ではないのかな。」	○教科書の国民の権利を読み,その理由を考えるようにする。もし,子どもたちが学びづらさを感じていたら,例えば,生存権を他の法律や命令と比較させて考えるなど,例をあげて紹介するとよい。
4. 権利や自由を保障していることが最高法規の根拠となっていることを確認する。 「自由や権利を大切にしている憲法だからこそ,最高法規の理由のひとつと言えますね。」	◎憲法は国の最高法規であり,その根拠として,国民の基本的人権を保障しているものであることを理解することができる。

⑤ 学びをさらに深めたい人に

「自由権」や「生存権」を例にしながら,憲法が最高法規でなかった場合,生活をする上でどのような問題が起きるかを話し合わせてもよいでしょう。実際に予想される不利益について考え,意見を出し合うことで,憲法が最高法規である重みを感じることができます。

(長瀬拓也)

第3章 憲法学習の基礎基本

7 憲法と地方自治

〈授業のゴール〉
・憲法と地方自治の在り方について,周辺の事象を通して興味を高める。
・憲法と地方自治,私たちの暮らしの関係について多面的に考える。

〈使用教材〉
・沖縄県名護市「米軍基地のこと辺野古移設のこと」。
・総務省・外務省・防衛省のウェブサイト。
・京都新聞・毎日小学生新聞・朝日小学生新聞・朝日新聞より作成した資料。

① 授業のはじめに

　ここでは主に「国民主権」「平和主義」「基本的人権の尊重」といった,日本国憲法の三大原則を中心に学びます。しかし自分事として捉えながら考えることが難しい内容です。そこで子どもたちが日本国憲法と地方自治について自分の生活と結びつけ,様々な視点から社会的な見方・考え方を働かせながら価値判断し,多面的に思考し続ける学びの展開を提案します。

② 単元・授業のすすめ方

　具体的には,以下のように展開していきます。
(1)米軍基地の法的根拠と施設現状,再編計画について調べて考える。
(2)国際関係と日本の防衛について調べて考える。
(3)米軍基地と経済効果（名護市へのインタビュー）について考える。
(4)米軍基地と私たちのくらし（沖縄県民へのインタビュー）について考える。
(5)多面的・多角的に米軍基地について考え,価値判断する。
(6)単元のまとめ・レポートの作成（後日,鑑賞・討論会）。
　「米軍基地の是非」について,「日本国憲法」など法的根拠の視点,国際関係と国防の視点,地方自治と経済効果の視点,地域住民の生活と労働の視点などから,多面的に見つめることができるように単元や資料を構成することや（図3-12）,「対話」に重点を置くようにします。また各授業の終末部に子どもたちが書くふりかえりシートに,その授業でどんなことをつかめたか,どんな疑問をもっているのか,どんな学び方をしたいかなどが書かれています。ここから子どもたちの思いや願い,学習状況を見取り,学習展開や内容を柔軟に組み替えながら学びを進めていきます。

図3-12 「米軍基地と私たちのくらし」資料

7 憲法と地方自治

③ 単元展開・授業のワンポイントアドバイス

　日本国憲法と地方自治，国防，経済効果，そして自分たちの生活に関連性があることが，まだ子どもたちにとって捉えづらいため，教員の手助けが必要になります。資料や書籍，友だちとの「対話」を中心に単元・授業を構成しますが，そこに現地の地方自治に直接関わる人や住民との「対話」（遠隔授業）も組み込むようにします。また，各授業の最後に「米軍基地が日本国内に必要かどうか」に加えて，「自分や家族の住む町に米軍基地が設置されてもよいかどうか」を価値判断するようにします。これにより，この社会的事象を自分事として捉えながら，日本国憲法と周辺の事象について考えていくことができます。

（安野雄一）

▷1　現地の様子や人々の思いを直接聞くことも，学びに深みをもたせる。実際に，事故や事件が起こることへの不安だけでなく，地域経済に影響を与えていること，また，米軍基地に勤める方とのかかわりなど，様々な視点・立場からの話を聞くことができ，多面的に思考することができる。

④ 指導の計画

	○子どもたちの活動と意識　・予想される発言	○指導上の留意点　◇支援　★評価
導入	○前時までの学習をふり返り，本時のめあてをつかみ，前時までに調べて考えたことを整理する。 ・日米安全保障条約の内容に含まれているし，日本の国防の面からも日本に米軍基地を置くべきだよ。米軍基地がなくなったら，他の国が日本の近くまでやってくるかもしれないよ。 ・辺野古の住民が反対運動をしている記事を読んだよ。やっぱり住民の思いを聞くべきじゃないかな。それに，日本国憲法第9条の「戦力」にあたるのでは？難しい問題だね。 　米軍基地を日本国内に置くことに賛成？反対？	○前時までに配布した資料及びワークシートに表現したことを確認し，日本の未来についてどう考えているか意識しながら，在日米軍基地の是非について整理する。 ◇前時までに，在日米軍基地の是非についてどう考えていたか確認できるよう，ネームプレートを貼ったホワイトボードを黒板に掲示する。
展開	○グループで話し合い，その時点での，価値判断・意思決定をする。 ○学級全体で意見を交流し，より多角的視点から，社会的事象について考えるようにする。 | 賛　成 | 反　対 | |---|---| | ●他国の船が日本に近づいて来たり，ミサイルの実験が行われたりしている現状がある。 ●日米安全保障条約を結んでいることもあり，基地を移設させて存続させた方が，日米間の関係を安定させることができるのではないか。 | ●憲法第9条と絡めて考えると，これは「戦力」に当たるのではないか。 ●記事を読んでいると，在日米軍が起こした事件や事故が過去にあり，基地が存在することを不安に思う地域住民が多いのではないか。 | | 自分の住む町○ | 自分の住む町× | | ●国を守るためだから，自分の町に基地があってもよい。 ●米軍基地がある市町村には交付金が支払われるので，地域が潤うかもしれない。 | ●事故があった記事を読んで生活の不安が残ると思った。 ●在日米軍が起こした事件や事故が過去にあり，自分の町に基地があるのは不安だ。 |	○他者との対話を通して自分の立場が変わった場合は，随時，ミニネームプレートを移動してよいものとする。 ◇対話が進まないグループには，個々が調べ考えたことを出し合うことから始めるように促す。 ○在日米軍基地の是非についてどう考えているかということと，日本国憲法や日米安全保障条約との関係，日本の未来についてどう考えているかということとを結びつけながら，子どもたちの発言を黒板に整理する。 ★他者が社会的事象について調べ直して考えたことや価値判断・意思決定したことと，自ら社会的事象について調べて考え，価値判断・意思決定したことを比較したり結び付けたりして考え，未来に向けてより思考を深めることができる。（発言・ワーク）
終末	○本時の学習をふりかえり，ワークシートに最終的な自分の考えや価値判断・意思決定したことをまとめる。 ・安保条約を結んでいるので，今後も基地は残りそうだね。 ・でも住民としては生活に不安が残りそうだね。過去に事故もあったからね。 ・もし自分の住む町に基地が移設してきたとしたら……憲法のこともあって未来に向けて難しい問題だね。	○どんな事が解決できて，どんな事が課題として残っているか，今後学びたいことも含めて，本時の感想を意見交流するようにする。

第 3 章　憲法学習の基礎基本

三大原則

〈授業のゴール〉
・日本国憲法の三大原則の定義および具体的事例について知る。
・三大原則が生まれてきた背景を，既習内容をもとに考える。
・三大原則から日本の「国のあり方」について考える。

〈使用教材〉
・文部省（1947）『あたらしい憲法のはなし』p. 11。

① 授業のはじめに

世界各国に憲法があり，その憲法が国のあり方を示していることを伝えます。「では，日本の憲法はどのような考え方で作られているでしょうか」と働きかけ，興味・関心を高めます。

② 授業のすすめ方

「あたらしい憲法のはなし」の「国際平和主義」の挿絵を示し，どのような考え方をもとに作られたか話し合わせます。そして，「主権在民主義」「民主主義」とあわせて，それらが三大原則と結びついていることに気づかせます。

なお，ここにおける三大原則とは，「国民主権（国の政治のあり方は国民が決める）」「基本的人権の尊重（誰もが人間らしく生きる権利をもつ）」「平和主義（二度と戦争をしない）」のことです。

続いて，三大原則の具体的な内容について，定義をもとに具体的な事例を示しながら理解を図ります。また，なぜそのような三大原則が生まれたのか，既習内容をもとにその理由を考えさせます。最後のまとめでは，各自で三大原則に基づいた日本の国のあり方とそれに対する自分なりの考え方を表現させます。

③ 授業でのワンポイントアドバイス

三大原則は一方的に提示するのではなく，国際平和主義の資料を読み取らせたり，生まれた背景を既習内容から考えさせたりすることで，三大原則についての子どもたちの見方・考え方が深まります。

④ 指導計画

学習者の活動	○教師の働きかけ　◎評価
1．憲法は国のあり方を示していることを知る。	○各国の憲法が国のあり方を示すものだったことを伝え、「日本の憲法はどうだろう」と興味・関心を高める。
2．「あたらしい憲法のはなし」の国際平和主義の挿絵（図3-13）から、日本国憲法で大切にされている考え方を話し合う。 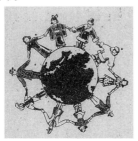 図3-13　国際平和主義の図 出所：文部省（1947）『あたらしい憲法のはなし』。	○「主権在民主義」「民主主義」「国際平和主義」という言葉が、三大原則と結びついていることに気づかせる。
3．三大原則の定義を知り、具体例について話し合う。	○定義については教科書で確認する。国民主権では「選挙権」、基本的人権の尊重では「教育を受ける権利」といったように、三大原則が自分たちの日常生活に大きくかかわっていることに気づかせ、関心を高めたい。
4．三大原則が生まれた背景について考える。	○大日本帝国憲法や太平洋戦争等の既習内容をもとに考えさせたい。その際「国のあり方」の対する考え方が変化していることをおさえる。
5．三大原則とそれに対する自分の考え方についてノートにまとめる。	○三大原則について自分なりの価値判断ができるよう、最後に自分の考えを書くように書き方を指示する。 ◎三大原則の定義や内容について理解し、自分の考え方を表現できたか。

⑤ 学びをさらに深めたい人に

　日本国憲法の前文には、新しい憲法のもとでの国のあり方と三大原則の大切さが書かれています。衆議院のウェブサイトには、「日本国憲法前文に関する基礎的資料」として、前文をわかりやすく書いた資料が掲載されています。この資料を使い、三大原則の考え方が書かれている部分を探させたり、三大原則の大切さが書かれている理由を考えさせたりすることで学習を深めることができます。

（佐藤正寿）

▷1　衆議院「日本国憲法前文に関する基礎的資料」（http://www.shugiin.go.jp/internet/itdb_kenpou.nsf/html/kenpou/chosa/shukenshi032.pdf/$File/shukenshi032.pdf, 2019.2.19）には、子ども向けのものを含んだ6つの新訳が紹介されている。「宮沢俊義・国分一太郎（1987）『わたくしたちの憲法』有斐閣」から冒頭部分を引用する。
「憲法のこころ
　わたくしたちは、人類の平和と世界の国ぐにのしたしいまじわり、民主主義と自由をたいせつにすることこそが、わたくしたちを幸福にしてくれるものであることを信じて、この憲法をつくりました。だから政府のまちがったおこないのおかげで、むごたらしい戦争がおこるようなことは、けっして許しません。」

参考文献
　文部省（1947）『あたらしい憲法のはなし』「国立国会図書館デジタルコレクション」より（http://dl.ndl.go.jp/info:ndljp/pid/1710431, 2019.2.19）。

第3章　憲法学習の基礎基本

9 立法・行政・司法の三権と憲法

〈授業のゴール〉
・立法・行政・司法の三権について知る。
・三権と憲法とのかかわりについて憲法の条文をもとに理解する。
・どのような考えや判断で国の仕事が進められているか考える。

〈使用教材〉
・国会・内閣・裁判の写真（国会本会議の様子，内閣の閣議の様子，最高裁判所の大法廷の様子）。
・日本国憲法…本書巻末資料参照。

① 授業のはじめに

教科書等に掲載されている国会・内閣・裁判の様子の写真（図3-14～3-16）を示します。導入として「何の様子でしょうか。知っていることは何ですか」と問いかけ，三権の学習に誘います。

② 授業のすすめ方

図3-14～3-16の写真から誰が何をするのか話し合い，その役割について確認します。その際，導入で出てきた子どもたちの知識を活かすようにします。次に三権の役割がどこで決められているのか問い，憲法の存在に気づかせます。また，実際に条文を読み，その内容について話し合わせます。さらに，三権の国の仕事の判断の拠り所を考えさせ，憲法の大切さを確認します。最後に本時間の学びを各自がノートにまとめ，学びを共有化して授業を終えます。

③ 授業でのワンポイントアドバイス

この授業では，三権の役割だけではなく憲法とのかかわりを重視します。憲法条文での三権の規定や，憲法が仕事上での判断の拠り所であることを

図3-14　国会本会議の様子
出所：衆議院ウェブサイトより。

図3-15　内閣閣議の様子
出所：首相官邸ウェブサイトより。

図3-16　最高裁判所の大法廷の様子
出所：裁判所ウェブサイトより。

踏まえ，子どもたちの三権と憲法についての見方・考え方を育てていきます。

④ 指導計画

学習者の活動	○教師の働きかけ　◎評価
1．図3-14〜3-16の3枚の写真から，知っていることを話し合う。	○国会（衆議院）本会議の様子，内閣の閣議の様子，裁判所の法廷の様子の写真を提示し，子どもたちの知識を引き出し，興味をもたせる。
2．国会・内閣・裁判所のそれぞれの役割について知る。	○「誰が何をするのですか」と問いかけ，それぞれの役割について理解させる。その際，自分たちの生活とかかわりの深い具体例を提示し，関心を高める。
3．三権の役割が憲法で決められていることを知る。	○「これらの役割は何で決められているのでしょうか」と投げかけ，憲法の存在に気づかせる。また，実際に関連する条文を探させる。
4．関連する条文を読み，その意味について話し合う。	○「国権の最高機関」「唯一の立法機関」「その良心に従ひ」等について自分なりの解釈を発表させ，その意味について考えさせたい。
5．国会・内閣・裁判所の仕事をする人々が何を拠り所にして判断しているのか，考える。	○「何をもとに法律を決めたり，政治を進めたり，裁判をしたりしているのでしょうか」と問いかけ，憲法の重要さを理解させたい。「もし，憲法がなかったら，どうなるのでしょうか」と別の観点から問いかけ，さらに深めたい。
6．三権の役割と憲法のかかわりついてノートにまとめる。	◎三権の役割と憲法とのかかわりについて理解できたか。 ○学習のねらいに沿って適切に書いている例を発表させ，大切な点を共有したい。

⑤ 学びをさらに深めたい人に

　日本国憲法の全体の構成で，第4章「国会」（第41条〜第64条），第5章「内閣」（第65条〜第75条），第6章「司法」（第76条〜第82条）というように三権が章ごとに位置づけられていることに注目させます。これにより，国の仕事として三権の重要さをより一層理解することができます。また，「憲法でこれらの三権の内容が決まっていなかったら，どんなことが起きるだろう」と違う視点から考えさせることで，憲法と三権のかかわりを改めて理解させることができます。

（佐藤正寿）

参考文献
　裁判所ウェブサイト（http://www.courts.go.jp/saikosai/about/photo/index.html，2019.2.19）。
　衆議院ウェブサイト（http://www.shugiin.go.jp/internet/itdb_annai.nsf/html/statics/saiyo/contents/g_syokai.html，2019.2.19）。
　首相官邸ウェブサイト（https://www.kantei.go.jp/jp/vt/main/03/photo02_1.html，2019.2.19）。

第3章　憲法学習の基礎基本

国民の義務

〈授業のゴール〉
・日本国民が様々な権利を行使するために，必要なものが国民の義務であることを知る。
・国民の義務がなくなるとどうなるのかを考え，話し合うことができる。

〈使用教材〉
・国語辞典
・子どもたちが住んでいる地方公共団体のパンフレット。
・日本国憲法の全文（読みやすくしたものがよい）。

① 授業のはじめに

　基本的人権の中に，「自由権」と「社会権」があります。国民は皆，平等に「自由」を追求することができます。しかし，それによって逆に不平等も生まれます。その不平等を解消するために，「社会権」が保障されています。「社会権」の主な内容は，国からの国民への公共サービスです。公共サービスを行うにはお金がかかります。では，そのお金はどこからくるのでしょうか。今までの憲法学習の内容を国の政治の仕組みとともに復習し，権利の保障には，何が必要かを考えていけるようにしましょう。

② 授業のすすめ方

　日本国憲法の三大原則を確認し，その中でも基本的人権の尊重について焦点を当てます。基本的人権の尊重を行使するために，自分たちが住んでいる自治体では，どのような取り組みをしているのか，自分たちの生活経験や自治体のパンフレットを使って考え，話し合いをしていきます。地方公共団体が提供している公共サービスは無料，もしくは僅かな費用で行われていることを確認していきます。その中で，「誰が費用を出しているのか」という疑問が生まれてくるでしょう。日本国憲法の第30条を確認し，「納税」について意味を調べ，どのようなことなのかを確認します。そして，「納税の義務」がなくなると，どのようなことが起こるのかを皆で予想し，話し合い，国民の義務である「納税」「勤労」「教育」がすべてつながっていることを理解できるようにします。

③ 授業でのワンポイントアドバイス

　小学生にとって一番わかりやすいのは，「お金」に関連することです。基本的人権の尊重を行使するための公共サービスで必要とされる費用は，

10　国民の義務

どこからくるのかを，生活経験をもとに考えるとよいでしょう。「納税」によって費用がまかなわれていることを理解しますが，その後，「納税」がなくなるとどうなってしまうのかを考えることで，「納税」の必要性に気がつくことができます。「納税」をするためには，「勤労」が必要で，「勤労」をするためには「教育」による心と体，そして頭の成長が欠かせないことについても理解を深めることが大切です。また，「納税」について，税金の内容，納められた税金を国会議員や地方議員が話合いで決定していることについては，政治の仕組みで取り扱うのが無難です。

④ 指導計画

学習者の活動	○教師の働きかけ　◎評価
1．日本国憲法の三大原則を確認する。 ・国民主権　・基本的人権の尊重 ・平和主義	○学習したことをもとに発表し，全員が確認できるようにする。
2．日本国憲法の本文の中でも，基本的人権の尊重の部分が一番長いことを確認し，基本的人権の尊重の内容や大切さが想起できるようにする。	○簡易文章でもよいので，三大原則のうち，どれが一番長いかに気づかせる。細かく捉えず，長いか短いか程度でよい。その長さから基本的人権の尊重が大切に考えられていることをつかめるようにする。
3．基本的人権の尊重を守るために，国がどのような取組みをしているのかを予想し，話し合う。	○公共サービスについて着目し，生活経験やパフレットなどを使って話し合わせる。
4．公共サービスにかかる費用はどこから出ているかを予想し，「納税の義務」について確認する。	○様々な意見が出てくるが，「無料もしくは少額費用」について着目させ，「納税」によりまかなわれていることを理解させる。
5．「納税の義務」がなくなると，どのようなことが起こるのか，予想し話し合う。	○「納税の義務」がなくなると困ることを考えることで，「納税」の必要性が実感できるようにする。
6．「納税」の大切さを理解し，「勤労」「教育」の大切さと関連づけて考える。	◎「納税」「勤労」「教育」を関連づけて考えることで，国民の義務の必要性について理解をすることができる。

⑤ 学びをさらに深めたい人に

　各地方の税務署に依頼をすれば，日本国憲法と納税の義務についてより具体的に出前授業をしてくれ，児童の理解を深めることができます。

　その他，社会科の授業に限らず，国語辞典を多用できるように指導をします。授業中に出てきたわからない言葉は，自ら辞書を引くことを奨励することで，調べる能力の育成と，知識の獲得につながります。

　日本国憲法の簡易文章でも一緒に音読をすることで，より理解が深まります。

（松森靖行）

第3章 憲法学習の基礎基本

義務と権利のちがい

〈授業のゴール〉
・憲法に明記されている権利と義務について理解する。
・国家の権力を抑え，基本的人権を尊重する憲法の性格を理解する。
・義務や権利の内容に対して興味，関心を高める。

① 授業のはじめに

　権利と義務についての記述は，2020年に施行される小学校学習指導要領（2017年告示）の社会科の第6学年の「2内容」(1)の「ア　次のような知識及び技能を身に付けること」の㋐において，

> ㋐日本国憲法は国家の理想，天皇の地位，国民としての権利及び義務など国家や国民生活の基本を定めていることや，現在の我が国の民主政治は日本国憲法の基本的な考え方に基づいていることを理解するとともに，立法，行政，司法の三権がそれぞれの役割を果たしていることを理解すること。

とあり，「3内容の取扱い」の(1)イにおいて，

> イ　（前略）「国民としての権利及び義務」については，参政権，納税の義務などを取り上げること。

と明記されています。

　小学校の学習指導要領には詳しく義務と権利については明記されてはいません。しかし，この授業では，義務と権利の関係から憲法のもつ性格をよく理解しておくことが必要です。

　つまり，憲法は，国家が暴走して権力を不当に行使しないように防止する性格をもっています。そのため，国民の義務は最低限のものとされ，基本的人権を尊重するため権利が多く存在することを授業を通して学べるようにしましょう。

② 授業のすすめ方

　学習の導入として，義務（しなくてはいけないもの）と権利（みとめられているもの）を予想していきます。さらに教科書を参考に書き出していきます。そのうえで，「なぜ，義務より権利が多いのか」を話し合っていきます。憲法が一番大切にしていることは，一人ひとりの基本的人権を保障し，尊重する立場であることを理解し，義務は最低限守るべきもののみ規定さ

れていることを知ります。

③ 授業でのワンポイントアドバイス

義務が少なく，権利が多いことを明らかにし，国家権力を抑える憲法の性格を考えるようにすることがとても大切です。また，義務も無理やりさせるというのではなく，よりよい社会にするために国民が協力していく責任があることであると理解できるようにするとよいでしょう。

④ 指導計画

学習者の活動	○教師の働きかけ ◎評価
1．義務（やらなければいけないこと）と権利（してもよいこと，みとめられていること）は，どんなものがあるかを話し合う。	○まず，予想して考えを発表するようにしたい。 ○教科書の挿絵を拡大し，黒板に貼るなどするとよい。
2．教科書で義務と権利にはどのようなものがあるかを調べ，発表する。 　義務：働くこと，納税すること。教育を受けさせること。 　権利：思想や学問の自由，生命・身体の自由，選挙する権利，団結する権利，信教の自由，健康で文化的な生活を営む権利。	○大日本帝国憲法と比較して考えるとよい。
3．なぜ，義務は少なく，権利が多く存在するかを考えるようにする。	○憲法が大切にしていることや憲法がだれを守ろうとしているかを国と国民で対比させて考えてもよい。
なぜ，日本国憲法の中で，しなくはいけないこと（義務）は少なく，してもよいこと（権利）は多いのだろう。	
4．憲法はだれを一番守ろうとしているかという視点で話し合うようにする。 5．権利が多いからこそ，一人ひとりが大切にしなければいけないことはどのようなものがあるかを考える。	◎憲法は国の最高法規であり，国民の基本的人権を保障しているものであることを理解することができる。 ◎日本国憲法の性質を理解し，興味や関心を高めることができる。

⑤ 学びをさらに深めたい人に

教育を受ける権利と受けさせる義務をテーマに学び合うのもよい話し合いになります。「なぜ，学ぶことは義務ではなく権利なのか」を子どもたちが取り組んでいる宿題など身近なテーマに即して考えていくと実体験を通して考えることができます。

（長瀬拓也）

参考文献

芦部信喜・高橋和之補訂（2015）『憲法（第6版）』岩波書店。

文部科学省「小学校学習指導要領」（2017年告示）。

第3章 憲法学習の基礎基本

12 国民主権

〈授業のゴール〉
・政治にかかわる問題に関心をもち，政治の中心にいるのは国民であるということを認識する。
・天皇主権との比較において，立憲主義における国民主権の意義について考えることができる。

〈使用教材〉
・宮内庁（2016）「象徴としてのお務めについての天皇陛下のおことば（ビデオ）（平成28年8月8日）」
（http://www.kunaicho.go.jp/page/okotoba/detail/12, 2019.2.20）。
・奥野浩之（文）・黒須高嶺（絵）（2016）『絵本版おはなし日本の歴史㉓ 日本国憲法の誕生』岩崎書店。

① 授業で大切にしたいこと

2016年7月13日，天皇が生前退位の意向を示したという速報が，NHKの独占スクープとして報道されました。そして，8月8日，天皇はビデオメッセージを通じて生前退位の意向を強く示唆しました。この問題は，新聞各紙の第1面を飾り，各メディアでも大きく取り上げられました。しかし，この問題が憲法の国民主権とかかわる重要な問題であると認識できていた人はどれくらいいるでしょうか。少なくとも小中学生にいたっては，この問題を知りさえしなかったかもしれません。国政選挙における投票率が低迷する今，政治の中心にいるのは国民であることを次世代の主権者である子どもたちに認識してもらう必要があります。ここでは，国民主権を3原則のひとつとして覚えるだけの授業にとどまることなく，天皇の生前退位を題材として，国民主権の意義について考える授業を提案したいと思います。

② 授業のすすめ方

授業のすすめ方については，簡単な指導計画をつけていますが，紙面の都合上，大きな授業の流れしか示すことができていません。この授業のエッセンスを示しておきますので，各現場の状況に合わせて，授業をアレンジしてもらいたいと思います。授業の導入では，天皇のビデオメッセージを視聴して，天皇が自分の意思を明確に示していないことに気づけばよいと考えています。展開では，天皇が明確な意思表示をできない理由について，日本国憲法に基づいて理解していきます。また，天皇が政治に関与する危険性について，具体的にイメージできるようにしたいと思います。最後に，それまでの学習を通して，国民主権の意味と国民主権を維持することの大切さについて子どもたち自身が気づくことができれば，この授業は

成功だと考えています。

③ 指導計画（45分）

学習者の活動	○教師の働きかけ ◎評価
1．天皇のビデオメッセージを視聴し（最後の約4分間）[1]，天皇が私たちに伝えたかったことを考える。	○天皇が私たちに伝えたかったことを読み取らせるとともに，天皇が自分の意思を明確に示していないことに気づかせる。
2．日本国憲法第2条を読み，皇位の継承については，国会の議決した皇室典範で定められていることを確認する。	○国会の議決した皇室典範は法律であり，皇室典範を改正する場合も国会の議決が必要であることを説明する。
3．皇室典範第4条を読み，天皇が生前に退位するためには，皇室典範という法律を変える必要があることを理解する。	○天皇は皇室典範の改正を望んでいるが，自らそれを示すことができていないことを説明する。
4．天皇が明確に生前退位の意思を示さなかった理由が書かれている条文を日本国憲法第1章から探す。	○天皇の意思が反映され，皇室典範が改正されることは，日本国憲法第4条第1項に抵触することを気づかせる。
5．天皇が政治にかかわることを日本国憲法が認めていない理由について話し合う。	◎主権者として，政治にかかわる問題に関心をもつことができている。
6．誰が政治の主役になるべきかを考えたあと，日本国憲法前文第1段と日本国憲法第1条を読む。	◎法律は国民の代表者が集まる国会で作られ，国会に権限を与えるのは天皇ではなく，私たち国民でしかないことを理解できている。
7．主権が国民ではなく，天皇にあった場合，どのような問題が起こるか考える。	◎天皇主権との比較において，国民主権の意義について考えることができている。

④ 授業のワンポイントアドバイス

日本国憲法第2条を読むとき，国会は法律の制定・改廃（立法）という国政上重要な権限を持っていることを補足してください。そうすると，多くの子どもたちは，日本国憲法第4条第1項を根拠にして，天皇が明確に生前退位の意思を示さなかった理由に気づくと思います。

⑤ 学びをさらに深めたい人へ

授業のまとめとして提示した問いを追究するために，『絵本版おはなし日本の歴史㉓ 日本国憲法の誕生』等を読んだあと，自分の考えをまとめることによって，歴史への反省を通して，私たち国民一人ひとりが政治の主体として，政治に責任をもたなければならないという自覚をもつことになります。そして，国民主権原理は，立憲主義憲法において変えてはいけない原則であることを理解することができるでしょう。

（奥野浩之）

▷1 宮内庁（2016）「象徴としてのお務めについての天皇陛下のおことば（ビデオ）（平成28年8月8日）」（最後の4分間）とは，「……天皇の高齢化に伴う対処の仕方が，国事行為や，その象徴としての行為を限りなく縮小していくことには，無理があろうと思われます。また，天皇が未成年であったり，重病などによりその機能を果たし得なくなった場合には，天皇の行為を代行する摂政を置くことも考えられます。しかし，この場合も，天皇が十分にその立場に求められる務めを果たせぬまま，生涯の終わりに至るまで天皇であり続けることに変わりはありません。……」以降，最後まで。

第3章　憲法学習の基礎基本

13 平和主義①
── 日本国憲法の「平和主義」とは ──

〈授業のゴール〉
・日本国憲法の平和主義とはどういうものか理解する。
・なぜ日本は，戦争を放棄し，戦力を持たないと決めたのか考える。
・平和主義はどのように守られ，現在はどうなっているか話し合う。

〈使用教材〉
・文部省（1947）『あたらしい憲法のはなし』。
・「写楽」編集部編集（2013）『日本国憲法（第2版）』小学館。

図3-17　「戦争放棄」の図
出所：文部省（1947）『あたらしい憲法のはなし』。

① 授業のはじめに

　6年生の社会科では，これまで歴史学習のあとに政治・憲法を学習していたため，悲惨な戦争を体験した国民は何を願い，どのような社会を望んだかという流れで，日本国憲法の戦争放棄や平和について学ぶことが多かったように思います。しかし，今回の学習指導要領改訂（2017年告示）では，政治・憲法を先に学習することになっているため，歴史学習とからめながら平和主義の学習を展開していく創意工夫が必要となるでしょう。

② 授業のすすめ方

　導入として，戦後の短期間，中学校1年生の教科書であった『あたらしい憲法のはなし』の挿絵（図3-17）を読み取ることからはじめます。児童・生徒の気づきや想像を大切にしながら，この絵が「もう戦争はしないと」決めた，新しい日本の進むべき姿を表現しているものであることを理解していきます。そして，それぞれが「日本国憲法」の本や資料を手に取り，その前文や第2章第9条に注目し，平和主義についてどのように明記されているか確認します。

　次に，なぜ日本は戦争を放棄し戦力をもたないと憲法で定めたか考えます。15年にもわたって国内外に大きな犠牲をもたらした戦争の歴史を省み，平和で民主的な国にしていく決意を示すために憲法に明記したことを押さえます。その平和主義はどのように守られてきたのか，一方，**集団的自衛権**が容認されたこれからの日本はどのように変わっていくのか話し合い，憲法の平和主義に対するそれぞれの考えや意見が述べられるといいでしょう。

▷1　集団的自衛権
同盟国などが攻撃されたとき，自国への攻撃と見なし反撃できる権利。日本の歴代内閣は憲法第9条との関係で行使できないとの解釈を示してきたが，第3次安倍内閣は2015年9月に解釈を変更し，日本の存立が脅かされたり国民の生命に危険があったりする場合に，集団的自衛権による武力行使を憲法上可能とした。

③ 指導計画

学習者の活動	○教師の働きかけ ◎評価
1．『あたらしい憲法のはなし』の挿絵（図3-17）に描かれていることが，何を意味しているか考える。 ・「軍艦・大砲・兵器を捨て，ビルや列車，船，消防車をつくり出している」 ・「もう戦争をしないで平和な国にすることを意味しているのだ」	○『あたらしい憲法のはなし』は終戦後の短期間，中学校1年生の社会科の教科書であったことを説明する。 ◎この挿絵が，これからの日本が戦争を放棄し，平和な社会をつくることを決意したことを意味するものであることを理解することができる。
2．日本国憲法の平和主義は，前文や条文のどこに明記されているか確認する。 ・「政府の行為によって再び戦争の惨禍が起こることのないように……」（前文）他。 ・戦争放棄，戦力不保持，交戦権の否認（第9条）	○憲法前文，第2章第9条が書かれた資料を配付する。 ◎平和主義（戦争放棄）について書かれている箇所を見つけ，どのように書かれているか確認することができる。
3．なぜ日本は戦争を放棄し戦力をもたないと憲法で定めたか，また，人々は何を願い誓ったかを考える。 ・「戦争で多くの人が犠牲になり苦しい生活を強いられた」「他国にも甚大な被害を与え，人々の命や人権を奪った」 ・「二度と戦争はしない」「全世界の国民の安全と生存を維持するために恒久の平和を願う」	○15年にもわたる戦争の歴史を知り，国内外の多くの人々の尊い命を奪い生活や文化を破壊したことを理解する。 ◎新しい国づくりに向けて，人々はどんなことを願い，何を誓ったかを考え発表することができる。
4．憲法に明記されている「平和主義」は守られているか話し合う。 ・「70年以上，日本は一度も戦争していない。憲法9条があったから」 ・「集団的自衛権は違憲では？」 ・「今後日本の平和主義はどうなる？」	○70年以上，戦争をしないでこれたのはなぜか話し合い，第9条について説明し理解を深める。 ◎集団的自衛権容認，武器輸出▷2，核兵器廃絶▷3に対する政府の姿勢などから，平和主義に対する自分の考えを述べることができる。

④ 学びをさらに深めたい人のために

授業のまとめとして，「集団的自衛権が容認されたことによって，日本の平和主義はこれからどうなっていくのだろう」というテーマで，それぞれの考えを綴ります。

それらを発表し合うことを通して多様な意見を共有し，討論会などで話し合っていくと，日本国憲法における平和主義，第9条の存在，それをめぐる論争についての理解が深まっていくことでしょう。

（西村美智子）

▷2　武器輸出
武器輸出三原則は，共産圏と国際連合決議による武器禁輸措置をとられた国，及び紛争地域への武器輸出を禁止したものであり，原則として武器及び武器製造技術，武器への転用可能な物品の輸出が禁じられていた。しかし，2014年4月1日に，武器輸出三原則に代わる新たな政府方針として「防衛装備移転三原則」が閣議決定され，武器の輸出入を基本的に認め，国際共同開発に参加することができるようになった。

▷3　核兵器廃絶
第二次世界大戦中に原子爆弾が使用され，核兵器が大量殺戮兵器として出現したことを人類絶滅に向かう危機と捉えて，戦後，その廃絶を求める声が国際的に起こっていった。「ノーモア・ヒロシマ，ナガサキ」の声は広がり，1950年には平和擁護世界大会委員会がストックホルム・アピールを発表し，核兵器廃絶を訴えた。なお，2017年核兵器禁止条約が国連で採決されたが，アメリカの「核の傘」に依存する日本は，唯一の被爆国であるにもかかわらず条約に署名しなかった。

参考文献
工藤達明編（2013）『よくわかる憲法（第2版）』ミネルヴァ書房。
木村草太（2013）『憲法の想像力』NHK出版。
木村草太（2015）『集団的自衛権はなぜ違憲なのか』晶文社。
柴田義松監修・臼井嘉一・満川尚美（2008）『憲法と世界』日本標準。

第3章　憲法学習の基礎基本

14 平和主義②
―― 憲法第9条と自衛隊 ――

〈授業のゴール〉
- 憲法第9条の戦力不保持と自衛隊の存在について話し合う。
- 安保法制における集団的自衛権行使が可能になったことによって，憲法第9条が実質的にどのように変わっていくのか理解する。
- 平和憲法をもつ国ならではの国際貢献のあり方とは何かを考える。

〈使用教材〉
- 文部省（1947）『あたらしい憲法のはなし』。
- 「写楽」編集部編集（2013）『日本国憲法（第2版）』小学館。

▷1　具体的な条文については，本書巻末資料参照。

▷2　**安全保障法制**
改正法10本を束ねたもの。日本と密接な関係にある他国が武力攻撃され，日本の存立が脅かされ，国民の生命，自由及び幸福追求の権利が覆される危険がある場合，これを排除する適当な手段が他にないとき，集団的自衛権による必要最小限度の武力行使が許容されるとする安保関連法が2015年9月19日成立し，2016年3月29日施行された。

▷3　朝鮮戦争が起こった1950年，連合国軍（GHQ）の指令により，日本国内の治安を守るためとして警察予備隊がつくられた。警察予備隊は1952年には保安隊に，1954年には，日本の平和と独立を守ることを主な目的として，自衛隊となっていった。

▷4　国連平和維持活動（PKO）

1　授業のはじめに

　日本国憲法第2章第9条にはどのようなことが書かれているか，また，自衛隊がどのような時代背景の中で作られたか確認しておきましょう。
　そして，憲法第9条と自衛隊の存在についてどのように捉えているか，それぞれ疑問や意見を出し合い，何が問題なのか考えていきましょう。さらに，集団的自衛権行使が可能になったことによって，憲法第9条が実質的にどのように変わっていくのか理解を深めましょう。

2　授業のすすめ方

　導入として，憲法第2章第9条第2項の条文の内容「戦力不保持，交戦権の否認」を確認します。一方，1950年の朝鮮戦争のときに警察予備隊が作られ，これをもとに1954年に自衛隊が作られたことを押さえます。そして，第9条第2項と自衛隊の存在についてどう考えるか，疑問や意見を出し合い話し合います。
　次に2015年9月に成立した**安全保障法制**（安保法制）について調べ，基本的事項を押さえます。安保法制成立で，集団的自衛権による武力行使が憲法上可能となったことによって，自衛隊の任務，活動の範囲はどう拡大するか確認します。それは，憲法第9条第2項に明記されている戦力不保持と交戦権の否認との整合性においてどうなのか，さらに，自衛隊を「憲法に明記する」との「憲法改正案」が俎上に上がっている昨今，憲法第9条は実質的にどう変わることになるのか，意見や考えを出し合い考えます。
　最後に，平和憲法をもつ国ならではの国際貢献のあり方とは何かを考え，具体的にどのようなことが考えられるか，意見交換しましょう。

③ 指導計画

学習者の活動	○教師の働きかけ　◎評価
1．憲法第2章第9条にはどのようなことが明記されているか，また自衛隊はどのような経緯で作られたのか確認する。そして，憲法第9条と自衛隊の存在についてどう考えるか，グループで話し合い意見を出し合う。 ・「憲法9条2項には戦力をもたないと書いてあるけど，自衛隊は軍隊じゃないの？」 ・「9条と自衛隊は矛盾するのでは？」	○憲法第2章第9条の第1項には戦争放棄，第2項には戦力不保持と交戦権の否認が明記されていることを教科書や資料をもとに確認する。 　一方1950年の朝鮮戦争の時に警察予備隊が作られ，これをもとに1954年に自衛隊が作られたことを説明する▷3。 ◎憲法第9条と自衛隊の存在について意見を述べることができる。
2．2015年9月に成立した安保法制について調べたことを発表し合い，内容を確認する。	○従来の憲法解釈では，日本が自衛の措置として武力行使ができるのは，直接攻撃を受けた場合に限ってきた。しかし，安保法制の成立によって，関係の深い他国が攻撃され，日本の存立が脅かされたり国民の生命に危険があったりする場合，集団的自衛権による武力行使が可能となったことを確認する。
3．集団的自衛権行使容認によって，自衛隊の任務はどう拡大するのか，憲法第9条は実質的にどう変わるのか，考えや意見を出し合う。 ・「自衛隊が他国軍の後方支援ができるようになる」 ・「集団的自衛権の行使を認めるということは，憲法9条を実質的に変え，日本は戦争ができる国になってしまうということでは……」	○集団的自衛権が行使されれば自衛隊は戦闘中の他国軍をいつでも戦闘現場以外なら，戦闘機への給油や武器・弾薬の輸送などの後方支援ができるようになる。また，**国連平和維持活動(PKO)**▷4での「**駆けつけ警護**▷5」ができるようになる。
4．平和憲法をもつ日本の国際貢献のあり方について考える。ハーグ世界平和市民会議▷6で採択された「21世紀への平和と正義のための課題（ハーグ・アジェンダ）」を知って，感想や意見を述べ合う。	○日本国憲法第9条の世界史的意義について考えよう。 「ハーグ・アジェンダ」（1999年）を紹介する。

④ 学びをさらに深めたい人のために

　日本国憲法第9条は，21世紀の新しい平和の秩序を実現するための規範として世界から注目されています。そんな憲法をもつ国として，ふさわしい国際貢献のあり方について考え，意見交換しましょう。

　具体例として，アフガニスタンで農業用水路の建設等に従事している中村哲医師らの活動を知り，自衛隊による軍事活動ではなく，現地の人々の生活基盤に関わることに積極的に協力するということが，第9条をもつ日本ならではの国際貢献の一つの形と考えられないか，話し合いましょう。

（西村美智子）

国際的な平和や安全を維持するための，国連決議に基づく活動。伝統的な任務は，交戦する部隊の引き離し，停戦の監視など。冷戦後に各地で国内紛争が増え，紛争下の文民保護や元兵士の武装解除・社会復帰支援，選挙支援などが任務に加わり複雑化している。

▷5　駆けつけ警護
離れた場所にいるPKOや民間NGOの職員，他国軍の兵士らが武装勢力などに襲撃されたとき，自衛隊が助けに向かう任務。現地の国連司令部の要請などを受けて現場に急行し，武器を使って警護対象を守る。実施するかどうかは自衛隊の派遣部隊長が要請内容を踏まえて判断する。

▷6　ハーグ世界平和市民会議
1999年5月11日～16日，オランダ・ハーグにて開催され，約100国が参加した会議。「21世紀への平和と正義のための課題（ハーグ・アジェンダ）」が採択され，そこには「公正な世界秩序のための10の基本原則」の一つとして，「①各国議会は，日本国憲法第9条のような，政府が戦争をすることを禁止する決議を採択すべきである」と記された。

参考文献
　渡辺治・佐藤功・竹内常一（2007）『今こそ学校で憲法を語ろう』青木書店。
　奥平康弘・木村草太（2014）『未完の憲法』潮出版社。
　木村草太・國分功一郎（協同討議）（2015）『集団的自衛権はなぜ違憲なのか』晶文社。

第3章　憲法学習の基礎基本

15　平和主義③
——戦後70年，日本が戦争をしていないわけは？——

〈授業のゴール〉
・憲法は，絶対に守らなければならない最高の法規であることを知る。
・歴史授業を通して「憲法第9条」の大切さを知る。

〈使用教材〉
・世界地図

① 授業のはじめに

　これから紹介する実践は，教育界の巨星，故有田和正先生が1988年に発行された著書『授業のネタ——授業がおもしろくなる　社会3（高学年）』（日本書籍）の中で，「日本が42年間戦争をしなかったわけ」というタイトルで紹介されているものです。

　「世界にある国の数」など，授業の中に出てくる数字の中には時代の流れとともに変わったものもありますが，授業の内容に関しては，現在も少しも色あせることのない素晴らしい実践のひとつです。

　この授業をすると，子どもたちは一生懸命考え，調べます。しかも，最後は日本国憲法の大切さへとスムーズに話を進めていくことができます。子どもたちに最高法規としての憲法の大切を認識させるのにとてもよい授業です。

▷1　授業のネタ研究会編，有田和正（1988）『授業のネタ——授業がおもしろくなる社会3（高学年）（第2版）』日本書籍。

② 授業のすすめ方

　以下が授業の概要です。国の数など，変動のあった数値に関しては，筆者が最後にこの実践をした2015年当時のものに変えています。

「戦後70年」と黒板に大きく書きます。その後，以下のように発問します。

【発問1】　戦後70年とはどういう意味ですか。

　戦後70年とは「第二次世界大戦が終わってから，70年間戦争をしていない」という意味であることを伝えます。

【発問2】　第二次世界大戦に参加しなかった国，つまり戦争しなかった国は，何か国ぐらいあったと思いますか。

　第二次世界大戦の時の中立国は，スウェーデン，アイルランド，スイス，スペイン，ポルトガルの5か国であったことを教えます。

【発問3】　反対に，第二次世界大戦に参加した国，つまり戦争をした国は，何か国ぐらいあったと思いますか。

中立国は5か国であったのに対し、参戦国は60か国であったことを知らせます。これで子どもたちは「世界大戦」の意味を理解します。

【発問4】 第二次大戦後の70年間に、世界中では何回ぐらい戦争や内乱があったと思いますか。大小含めてどれぐらいあったか予想して、ノートに数を書きましょう。

「300回以上あった」と告げると、子どもから「ウォー」と声が上がりました。ただ、正確な数字はわからないと言っておきます。

【発問5】 では、戦後70年間の、この300回以上の戦争や内乱に一度も参加していない国はどのぐらいあるでしょう？

今、世界には196の国があります。ノートに予想して数を書きましょう。

・第二次世界大戦後、一度も戦争をしていない国は、フィンランド、スウェーデン、アイスランド、スイス、ブータン、日本の6か国であったことを教えます。

・世界には196か国もあるのに、戦後70年間に一度も戦争をしていない国は、たったの6か国しかないこと、この中に日本が入っていることに、子どもたちは感動します。

【発問6】 ここで不思議な現象が起こっています。日本は第二次世界大戦までの50年間に、大きなものだけでも約6回も戦争を続けてきました。第二戦国時代と言われています。

ところが、第二次世界大戦後はピタリと戦争をやめています。70年間戦争をしていません。それはなぜだと思いますか？

以下は、筆者の説明です。

「それは、戦争のむなしさを原爆によっていやというほど知ったからです。また、平和を守る憲法ができたからです。『日本国憲法』です。その第9条には次のように書かれています。

① 日本国民は、正義と秩序を基調とする国際平和を誠実に希求し、国権の発動たる戦争と、武力による威嚇又は武力の行使は、国際紛争を解決する手段としては、永久にこれを放棄する。

② 前項の目的を達するため、陸海空軍その他の戦力は、これを保持しない。国の交戦権は、これを認めない。

平和をこれからも願うとすれば、日本国憲法を守らなければなりません。あなたたちが大人になってもこの憲法がある限り平和は続くでしょう。」

このような授業を通して、平和の大切さを学ぶことと同時に、最高法規としての憲法の大切さを学ぶことができます。

（古川光弘）

▷2 外務省ウェブサイトでは、2015年5月時点の数を紹介している（https://www.mofa.go.jp/mofaj/comment/faq/area/country.html, 2019.3.7）。

第3章　憲法学習の基礎基本

16　基本的人権の尊重

〈授業のゴール〉
- 日本国憲法の三大原則の一つ「基本的人権の尊重」が憲法にどのように反映されているか知る。
- 国民の権利と義務にはどのようなものがあるか知る。
- 今の時代に当てはめて権利の保障を考える。

〈使用教材〉
- 国語辞典
- 日本国憲法（前文，第10条～第40条[1]）。

▷1　日本国憲法全文に関しては，インターネット上に掲載されているのでそこから資料を作成することができる。ぜひ，漢字一つひとつにふりがなを付けたい。一度作成しておくと，その後何度も使える。たとえば，次の国立国会図書館のサイトが使い勝手がよい。国立国会図書館「憲法条文・重要文書　日本国憲法の誕生」(http://www.ndl.go.jp/constitution/etc/j01.html，2019.2.5)。また，全文を確認する際には，本書巻末にも憲法全文を掲載しているので参考にしていただきたい。

① 授業のはじめに

　他の時間でもその都度扱うことになるでしょうが，「前文」から学びをスタートさせます。山の頂上から裾野が広がるように「前文」が憲法全文の根拠を指し示している文章になります。前文にその立法の趣旨，目的，理念が書いてあります。他の条文を読み解くときに前文と行ったり来たりして意味を咀嚼していくことは，条文をそれぞれ独立したものと理解せず，文脈の中に書かれていると理解するためにも大切です。

② 授業のすすめ方

　大きく2つの流れで授業を進めます。
　第1に，憲法第10条から第40条のコピーを配布し，音読します。文体等子どもたちには難しい表現で書いてあるところがあります。その中でも友達同士協力しながら意味が通じる言葉をつないでいけば，なんとなくでも意図が理解できます。
　第2に，難しい表現で書いてある文章（憲法第10条～第40条）を，「具体的に言うと」「たとえて言うと」「簡単にすると」どんなことになるか易しい言葉に置き換えてみます。こうすることで，身近な生活に憲法，そして，基本的人権の尊重を引き寄せることができます。

③ 授業でのワンポイントアドバイス

　上に述べた，授業のすすめ方は少々難しい内容になっています。そこで，欠かせないことは「協働的に」学ぶように仕組むことです。1人ではできないことも，ペアだったり，グループだったりで学ぶことで前に進むことができます。これは，昨今，謳われているアクティブ・ラーニングの視点を取り入れるという意味でもよりよいことです。

④ 授業の実際（45分）

学習者の活動	○教師の働きかけ ◎評価
1．「憲法前文」「憲法第10条～40条」のコピーを受け取り，教員の「憲法前文」範読を聞く。	○教室全体に響くように，明確に，堂々と読みたい。
2．班で，憲法第10条～第40条までを1条ずつ交代で音読する。	○漢字のすべてにルビをふっておき，難しい意味の漢字はあるかもしれないが，読み進められることを確認する。
3．読み終えた班から，下の5つの条件のもと，憲法第10条～第40条を今の時代に合わせて，小学校高学年をターゲットにわかりやすい言葉に書き換える。 (1)すべての条文を書き換える必要はなく，取り組めそうな条文を選ぶ。 (2)国語辞典等を使って構わない。 (3)相談しながら進める。 (4)作業時間は30分。 (5)ミニホワイトボードひとつにつき，1条文を書き出す。	○初めて，憲法の条文に接する子どもたちがいるであろうことを考えて，難しいと思う敷居を下げるような条件設定をする。 ◎自分たちの言葉を用いて，取り出した条文をわかりやすい表現に変えている。 ◎協力して作成しようとしている。 ◎時間を意識して活動している。
4．班ごとに教師の指名を受けた担当者が「書き換えた条文」と「その条文に変換した理由」を級友の前で発表する。	○書き出したホワイトボードを持ちながら発表するよう指示する。 ◎理由を加えて，変換した条文を発表できる。

⑤ 学びをさらに深めたい人のために

別な角度からの視点を2つ紹介します。

ひとつは，「憲法第104条をつくろう」という学習です。憲法は103条まであります。基本的人権に焦点を当てて新たな104条をつくろうというものです。次の4つの点をもとに促します。「それは国民の人権をしばることになっていませんか？」「それを規定することによって人権を守ることができますか？」「それは国と個人の関係を規定するものになっていますか？個人と個人の関係を規定するものではいけません」「それはだれにでも適用することができますか？」。

もうひとつは，自分が最も大切だと思う3つの条文を自分なりの理由をつけて決定するというものです。日本国憲法の条文から自分が大事だと思っている条文を3つ選びます。選んだ理由をワークシートに書きます。友達と意見を自由交流し，友達の意見をメモします。友達の意見を聞いた上で，再度，大事だと思う条文3つを決めて，その理由を書きます。こちらのほうが，自分の価値観で決めることができるので，難しさは少ないかもしれません。

（阿部隆幸）

▷2　具体的な授業の進め方，考え方，弁護士からのアドバイスもつけて作成されている。ワークシートもあって安心して進められてオススメである（帝国書院「法教育教材集」(https://www.teikokushoin.co.jp/teacher/junior/ko_exp/houkyoiku_data/02_kyozai01/02_kyozai_12.pdf, 2019. 2. 15)。

▷3　上條晴夫・江間史明編著（2005）『ワークショップ型授業で社会科が変わる小学校──"参加・体験"で学びを深める授業プラン19』図書文化。もともと，主要な条文が15個載っているワークシートが書籍の中に収められている。

第3章　憲法学習の基礎基本

裁判員制度と憲法

〈授業のゴール〉
・裁判員制度のねらいや仕組みについて理解する。
・裁判員制度を「独立性」「中立性」「公正性」「被告人の人権保障」という，司法の憲法上の位置づけから検証する。
・裁判員に選出されても，辞退する人が多い現実を知り，その背景について考える。
・裁判員制度の是非について，多面的多角的に考察する。

〈使用教材〉
・『朝日新聞』「裁判員候補者，無断欠席4割，最高裁が対策検討へ」2016年5月21日付朝刊。

① 授業のはじめに

「裁判員制度」に対する素朴な疑問から導入します。

〈グループで質問を考えよう〉「裁判員制度」とは，2009年に「市民感覚を裁判に反映する」目的でスタートした制度です。グループで，裁判員制度についての質問を考えてください。

　質問例としては，「裁判員は何人か」「何歳以上の人が対象なのか」「だれでも裁判員になれるのか」「免除される人はいるのか」「入院中や病気の人はどうなるか」「仕事が休めないのでは」「交通費はもらえるのか」「殺人事件でも参加するのか」などが考えられます。

　これらの質問に対しては，以下のような説明をするとよいでしょう。裁判員は6名で，候補は20歳以上の選挙人名簿から事件ごとにくじで選びます。ただし「70歳以上」「学生」「家族の介護」「重要な仕事」などの理由で辞退が認められています。日当は1万円を限度に支給されます。地方裁判所で行われる刑事事件において3名の裁判官とともに，判決にかかわります。

② 授業のすすめ方

〈クイズ〉2016度に裁判員に選出され，実際に出席した人はどれくらいでしょうか？
　　　　　約85％　　約65％　　約45％

〈答え〉　約65％（64.9％）

　裁判員制度がはじまった2009年は83.9％の出席率でしたが，大幅に低下している。高齢や病気などを理由に欠席する人も多く，実際の出席率は23.6％です。

この出席率低下の原因については審理予定日数が増えていることや、制度施行時の2009年に比べ国民の関心が低下していることが原因のようです。

〈マイクロディベート〉裁判員制度が実施されて2018年で丸9年。「裁判員制度を廃止すべし」という論題でマイクロディベート[1]をしましょう。

【立論事例】
「裁判員制度を廃止すべし」という論題に対する「肯定側」「否定側」それぞれの意見を考える時間を15分程度設けます。

《肯定側》
〈事例1〉そもそも裁判員の意見が分かれた場合、その意見に裁判員が入っていなければ採用されないので、民意が反映されているとはいえません。しかも、2審3審は関与できないので意味がありません。もっとも大変なのは、死刑判決を出したときの精神的ストレスです。
〈事例2〉強制的な制度で、仕事をしている人には無理があります。出頭率も低い。遺体や傷の写真も見なくてはならず精神的ストレスが強い。また逆恨みされる可能性もあります。大きい理由は、素人が下す判断が正しいのかという疑問があります。

《否定側》
〈事例1〉国民が参加することで、裁判に国民の感覚や声を反映できます。また、裁判への関心が高まり、親近感がわきます。密室で行われるというイメージが強い裁判の不透明性がなくなると思います。
〈事例2〉裁判に対する国民の信頼が強くなります。また、裁判員裁判の裁判官は、法律にしばられていなく情にそった判決が加味されます。制度的にも強制ではなく辞退することもできるのでいいのでは。

③ 授業でのワンポイントアドバイス

マイクロディベートは、一単位時間で、他者の異見を聞いたうえで、多面的・多角的に考察できます。マクロディベート終了後は、教員が各生徒の意見を述べる機会を設けるなど、裁判員制度についての考えを全体化する必要があります。

④ 学びをさらに深めたい人に

ゲストティーチャーを招き、「裁判員制度」の意義を話してもらう機会をもちたいものです。なぜなら、出席率の低下は、国民に開かれた裁判を絵にかいた餅にしてしまうからです。

（河原和之）

▷1 マイクロディベート
通常のディベートとは異なり、短時間（10分×3）で実施する。3人チームになり、肯定側、否定側、ジャッジのすべてを経験する。具体的には以下のように進める。
① 肯定側立論（2分）
② 否定側立論（2分）
③ 否定側の質問と肯定側の答え（1分×2）
④ 肯定側の質問と否定側の答え（1分×2）
⑤ まとめ（1分）
⑥ ジャッジ（1：9 2：8 3：7 4：6で判定）（1分）

さらに学びたい人へのブックガイド

○公益財団法人明るい選挙推進協会監修（2016）『現役先生が教える 主権者教育授業実例集』国政情報センター。
すぐに実践できる授業内容が満載。選挙権年齢の引き下げにより有権者となっている高校３年生に向けた授業実践を中心に収録されています。「簡易授業版」も収録されています。

○W. キャシディ・R. イェーツ編著／同志社大学法教育研究会訳（2015）『小学校で法を語ろう』成文堂。
小学校の教室を舞台にしてゲームなどの様々な活動を通して法教育がなされる過程が書かれています。小学校現場で，少しの時間でも実践できる内容が盛りだくさんの本です。

○杉浦真理（2013）『シティズンシップ教育のすすめ──市民を育てる社会科・公民科授業論』法律文化社。
シティズンシップ教育の理論や実践が多く掲載されており，現場ですぐに活かすことができます。

第4章

さらに深める憲法学習
―中学校・高校での授業のために―

第4章　さらに深める憲法学習

　個人の尊重

〈授業のゴール〉
・個人の自由（人権）の尊重が必要になった歴史と今はどうなっているのかを理解する。
・幸福追求の権利は，どんな新しい人権を生み出してきたのか理解する。

〈使用教材〉
・教科書　・資料集
・『朝日新聞』「選択的夫婦別姓裁判」2018年2月10日付朝刊。
・『毎日新聞』「非嫡子の相続差別について」2013年9月5日付朝刊。

▷1　幸福追求の権利
人には，幸福追求の権利があることは，アメリカの独立宣言に盛り込まれて世界に広がった。憲法裁判の根拠である人格権は，この権利から導かれ，多くの新しい人権の根拠に使うことができる。

① 授業のはじめに

　個人の尊重は，アメリカ独立宣言の譲れない権利として生まれました。生命，自由，幸福追求の権利を受け継ぎ，かけがえのない個人の尊厳を認めて，幸福の追求を可能にしました。この権利は，多くの新しい人権の主張根拠として活用されています。

② 授業のすすめ方――個人の自由（人権）の歴史

　予習として，人権保障の歴史について，生徒に調べてきてもらいましょう。発表させ授業を進めるとアクティブ・ラーニングになります。
　憲法の根幹は人権保障であり，この考えはさらに進化して，20世紀は，社会権の条文で具体化されていきました。さらに，この個人の尊厳に依拠した人権保障は，21世紀の，進歩した人権を獲得する未来の私たちの人権につながっており，包括的な人権（人格権）の規定といえます。このようなストーリーを生徒に教えましょう。
　封建国家，近代でも封建的なパターナリズムの強い国家，個人より集団（国家，企業，家族）を重んずる社会は，個人の独立した人権を認めづらくなっています。「すべて国民は個人として尊重される」（憲法第13条）ことの意味は，個人が組織から独立して生活できることです。同様に，家族を形成するにあたっても，「個人の尊重と両性の本質的平等」（憲法第24条）があります。それは，封建的な許婚をはじめ，かつては戸主に子どもの結婚の決定権があったことを考えると，このような規定が，憲法に書かれる意義が大きかったことを戦前と戦後を比較しながら生徒に教えましょう。
　憲法に書かれている人権条項は，そこに書かれることで，現状の非人権な状態を是正する力をもちます。具体的な法律として，たとえば民法の改正によって，相続や婚姻の法的あり方を通じて是正できます。また，条文

のもつ力は、それを根拠に、人権侵害状況を是正させることもできます。憲法の力は、人権を侵害されたとき、裁判を通じて、その回復をめざす市民によって実現されるのです。

表4-1　最高裁大法廷の法令違憲判決

1973年4月	刑法：専属殺重罰規定（第14条違反）
2008年6月	国籍法：非嫡出子国籍取得制限規定（第14条違反）
2013年9月	民法：非嫡出子法定相続分規定（第14条違反）
2015年12月	民法：女性の再婚禁止期間規定（第14条，第24条違反）

③ 授業のすすめ方——幸福追求の権利による人権

　生徒に予習として、憲法第13条の条文の権利は何を保障しているのか、「生命」「自由」「幸福追求」のキーワードを調べてきてもらいます。

　プライバシーの権利は、『宴のあと』事件という、三島由紀夫が、政治家にかかわる生活をみだりに公開したことで問題になったものがあります。このような私的情報を社会的に公開することは、私人については許されません。21世紀になって、プライバシーの権利は、個人の情報を出すのも出さないのも、個人の統制下におくという権利であることの確認が、裁判例のもとに権利化されてきています。

　自己決定権は、自己の生活、生命に関する判断について、しっかりとした情報提供のもと、自分で判断する権利です。日本では認められていませんが、自殺の権利も含めて広範な議論があります。また、財産の自己の処分権については、憲法第29条の解釈として、放棄するのは自由です。比較的社会の中で認められてきた自己決定権には、**インフォームド・コンセント**があります。生命にかかわる医療行為の際に、十分な説明と同意が求められ、権利として確立してきました。また、尊厳死についても、リビング・ウィルの尊重の声が高まっています。

　環境権のうち、日照権については認められ、民事裁判においても権利主張がすでに可能です。日本の裁判は、残念なことに具体的な事件、訴えの利益がないと裁判を起こせません。しかし、具体的な事件であれば現行の憲法第13条、第25条から、環境権を実現する法律は可能です。

　その他、憲法第13条、第14条、第24条を根拠として、選択的夫婦別姓の権利、非嫡出子の相続差別、離婚後の女性だけ不当に長い婚姻禁止規定など多くの事例で憲法違反かどうかの裁判が進んでいます（表4-1）。非嫡出子の相続差別については、違憲判断が最高裁での判決で出ています。このように、憲法は、人権救済を求めるすべての人（何人）に開かれている（憲法第32条）と教えたいものです。

　このような授業のまとめとして、幸福追求権を根拠とした裁判、要求される権利の一覧を生徒に調べさせてつくらせるとよいでしょう。

（杉浦真理）

▷2　『宴のあと』事件
三島由紀夫が、具体的に想定される元外務大臣のプライバシーを題材に書いた同名の小説（1960年刊行）で、損害賠償を求めた事件。最初にプライバシーの権利を日本の裁判所で認めた事件として有名である（東京地判昭和39年9月28日）。

▷3　インフォームド・コンセント
情報を提供されてから医療行為が患者に行われるという考え。医療の主体は患者・家族であり、よく理解した上で、その同意が権利として重要になってきている。その際、セカンドオピニオンをはじめ、医療情報を独占する医師に患者は、権利を尊重することが必要になった。

参考文献
　樋口陽一（2017）『憲法入門（第6版）』勁草書房。
　上原公子ほか（2017）『国立景観裁判・ドキュメント17年』自治体研究社。

第4章　さらに深める憲法学習

2　憲法の歴史と未来を考える

〈授業のゴール〉
・憲法が過去の人権侵害を許さず明文化されることによって，権力者の権力濫用を戒めることを理解する。
・憲法が未来の人々の人権をも保障し，その人権保障への努力，人権を発展させることをすべての主権者に求めていることを知る。

①　授業のはじめに

憲法の根幹は，人権保障とそれを実現する統治機構の確立です。基本的人権の規定の最初の第12条は，憲法の第3章「国民の権利及び義務」の人権規定の前提です。また，基本的人権を憲法内で最後に規定しているのが第97条です。

②　授業のすすめ方——憲法の明文化と権力濫用の阻止

まず，生徒に，前文，第12条，第97条の条文の内容，かかわる歴史を予習で調べてきてもらいます。

ひとつめのゴールの例として，欧米の歴史をみていきます。欧米では，王権力による国民への人権侵害を止めるために憲法が必要になってきました。これを立憲主義といいます。イギリスでは，13世紀，貴族や宗教勢力が，ジョン王に対して，**マグナ・カルタ**▷1を認めさせて，王の徴税権，逮捕権を制約しました。「人の支配」から「法の支配」へ憲法的な文書を確認したのです（表4-2）。

憲法は，このように王権力を制限してきました。近代憲法の基礎を築く歴史的な市民革命が，憲法に力を与えてきたのです。つまり権力者，王や国民から選ばれた代表者であっても，人権侵害をさせない近代憲法を作りあげたのです。権力者より強い憲法の歴史的登場です。**自然権**▷2を明文化した憲法，社会契約でもある憲法は人々の自由を求める人権の運動，革命によって生み出されてきたといえます。

この歴史は，日本においては自由民権運動によって，近代憲法の制定要求

▷1　マグナ・カルタ
1215年イングランドのジョン王に，王権の制限と貴族，宗教勢力の権利を保障させた文書。権利請願，権利章典とともに，国民の王に対する権利を認めさせた最初のもの。大憲章といわれている。本書第4章36も参照。

▷2　自然権
生まれながらにして，すべての人が平等にもっているという権利。生命の自由，幸福に生きる権利など憲法がなくても，脅かすことのできない権利とされた。自由民権運動期には，「天賦人権」として，その権利が語られた。

表4-2　イングランドの人権獲得の歴史

マグナ・カルタ （1215年）	国王ジョンに対する封建階級の特権要求。 「承認なくして課税なし」 「国法によらずして逮捕・監禁されず」
権利請願 （1628年）	チャールズ1世に対する議会提出の請願書。
ピューリタン革命 （1642〜49年）	権利請願を無視したチャールズ1世を打破した。市民革命。
名誉革命 （1688年）	国王ジェームズ2世が清教徒を迫害。革命に。
権利章典 （1689年）	名誉革命の結果，王位に就いたウィリアム3世が発布。

が始まります。大日本帝国憲法は，伊藤博文がドイツより学んできた近代憲法によってできました。国家権力が，憲法の規定により権力を行使する基本が，**外見的近代憲法**とはいえ生まれたのです。まだ，「法律の留保」という制限つきではありましたが，人権を規定し，近代憲法が生まれたのです。

③ 授業でのワンポイントアドバイス

第97条の理解は，近現代の政治史に学ぶことの大切さにつながります。人権保障は市民の人権を守る運動によって，憲法の人権規定が成立してきたことを生徒が理解できるようにします。「過去幾多の試練に堪え」私たちの先人の苦労が，私たちの人権を保障してきたこと，憲法を創り上げたことを理解してもらうのです。

④ 授業のすすめ方——未来の人々の人権保障とそのための努力

憲法に明文化すれば，人権は自動的に保障されるのでしょうか。

日本国憲法ができた後でも，国家に人権侵害を訴えて，社会をよりよくする憲法を自らに獲得していく裁判が多く行われてきました。人間裁判と言われた**朝日訴訟**はその例です。この裁判では，生活保護水準の「健康で文化的な最低限度の生活」が問われて，世論は動きました。この人間裁判は，個人の人権を超えて，憲法の生存権の価値と，その実現を求める人権を求める運動と連動した憲法裁判となりました。裁判の結果とは別に，世論に押された政府の生活保護水準は年々向上されたのです。第12条，第97条は私たち市民に要請をしていることを，朝日訴訟の授業で生徒に確認させます。

⑤ 学びをさらに深めたい人に

憲法第9条をめぐる裁判も，多く行われてきています。憲法第9条は，日本の平和に大きく貢献してきました。それだけでなく，自衛隊員を戦地に派遣できない歯止めになってきたのです。イラク戦争時，後方支援として自衛隊がアメリカ兵や弾薬を運んだことが，国民の平和的生存権を脅かしていると，全国で**集団訴訟**が起こされました。その中で，名古屋訴訟の名古屋高裁の確定判決で，平和的生存権が具体的権利として，憲法違反の根拠となりました（名古屋高判平成20年4月17日）。

憲法に未来の市民・主権者が魂を入れ，その発展に寄与することを第12条，第97条は求めているのです。

（杉浦真理）

▷3　外見的近代憲法
本来，個人の尊厳に基づき，基本的人権が国家権力に制限される憲法は，本来の近代憲法ではない。よって，形式上立憲主義をもっているが，人権保障の足りない憲法を外見的と表現する。

▷4　朝日訴訟
朝日茂氏は，生存権の保障が十分にされていないことを，国を相手取って憲法裁判に訴えた。この裁判はマスコミによって，人間裁判と言われ，生活保護費の額が，「健康で文化的な最低限度の生活」かが議論された。詳細は本書第2章5参照。

▷5　イラク戦争後に，自衛隊をイラク国内のサマワに派遣し，その周辺地域で米軍の後方支援をしたことによって，憲法の保障する平和的生存権（前文・第9条）が脅かされたという市民が全国11地裁で集団裁判を提起した。

参考文献
西原博史・斎藤一久編（2016）『教職課程のための憲法入門』弘文堂。
川口創・大塚英二（2009）『「自衛隊のイラク派兵差止訴訟」判決文を読む』角川書店。
奥平康弘・木村草太（2014）『未完の憲法』潮出版社。
歴史教育者協議会（2008）『ちゃんと学ぼう憲法①』青木書店。

第4章 さらに深める憲法学習

3 国民主権と立憲主義

〈授業のゴール〉
・国民主権がどのように確立し，政治の根幹に位置づけられたかを知る。代議制の力の根源を知る。
・人権保障のために権力分立を立憲主義は要請していることを知る。

① 授業のはじめに

憲法第1章「天皇」では，天皇規定を立憲主義的に置きました。第99条には，国民が権力をもち，憲法にしばられる権力者が列挙されています。

② 授業のすすめ方——国民主権の確立過程について

まず生徒に，前文，第1条，第99条の条文の内容，かかわる歴史，世界の権力分立の方法を予習で調べてきてもらいましょう。

国民主権は，欧米先進国では，君主制の国家で，国民が主権を得ていく市民革命を伴って実現しました。それまでの社会は，**絶対王政**でした。身分制度のある社会で，国民は，王権力の勝手な徴税に苦しんでいたのです。資本家，自由を求める若者，王権力を助けてきた貴族・宗教階級などが協力して，国王主権を終わらせました。

平等な社会をつくるために，人々が同じ権利をもち，互いに社会契約をして国家をつくる計画は，**フランス人権宣言**で成就します。権力者の力の源泉を「国民の代表者がこれを行使し，その福利は国民が享受する」という仕組みに正当性を与えたのです。つまり，憲法前文において，国の主人公は，国家や権力者でなく，国民であることが示されています。

さらに，日本でも，国民主権は大日本帝国憲法を変えて，GHQ案を受け入れた日本政府が日本国憲法案を提案しました。現憲法は，欧米の国民主権への運動を引き継ぎ，参政権（第15条）や請願権（第16条）を通じて政治に直接参加していくことや，国民投票（第96条）や国民審査（第79条）によって，国民主権の最高の意思決定の力を発揮できるようになりました。憲法原文で前文と第1条，第99条を生徒の理解を深めましょう。

③ 授業でのワンポイントアドバイス

絶対的権力をもった天皇を，「日本国統合の象徴」にして，国民主権に併存させました。「主権の存する日本国民の総意に基づく」天皇制（GHQ

▷1 絶対王政
フランスのルイ14世や，ロシアのエカテリーナ2世など，王権力の絶頂期を迎えた王は，国民から収奪を極めた。その反動から，市民革命など王制批判が高まる要因を作った王制のことを絶対王政という。

▷2 フランス人権宣言
1789年のフランス革命は，王権力を倒し，人権宣言，議会の機能を通じて，国民主権の共和政を樹立した。この人権宣言は，自由・平等を宣言し，国家権力の分立を明確にした。本書第3章3も参照。

の前文を政府・国会で修正し確定）となったのです。前文では国民主権を確定し，第1条で天皇の地位を象徴に変更しました。さらに，第99条において，天皇を含めて国家権力者に憲法を守らせるタガをはめています。

④ 授業のすすめ方——人権保障のための権力分立について

まず，生徒に，第81条，第96条，第99条の条文の内容を予習で調べてきてもらいましょう。

立憲主義は，近代立憲主義に加えて現代立憲主義に歴史的に発展しました。近代立憲主義では，人権カタログとして，権力者に認めさせました。国民の権利を国家に認めさせることによって，自由を得ていく，「国家（権力）からの自由」が大事だったのです。

イングランドでは，議会を中心に政治は運営されます。さらに，王権力から革命で国民主権を樹立したフランス人権宣言によっては権力を分けることが重視されました。権力をもつ者は，権力を濫用すること，権力に猜疑の目をむける方法で，近代立憲主義は確立されたのです（表4-3）。

現代立憲主義では，第1に，経済的自由権の修正として社会権が書き込まれました。その先駆けは，ドイツのワイマール憲法でした。これは，「国家による自由の保障」という新しい現代憲法への移行の画期となりました。憲法学者で国会議員の森戸辰男によって，「健康で文化的な最低限度の生活」として日本国憲法に書き込まれました。

第2に，権力の単純な分立から，権力を集中させないために，現代立憲主義では，ドイツナチス政権が，憲法の権利（人権）をないがしろにした歴史を反省し成立しました。

現代憲法では，第1に権力をしばる人権カタログとして，自由権，社会権の人権規定が置かれます。第2に権力を集中させないために，権力を分け監視させる権力分立，憲法で各機関（国会，裁判所，内閣）の権能の明記があります。また，違憲立法審査権を裁判所が有します。それらを監視し機能させるのは国民の世論や国民審査です。憲法が守られているか，常に権力者に厳しい目を向けて点検する視点を主権者の国民はもつべきことを生徒に教えましょう。

⑤ 授業でのワンポイントアドバイス

憲法改正（第96条）も立憲主義に沿っています。本書「憲法改正」（第4章37）でも述べますが，内閣は憲法改正の発議ができないのです。国民から直接選ばれる国会議員だけが発議できます。しかも，単純多数決でなく，「両議院の総議員の3分の2以上」（第96条）の多くの議員の賛同が条件です。

（杉浦真理）

表4-3 近代立憲主義と現代立憲主義の国家の特徴

近代社会	現代社会
自由国家	社会国家
消極国家	積極国家
夜警国家	福祉国家

参考文献

伊藤真（2017）『日本国憲法ってなに？1』新日本出版社。

浦部法穂（2016）『憲法学教室（第3版）』日本評論社。

芦部信喜・高橋和之補訂（2015）『憲法（第6版）』岩波書店。

斎藤一久編（2017）『高校生のための憲法入門』三省堂。

南野森編（2013）『憲法学の世界』日本評論社。

第4章 さらに深める憲法学習

象徴天皇制①
―― 大日本帝国憲法との比較 ――

〈授業のゴール〉
- 大日本帝国憲法下の天皇について知る。
- 日本国憲法下の象徴天皇制の意義を知る。

▷1 国民主権，民主主義の日本国憲法に世襲の天皇制が「飛び地」のように残っている。歴史の転換点において，その時代の事情でそれ以前の制度が残ることを「制度体保障」とよぶ（石川（2007）参照）。
▷2 SWNCC「日本の統治体制の改革」（1946年1月7日）がマッカーサーの日本統治の指針となった。
▷3 倒幕派は天皇を前面に押し立てることで，江戸幕府を倒す正当性を得た。そして，天皇が天地神明に五箇条の御誓文を誓うというかたちで明治政府が始まった。
▷4 19世紀は立憲君主制の時代である。日本でも，明治新政府における薩長の専制政治に反対して自由民権運動がおこり，政府は，大日本帝国憲法を制定した。大日本帝国憲法は，当時，皇帝の権力が強かったプロイセン憲法を参考に作られ，天皇を統治権の総攬者とする一方，立憲主義的性格ももっていた。
▷5 国家法人説
19世紀ドイツで生まれた考え方で，国家の統治のあり方を最終的に決めるのは国家という法人であり，君主・議会・裁判所は国家の機関であるとする。君主と

１　授業のはじめに

日本国憲法第１章は「天皇」と題されています。

第１条は象徴天皇制と国民主権の規定です。一見矛盾するこの２つが，しかも最初の条文に書かれています。これはなぜでしょうか。日本国憲法はかたちのうえでは，大日本帝国憲法の改正という手続きで制定されたという事情もありますが，それ以外に「天皇は『象徴』ですよ。主権者は国民ですよ」ということを一番に言わなければならない理由が存在したのです。「天皇は象徴」と覚えるだけではなく考える授業としたいところです。

２　授業のすすめ方

日本国憲法制定の際，天皇制の存続は当時の支配層にとって最大の関心事でした。マッカーサーノートには天皇制の存続と，天皇を憲法のコントロール下におくこと，同時に封建制度と貴族制度を廃止することが記されていました。当時の内外の政治状況を反映したものです。

時の権力者に利用されることの多かった天皇の歴史も踏まえたうえで，日本国憲法の「天皇の地位は主権の存する日本国民の総意にもとづく」という文言の理解を深めさせるようにすすめたいところです。

３　授業の展開

大日本帝国憲法における「神勅による統治者・天皇」⇒「国家機関としての統治者・天皇」⇒現人神⇒日本国憲法における「象徴天皇」という天皇制の歴史的流れを確認することで，現代の私たちが考えるべきことが明確になるように授業を展開します。

・大日本帝国憲法の天皇の地位・権威・権力

大日本帝国憲法は，天皇は「万世一系」であり，「神聖にして侵すべからず」と定め，天皇の地位は天照大神の神勅によるとされました。一方，帝国憲法制定の背景には自由民権運動があり，天皇はその統治権を「この

憲法の条規に依りこれを行う」などと，立憲主義的な条項もありました。やがて立憲主義的な考え方が広まり，天皇の地位について，「天皇機関説」（「国家法人説」）が通説となっていました。

・天皇機関説事件

　軍国主義が台頭した1935年，天皇機関説事件がおこり，**国体**に反する学説として排斥されました。以後，天皇は現人神であり，日本は神の国だという考えが強まり，天皇の「統帥権」をもとに軍部が力を強めました。

・ポツダム宣言受諾・降伏文書調印

　1945年8月14日日本はポツダム宣言を受け入れ，無条件降伏しました。ポツダム宣言では，天皇については触れられていませんでした。連合国の中には，「天皇」を退位させ，戦争責任を問うべきだという国もありました。しかし，日本を占領したアメリカはそうは考えませんでした。「天皇」を残した方が占領統治が上手くいくと考えたからです。

・人間宣言

　1945年の敗戦の翌年天皇はいわゆる「人間宣言」を行います。これにより，天皇は「神」ではなく「人間」となりました。

・現人神から象徴天皇へ

　日本国憲法第1条には，天皇は，「**象徴**」であり，その地位は「主権者たる日本国民の総意に基く」と書かれています。

　当時の日本人は天皇が「現人神」「統治権の総覧者」から「人間」「国民の象徴」になったことをどのように受け止めたでしょうか。「神の国が負けるはずがない」と信じていた人も多かったのです。そして，多くの人々がこの戦争で，尊い命，人間らしい生活を失っていたのです。

　当時の調査によると日本国民の85％が象徴天皇制を支持しました。日本国憲法が，その第1条で象徴天皇制を定めるのは，1946年という歴史上のある時点における国民の意思といえます。その後70年間日本国民は支持し続けているといえます。

　「国民の総意」，これが，現在の天皇の存在理由です。

④ 授業のワンポイントアドバイス

　歴史上，天皇が政治権力を行使しない期間が長かったという事情もあり，天皇制は空気のようになってしまいがちです。しかし，大日本帝国憲法における天皇制のあり方が軍部の独裁を招いたことへの深い反省から，日本国憲法第1条に「天皇は象徴であり，その地位は国民の意思による」と明記したことを生徒がしっかりと受け止め，天皇制のあり方を考えることが国民の問題であると意識できる授業をしたいところです。

（田丸美紀）

いう機関に主権があるという考え方も可能であり，日本でもこの考え方を取り入れ天皇機関説となった。

▷6　国体
法学的には，天皇が主権者であり，統治権の総覧者であること。歴史的，倫理的には，国民が天皇をあこがれの中心として，心のつながりをもつ国家。

▷7　昭和天皇の詔書（1946.1.1.）いわゆる「人間宣言」の内容は以下である。「朕となんじら国民との間の紐帯は，（中略）単なる神話と伝説に依りて生ぜるものに非ず。天皇をもって現御神とし，（中略）世界を支配すべき運命を有すとの架空なる観念に基づくものに非ず」（部分・カタカナと一部漢字を平仮名にしている）

▷8　象徴
「鳩は平和の象徴である」のように，抽象的な概念を具体的なもので表すこと。人間（国王）を国家の象徴とする国は他にも存在する（スペイン1978年憲法）。

▷9　『毎日新聞』1946年5月27日，NHK（2010）「平成の皇室観」『放送研究と調査』2号。NHK（2016）「生前退位に関する世論調査」（https://www.nhk.or.jp/bunken/research/yoron/index.html?p=5, 2019.3.6）。

参考文献

　芦部信喜・高橋和之補訂（2015）『憲法（第6版）』岩波書店。
　大石眞・石川健治編（2008）『憲法の争点』有斐閣。
　石川健治（2007）『自由と特権の距離（増補版）』日本評論社。

第4章　さらに深める憲法学習

5 象徴天皇制②
―― 退位なども重ねて ――

〈授業のゴール〉
・天皇の地位と退位にかかわる問題について知る。
・今日の天皇制にかかわる問題について知り，今後の天皇制のあり方について考えられる。

〈使用教材〉
・宮内庁（2016）「象徴としてのお務めについての天皇陛下のおことば（ビデオ）（平成28年8月8日）」
（http://www.kunaicho.go.jp/page/okotoba/detail/12, 2019.2.20）。

▷1　特例法
正式名称は「天皇の退位等に関する皇室典範特例法」。2017年6月9日に成立し，2019年4月31日に施行予定。

▷2　象徴天皇制
一般に立憲君主制では君主は形式的には統治者である。実際には内閣が政治を行うが，日本のように政治的権能を一切有しないと規定はされていない。この点が，日本の象徴天皇と西欧の立憲君主制との違いである。

▷3　西欧の立憲君主制の国では特権と引き替えに自由を制限される君主は，「退位の自由」は認められなければならいと考えられている。「王冠をかけた恋」で知られるイギリスのエドワード8世の退位は有名。

▷4　明治政府は，中央集権的な近代国家を作るために天皇への権力の集中を行い，大日本帝国憲法にも天皇大権の規定を定めた。その一方で，皇室典範では，天皇の個人的な意思を入り込ませないようにした。

① 授業のはじめに

2016年8月8日，天皇は，その位を皇太子に譲ることを望んでおり，国民にそのことを考えてもらいたいというビデオメッセージを出しました。皇室典範には退位の規定はなく，天皇の死去に伴って譲位が行われることになっています。「高齢になり，天皇の勤めが果たせない」という天皇の言葉に，国民の多くが納得し，当初は退位に慎重であった政府も国民世論に押されるように，**特例法**を制定することで，天皇の退位を決定しました。

ここには，いくつかの議論となる点があります。

ひとつは，天皇の退位を認めるべきかどうかという点。ひとつは，天皇は，「天皇という立場上，現行の皇室制度に具体的に触れることは控えながら……」と述べましたが，「退位したい」つまり「皇室典範を改正してほしい」という希望は政治的な発言である点。ひとつは，天皇が最後に「皇室がどのような時も国民と共にあり，……安定的に続いていくこと……」と述べているように，皇室の存続に関する点，すなわち皇位継承の問題です。

② 授業のすすめ方

天皇のメッセージをきっかけに，**象徴天皇制**にかかわる問題のいくつかが議論となりました。その主なものについて学習し，今日の天皇制のあり方について考えてみます。ここでは，「退位」「公的行為」「皇位継承」の3つを扱います。本書第4章4のように天皇制のあり方は民主主義と国民主権にかかわるということを意識しながらすすめます。「女帝の可否」「天皇の公的行為をどこまで認めるべきか」などについてグループで議論する場面をつくり，生徒が自分で考えることができるようにします。

③ 授業計画

・天皇の退位の問題

　退位については，大日本帝国憲法制定の時から議論となっていました。退位の否定は，後に扱う女性天皇の否定と同様に，明治時代につくられた皇室典範によって定められた規定です。伝統的には，譲位は天皇の意思によって決められていたので，旧典範制定の過程では当然退位を認めるべきとの考えもありましたが，退位を認めないことになりました。明治政府をつくった人たちは，天皇に権力を集中させながら，一方で皇位継承に天皇の個人的意思が入らないようにしたのです。

・天皇の公的行為の問題

　天皇は憲法に定められた「国事行為」以外に，「**公的行為**」を行っておりそれは年々増える傾向にあります。天皇は象徴天皇のあるべき姿として，「公的行為」を「象徴としての重要な勤め」と考えていることを明らかにしています。これらの行為の位置づけが問題となります。

　学説は公的行為を認める説，一部認める説，憲法上の国事行為以外の公的行為は一切認めない説があります。一切認めないという説は非現実的に見えますが，天皇を補佐する内閣自身が天皇を政治利用する可能性を懸念する立場から支持されています。公的行為にはどうしても政治性がまとわりつきます。また，**大嘗祭**が公的行事として行われたときに問題になったように，政教分離との関係が難しくなることもひとつの根拠とされています。

・皇位継承の問題

　天皇は最後に皇室の存続について述べています。一時，女性天皇を認めるための皇室典範の改正が議論となっていました。悠仁親王の誕生でこの議論は下火になりましたが，問題が解決したわけではありません。

④ 授業でのワンポイントアドバイス

　「政治に関する権能を一切有しない」と明記された天皇は，非政治的な存在でなければなりません。けれども，天皇の行為から政治性を一切排除することは困難です。

　今回，退位に慎重であった政府を動かしたのは，国民世論でした。天皇の地位は「主権の存する国民の総意に基く」と憲法第1条に記されている意味を，もう一度，よく考えられるようにしてください。天皇のあり方は日本の行く末にとって重要です。先の大戦の失敗を繰り返さないために，扱いにくい問題ではありますが，国民の冷静な思考と判断が重要な問題であることを踏まえた授業を行いたいところです。

（田丸美紀）

▷5　公的行為
憲法第6，7条の天皇の国事行為には明示されていないが，天皇の私的行為ともいえない行為（マスコミ等で「ご公務」と呼ばれる行為で，国会でのお言葉，国内巡幸，外国訪問など）。通説は，「象徴としての行為」「公的行為」として認め，内閣の補佐と責任において行われるとするが，天皇の公的行為は一切認めないとする有力な少数説もある。

▷6　天皇の退位に慎重な人々の中には，公的行為を減らすことで解決するという考え方があるが，天皇はそれでは天皇の勤めを果たせていないという考えを述べている。

▷7　大嘗祭
天皇が即位して最初の新嘗祭（収穫を神に捧げ感謝する儀式）。国事行為として行うことはできないが，公的行事として位置づけられた。

▷8　女帝の廃止についても旧典範制定の際に大きな議論となった。「万世一系の天皇制」を強調することで権力の集中を推し進めようとする明治政府の意向があり，しかし一方で，歴史上女帝が多数存在し，また，男子に限るとすることで皇位継承者の不足を心配する意見もあった。

参考文献

芦部信喜・高橋和之補訂（2015）『憲法（第6版）』岩波書店。

大石眞・石川健治編（2008）『憲法の争点』有斐閣。

吉田裕・瀬田源・河西秀哉（2017）『平成の天皇制とは何か——制度と個人のはざまで』岩波書店。

第4章　さらに深める憲法学習

幸福追求権と新しい権利①
―― 環境権 ――

〈授業のゴール〉
・幸福追求権と新しい人権について知る。
・環境権の背景について知る。
・環境権について知る。

〈使用教材〉
『毎日新聞』1981年12月16日付夕刊1面。

▷1　裁判に訴えるときには，必ずその訴えの根拠となる条文が必要である。
AさんがBさんから不利益をうけたとき，Bさんを裁判所に訴えて，自分の受けた不利益を回復しようとするときに，必要なものが「根拠条文」である。「Bさんが私（A）にしたXという行為は，○○法第○条に定めた私のYという権利を侵害しているので，損害賠償を求めます」と訴える場合，○○法第○条が，根拠条文となる。

▷2　大阪空港騒音訴訟
1969年提訴（第1次）。大阪国際空港周辺住民が，空港設置者である国を相手取り，航空機の騒音・振動・排気ガスにより身体的・精神的被害および，生活環境破壊等の被害を被ったとして，民事訴訟をおこした。請求内容は①午後9時から翌朝7時までの空港使用差し止め②過去の損害賠償③将来の損害賠償の3点であった。
1974年，1審大阪地裁判決①午後10時から翌朝7時

① 授業のはじめに

　憲法第13条は前段と後段から成り立っており，前段は「個人の尊重」について規定し，後段は「幸福追求権」を規定しています。

　「幸福追求権」は包括的基本権と呼ばれます。憲法は第14条以下に個別の人権条項をおいています。しかし，これらの条項に明記されている自由・権利は，歴史の中で侵害されやすかったものです。ですから，憲法制定後，社会の変化にともなって憲法上の権利として保障するべきだと考えられるようになった自由・権利を「新しい人権」として，憲法上の人権として保障することが必要で，その根拠となるのが第13条の幸福追求権であると考えられています。したがって，できるだけ第14条以下の個別の人権条項を適用し，それが難しいときのみ第13条が適用されます。

　「新しい人権」とは，憲法で個別に規定されていないけれど，「人格的生存に必要不可欠な権利・自由」として保護されるべきものをいいます。これまでに，プライバシーの権利，環境権，アクセス権など様々な利益が「新しい人権」として主張されましたが，最高裁判所が正面から「新しい人権」として第13条を根拠に認めたものはプライバシーの権利だけです。

② 授業のすすめ方

　憲法第13条の性質について簡単に触れます。前段の「個人の尊重」の重要性と，そこから結びつく「幸福追求権」について説明します。

　いわゆる「新しい人権」は第13条によって保障されるという考えはここから出てきます。しかし，「幸福追求権」という言葉はあいまいなので，権利を主張するものは，できるだけ個別的権利を規定する第14条以下の条文で自らの権利を主張するべきだとも考えられていることも説明します。

　以上のことを踏まえて，環境権について学んでいきます。

③ 授業計画

・憲法第13条について学ぶ

　前段は「個人の尊重」で後段は「幸福追求権」となっていることや，「新しい人権」が第13条を根拠としていることについて解説します。

・環境権について学ぶ

　1960年代の高度成長は日本に経済的繁栄をもたらしましたが，一方で，環境を破壊し，様々な公害を発生させました。各地で公害に苦しむ人々が裁判での救済を求めました。

　1970年代には世界的に環境破壊への問題意識が高まり，1972年に国連人間環境会議が開かれ，「環境権」の考え方が生まれました。日本でも，1970年代に公害対策基本法が改正され環境庁が発足しました。

・大阪空港騒音訴訟

　1969年，大阪国際空港の騒音に健康を害した空港周辺の住民が，夜間飛行の差し止めと，損害賠償を求めて，憲法第25条と第13条の二段構えで訴訟を起こしました。その結果，飛行差し止めは認められませんでしたが，過去の被害に対する損害賠償を勝ち取りました。

　この裁判で，控訴審，大阪高等裁判所判決は，「個人の生命，身体，精神，および生活に関する利益はその総体を人格権ということができる」と述べ，「人格権」を認めました。しかし，「環境権」としては明確には認めませんでした。最高裁もこの点については何も述べていません。

・人格権を根拠にした環境にかかわる裁判

　「公権力による環境破壊の差し止め」や「公権力による環境保全」を求める裁判が，人格権を根拠として各地で起こされています。

　厚木基地騒音訴訟では，基地の騒音により人格権が侵害されたとして，損害賠償が認められ，最高裁判所もこれを支持しました。また，大飯原発運転差し止め訴訟第一審では，原子力発電所が事故の危険性があるとして，人格権に基づいて運転差し止めが認められました（控訴審では原告敗訴）。

④ 授業のワンポイントアドバイス

　大阪空港訴訟では，夜間飛行差し止め請求は最高裁で却下されました。しかし，大阪国際空港は大阪高裁判決以降，夜間飛行を制限しています。また，運航規制などの騒音対策が行われています。続々と訴訟が続いたためです（多くが和解済）。関西国際空港の建設に際し，環境アセスメント調査が行われました。裁判をおこしたことで一定の権利を作り出したのです。人権とは「創り出していくもの」であることを強調したいところです。

（田丸美紀）

までの使用差し止め②過去の損害賠償を認容，③将来の損害賠償は認めず（大阪地判昭和49年2月27日）。

　1975年，控訴審大阪高裁判決①午後9時以降の飛行機の離発着禁止を含め，住民の主張をほぼ全面的に認めた（大阪高判昭和50年11月27日）。

　1981年，最高裁判決①訴えの却下②過去の損害賠償は認める。③将来の損害賠償は訴え却下（最大判昭和56年12月16日）（長谷部・石川・宍戸（2013）pp. 58-59）。

▷3　環境権の根拠条文として，学説は「健康で快適な生活を維持する環境を享受する権利」を「環境権」として認め，根拠となる条文は憲法第13条と憲法第25条の両方であるという考えが有力である。「人格権という性質からは憲法第13条を根拠とし，自然環境の保全に向けて公権力による積極的な措置を求める点で第25条2項が根拠となり，健康で文化的な生活に直接関わる環境破壊に関しては第25条第1項が根拠となる」とする（佐藤，1995）。

参考文献

芦部信喜・高橋和之補訂（2015）『憲法（第6版）』岩波書店。

辻村みよ子（2012）『憲法（第4版）』日本評論社。

佐藤幸治（1995）『憲法』青林書院新社。

大石眞・石川健治編（2008）『憲法の争点』有斐閣。

長谷部恭男・石川健治・宍戸常寿（2013）『憲法判例百選Ⅰ（第6版）』有斐閣。

第4章　さらに深める憲法学習

幸福追求権と新しい権利②
―― 自己決定権 ――

〈授業のゴール〉
- 自己決定権とはどのような権利かを知る。
- 自己決定権とかかわる問題を考える。
- 自己決定権と社会と関係を考える。

① 授業のはじめに

憲法第13条後段は，「幸福追求権」を定め，「新しい人権」の根拠となりますが，「新しい人権」については，まだ判例も少なく，どのようなものかがはっきりとしていません。裁判所が正面から認めているものは，プライバシーの権利だけです。そこで，「生命・自由・幸福を追求する」とはどういうことか考えてみましょう。

通説は「個人の人格的生存に不可決な権利・自由」と考えています。

最高裁判所は，個人の私生活の自由をプライバシー権として，ほぼ唯一，明確に第13条に基づく権利として認めています。これに近いものとして，自己決定権があります。

自己決定権とは，「個人の人格的な利益に関わる，重要で私的な事項に関して公権力に介入・干渉されずに自分で決定できる」という権利です。一見当たり前のことのようですが，実はとても難しい問題です。

▷1　芦部・高橋（2015）p. 126。

▷2　プライバシーの権利を認めた判決には以下のものがある。
京都府学連事件：デモ行進を警察が写真撮影した事件で，警察官が個人の容貌を撮影することは許されないとしてプライバシーの権利の一部としての肖像権を認めた（最大判昭和44年12月24日）。
前科照会事件：前科，犯罪履歴を公開されないことはプライバシーの権利であるとして，弁護士の照会に地方公共団体が安易に応じた行為を違法とした（最判昭和56年4月14日）。
『宴のあと』事件：小説のモデルとされた人物が公開されたくない私生活を公開されたとして訴えた事件で，プライバシーの侵害があったと判示した（東京地判昭和39年9月28日）。本書第4章1も参照。

② 授業のすすめ方

自己決定権についての基本的な知識を身につけるだけでなく，私的なことに公権力がどこまで干渉できるのか，介入すべきなのかを考えるようにします。たとえば妊娠中絶は？　尊厳死は？　同性婚は？　高校生の髪型は？　これらのことを自分で決定できる権利は憲法上保護されるべきかどうか考えさせるようにすすめます。

③ 指導計画

・憲法第13条が包括的基本権であり，本書第4章6にもある「新しい人権」の根拠条文となることを復習します。最高裁判所が唯一認めているプライバシーの権利について説明します。
・自己決定権について学習します。プライバシーの権利は，自分に関する情報を自分でコントロールする権利です。これに対して，自己決定権は自

分に関する決定を他者から干渉されずに自分で行う権利です。
・自己決定権が認められるかどうか問題となる場合を考えてみます。

　プライバシーの権利は「他人から放っておいてもらう権利」といわれることがあります。生徒にとって，「放っておいてもらいたいが干渉されると感じていること」をあげてもらうなどして，「他人が個人の生活や意思決定に干渉すること」が必要かどうかを考えるきっかけとします。
・エホバの証人輸血拒否事件について学習します。

　Xは，宗教上の理由で輸血を拒否していました。そこで，輸血をしないで手術をしてくれるという病院を探して手術を受けました。実際には医師は「輸血はできるだけしないが，輸血しなければ生命がなくなる場合には，輸血をする」という方針であり，それを告げずに手術をしました。ところが手術中に輸血が必要な事態となり，医師は輸血をしました。後で輸血をされたことを知ったXは輸血をしないで手術をするという契約が破られたと損害賠償を求めて裁判に訴えました。

　一審判決は医師は生命を救うのが使命であり，そもそも手術の際に輸血をしないという契約は公序良俗に反するので，無効であると述べました。しかし，控訴審では，医師は手術の前に，輸血の可能性をXに伝えることが必要であったとして，損害賠償を認め，最高裁判所もこの判決を支持しました（最高裁は「自己決定権」には言及していません）。

　医師が患者の命を救うためであっても手術の方針について説明をしないことは許されず，医師は必ず，手術の前に患者に内容を話し，患者の同意の下で手術を行うべき，手術を受けるかどうかは患者の決めるべきだという，自己決定権を認める判決でした。

④ 授業でのワンポイントアドバイス

　輸血拒否事件の判決は，パターナリズムによる自己決定の介入を否定する内容でした。しかし，一般にパターナリズムを排除することへは批判があることにも触れ，この問題の難しさに気づかせたいところです。たとえば，「安楽死」を考えてみましょう。もしかしたら，経済的な弱者は，医療を受け続けることによる家族への負担を考えて医療を受けずに「安楽死」することを決意するかもしれません。つまり，自己決定権は弱者を「自己責任」の名のもとに見捨てることを容易にする可能性があるのではないかという問題点です。

　自分がエホバの証人事件の医師であったら，あるいは安楽死を望まれた医師であったらと考え，グループで話し合うなどして考えを深める場面を作るのもよいでしょう。自己決定権について考えるときは，特に社会的弱者への視点についても考えに入れなければならないでしょう。（田丸美紀）

▷3　自己決定権にかかわる問題には次のようなものがある。①生命にかかわる決定（安楽死・輸血拒否など）②家族にかかわる決定（子どもの育て方・同性婚など）③誕生にかかわる問題（避妊・妊娠中絶など）④服装・髪型・趣味など。たとえば，妊娠中絶は場合によって堕胎罪となる，安楽死は日本では認められていない，しつけと体罰など，いずれも社会的・倫理的な大きな議論となっている。

▷4　公序良俗違反とは，「公の秩序，善良の風俗に反する事項を目的とする法律行為は無効とする」こと（民法第90条）。

▷5　パターナリズム
強い立場の者が弱い立場の者の利益のためにと考えて，弱い立場の者の意思を問わずに無視して干渉すること。たとえば，エホバの証人輸血拒否事件のような場合，医師が患者に輸血の可能性を知らせると患者が手術を拒否し，そのために患者の生命が危険になるので，患者の生命を守るために輸血の可能性を患者に知らせないこと。

参考文献
　芦部信喜・高橋和之補訂（2015）『憲法（第6版）』岩波書店。
　佐藤幸治（1982）『憲法』青林書院新社。
　大石眞・石川健治編（2008）『憲法の争点』有斐閣。
　長谷部恭男・石川健治・宍戸常寿（2013）『憲法判例百選Ⅰ（第6版）』有斐閣。

第4章　さらに深める憲法学習

8 幸福追求権と新しい権利③
——プライバシー権，忘れられる権利——

〈授業のゴール〉
・プライバシー権の内容と憲法上の位置づけを理解できる。
・プライバシー権と知る権利の関係を考察できる。
・プライバシー保護について関心を高める。

〈使用教材〉
・「事例研究」レポート用紙。
・事件の被害者を匿名で報道する最近の新聞記事。

▷1　個人情報の保護に関する法律
通称，個人情報保護法。情報化社会の進展とプライバシー意識の高まりなどを受け，個人情報の有用性に配慮しつつ，個人の権利利益を保護することを目的として，行政機関・企業・個人などに対して，個人情報の適正な取り扱いを定めた法律。2003年5月に成立し，2005年4月に全面的に施行された。

▷2　『宴のあと』事件
本書第4章1参照。

▷3　自己情報コントロール権
政府や企業などが保有する自己の情報を閲覧し，必要に応じて訂正や削除などを求める権利。「情報の自己決定権」ともいわれる。

▷4　忘れられる権利
自身の個人情報をインターネット上の検索結果から消去することを求める権利。EUではこの権利に基づき，検索事業者に情報の消去を求める権利が認められている。

▷5　集団的過熱取材（メディアスクラム）

① 授業のはじめに——現在進行形の権利をどう教えるか

　プライバシー権（プライバシーの権利）について，高等学校公民科の教科書には，メディアの発達とともに「新しい人権」のひとつとして主張されるようになったことや，2003年に個人情報の保護に関する法律が制定され，企業等が個人情報について慎重な取り扱いを求められるようになったことなどが記載されています。「『宴のあと』事件」のような古くからの判例もありますが，近年は，プライバシー権をより幅広く「自己情報コントロール権」ととらえたり，インターネット検索の普及とともに「忘れられる権利」が合わせて主張されたりしています。EUでは，検索サイトに検索結果の削除を求める権利として，忘れられる権利が法的に認められてきており，表現の自由を重視するアメリカでも，権利を求める声があります。日本では2017年2月，最高裁が条件付きで削除を認める決定を初めて出しました。プライバシー権は，情報社会の発達とともに日々かたちを変える，現在進行形の権利ともいえます。かたちは変わっていますが，プライバシー権は古くから，「表現の自由」や「知る権利」との関係で議論されてきました。

② 授業のすすめ方——被害者は実名か匿名か？

事例研究（レポート）
　多数の犠牲者を出したある事故で，捜査にあたった警察は，一部の被害者について，プライバシー保護を理由に，氏名を匿名のまま公表しました。この場合，事故を報道する新聞社としては，どのような対応がふさわしいでしょうか。①～③から，あなたが正しいと考える対応を選び，その理由を述べなさい。
　①警察の発表どおり，匿名のまま報道する。
　②独自の取材で氏名を確認し，実名で報道する。
　③警察に実名の公表をもとめ，実名で報道するかどうかは，各新聞社が判断する。

被害者の心情に配慮すれば，①という判断をすることもあるでしょう。実名報道によって被害者の自宅周辺に報道陣が集まり，**集団的過熱取材**（メディアスクラム）がおきたり，被害者が好奇の目にさらされ，結果として被害者をさらに傷つけたりといった「報道被害」は，ぜひとも防がなくてはいけません。しかし，匿名のままでは，事故の重大さや悲惨さが具体性をもって伝わらず，原因究明や再発防止につながらないかもしれません。読み手は，自分の家族や知人が事故に巻き込まれていないか，知ることもできません。読み手の知る権利に応えるならば，②の判断もありそうですが，被害者本人の同意なく，ということはあまり考えられません。

③はどうでしょう。今回，匿名発表は一部の被害者のみです。警察が都合の悪い情報を隠している可能性も否定できません。権力の監視というマスメディアの重要な使命を果たすために，警察にはあくまで実名公表を求め，実際に記事にするかどうかは，記者が直接本人に取材して判断する，という③の選択肢も考えられます。

どれが正解かは，事故の大きさや原因などによって，一律には決められません。授業では，代表的な生徒の意見を発表し，簡単なディスカッションをしてはどうでしょう。実際の事件の新聞記事を使うと，社会的出来事への生徒の関心を高めることにもつながります。

③ 学びをさらに深めたい人に──プライバシー権と知る権利

政府の「**犯罪被害者等基本計画**」では，警察による被害者の実名，匿名の発表は，「個別具体的な案件ごとに適切な発表内容となるよう配慮する」とされています。警察が事件ごとに判断するというわけです。一方，新聞社や放送局などは，あくまで実名の公表を求めています。いずれにしても，事件報道では，プライバシー権と知る権利のどちらを尊重するか，慎重な判断が必要になります。

とはいえ，捜査機関がプライバシーを独占してよいわけではありません。権力機構が膨大な個人情報を収集すれば，権力が肥大化し情報管理国家を招くおそれがあります。プライバシーの侵害というと，私的なことがらをSNSに書き込まれたり，写真を勝手に公開されたりというイメージがありますが，それと同様に大切なことは，私たちのプライバシーが，権力者の思うままに操られていないかという視点です。政府機関の膨大な個人情報収集が内部告発された例もあります。個人情報保護などの名目で，私たちのプライバシーが，政府機関，とくに警察などの捜査機関に，必要以上に多く集められる危険はないでしょうか。生徒には，そうした権力を監視する見方をぜひ身につけさせる必要があります。

（渥美利文）

▷5 集団的過熱取材（メディアスクラム）
新聞やテレビなどのマスメディアが，事件や事故の当事者を競って追いかけたり，自宅に押しかけたりして，プライバシーにかかわる過剰な取材活動をすること。

▷6 プライバシーと知る権利については，以下のように論点を整理して議論を進めてみよう。
【匿名のまま報道する＝プライバシーに配慮する立場の根拠】
①被害者の心情に配慮すべき。
②集団的過熱取材（メディアスクラム）などの報道被害を避ける。
③一度記事になれば，実名がネット上に拡散し，検索結果が残ってしまう。
【実名で報道する＝知る権利に応える立場の根拠】
①被害者本人に直接取材してこそ，事故の悲惨さが伝わり，原因究明や再発防止につなげられる。
②家族や知人が事故に巻き込まれていないか，読み手に知らせることができる。
③警察が都合の悪い情報を隠しているかもしれず，権力による情報独占を防ぐ。

▷7 犯罪被害者等基本計画
2004年に制定された犯罪被害者等基本法により，政府が定めなければならないとされている，犯罪被害者等のための取り組みに関する基本計画。2016年には，2016〜20年度末までの「第3次犯罪者等基本計画」が策定された。

参考文献
朝日新聞事件報道小委員会（2012）『事件の取材と報道2012』朝日新聞出版。

第4章　さらに深める憲法学習

平和主義①
── 憲法第9条の解釈について ──

〈授業のゴール〉
・憲法第9条が想定している「平和」を知る。
・政府による第9条解釈の変遷を知る。
・集団的自衛権限定容認により，何が変わったのかを知る。

〈使用教材〉
・文部省（1947）『あたらしい憲法のはなし』。
・播磨信義・木下智史（1990）『どうなっている？！日本国憲法』法律文化社。
・南野森・内山奈月（2014）『憲法主義──条文には書かれていない本質』PHP研究所。
・平和・国際教育研究会編（2016）『18歳からの政治選択──平和・人権・民主主義のために』平和文化。

① 授業のはじめに

　国民の中で「平和」についての思いは，「武力によらない平和」と「武力による平和」と大きく二分されています。この項目では，「憲法第9条が求めている平和」と政府の解釈の変遷について学びます。また，集団的自衛権限定容認によって，自衛隊の任務や米軍との関係がどう変わったのかを生徒に理解できるようにしましょう。

② 授業のすすめ方

　授業の導入では，『あたらしい憲法のはなし』に掲載されているイラスト（図3-17参照）や文章を示しそれについての発問から始めます。その後の展開では，政府の第9条解釈の変遷について（表4-4）を見せながら，「なぜ吉田首相の解釈が変化したのかな」「なぜ鳩山内閣は武力行使を認めたのかな」などの発問を交えながら授業をすすめていきましょう。

③ 授業でのワンポイントアドバイス

　第9条の解釈は，研究者によっても様々です。しかし「戦力の保持禁止」「集団的自衛権は認めていない」との解釈は，多くの研究者のとるところです。マスコミの研究者に対するアンケートを示していきます。

▷1　「こんな戦争をして，日本の国はどんな利益があったでしょうか。何もありません。ただ，おそろしい，かなしいことが，たくさんおこっただけではありませんか。戦争は人間をほろぼすことです。世の中のよいものをこわすことです。」
（文部省（1947）『あたらしい憲法のはなし』p. 18。）

表4-4　第9条解釈の変遷

1946年6月26日 吉田茂首相	第9条は直接には自衛権を否定しないが，自衛権の発動としての戦争も交戦権も放棄した。
1950年1月29日 吉田茂首相	日本は，ただ武力によらざる自衛権を持つということは，これは明瞭であります。
1952年11月25日 吉田内閣	『戦力』に至らざる程度の実力を保持し，これを直接侵略防衛の用に供することは違憲ではない。
1954年12月22日 鳩山内閣	自国に対して武力攻撃が加えられた場合に，国土を防衛する手段として武力を行使することは，憲法に違反しない。
1970年2月20日 中曽根内閣	憲法の命ずるところに従って日本は専守防衛の国である。
1978年2月14日 福田内閣	憲法第9条第2項が保持を禁じている『戦力』は，自衛のための必要最小限度を超えるものである。

④ 指導計画

生徒への声かけ	教師の活動
・第9条を写し，かなをふり音読をしてみよう。	・ワークシートを用意し，ふりがなをつけさせ，何人かに音読をさせる。 ・第9条1項と第2項は政府に対して何を禁止しているのか自分の考えを記入させる。その後に，生徒の意見を類型化して，プリントにまとめ配布する。
・これらの規定をおいた理由などを記入しよう。 ・最初に記入した自分の考えと比較してみよう。	・『あたらしい憲法のはなし』を使い，「なぜこれらの規定を置いたの？」「この本では第9条はどのようなルールだと言っているの？」「憲法は国民の「平和」を維持する手段をどのように想定しているのかな？」などの発問をしながら，答えを記入させます。
・自衛隊発足時，政府の第9条第1項と第2項の解釈をノートにまとめよう。 ・発足時，自衛隊に課せられた仕事を調べてみよう。	・1954年鳩山内閣時の国会答弁から，自衛権と自衛力の保持は，否定されていないとの解釈を説明し，板書する。 ・政府は憲法第9条で自衛隊が出来ることとできないことをどう国民に説明してきたのか，1972年に内閣法制局が参議院に提出した資料を使って説明をする▷3 ・個別的自衛権▷4と集団的自衛権▷5について説明する。
・なぜ，新しい仕事が課せられるようになったのか説明しよう。	・現在自衛隊に課せられている様々な仕事を入れたワークシート（表4-5）を作成し，2016年以後の仕事はどれか分類させてみる。「なぜ，新しい仕事ができるようになったのかな？」という発問をした後に，2014年7月1日に集団的自衛権限定容認は第9条に違反しないという憲法解釈に変わったことを説明する。

表4-5　ワークシート

2016年以降に付け加えられた自衛隊の仕事に○をつけてみよう。
（　）①国際平和の為活動するA国の軍隊に，弾薬を提供するなど支援をする。
（　）②A国の戦闘機が日本領空を侵犯したので，スクランブル発進した。
（　）③日本近海でA国の潜水艦がB国の空母を攻撃したので，自衛隊の潜水艦がA国の潜水艦に攻撃を加えた。（A国は日本と密接な関係にある国である）
（　）④大雪で通行が不可能となった国道の除雪を行う。

⑤ 学びをさらに深めたい人に

　安全保障法制を根拠に，実施された自衛隊の活動について調べさせましょう。第9条改正について各政党の考え方を，また改正によって国家財政にどのような影響を与えるのかなど新聞記事などを使って調べさせましょう。その上で，自分はどの政党の主張に賛成するか理由を含めて文章にまとめさせます。

（福岡公俊）

▷2　朝日新聞は2015年6月末に，209名の研究者にアンケートを実施し，122名から回答を得た。「集団的自衛権容認の安倍内閣の閣議決定は妥当か？」との質問に対して，「妥当でない」とした研究者は，116名で95.1％だった。

▷3　内閣法制局「集団的自衛権と憲法との関係」（1972年10月14日）では，「わが憲法の下で武力行使を行うことが許されるのは，わが国に対する急迫，不正の侵害に対処する場合に限られるのであって，したがって，他国に加えられた武力攻撃を阻止することをその内容とするいわゆる集団的自衛権の行使は，憲法上許されないといわざるを得ない」とされている。

▷4　個別的自衛権
　個別的自衛権とは，他国から自国が武力攻撃された場合に，反撃するという国家がもつ権利である。

▷5　集団的自衛権
集団的自衛権とは，自国の同盟国が武力攻撃された場合，ともに敵国に武力攻撃を加えるという国家がもつ権利である。

参考文献

山内一夫編（1965）『政府の憲法解釈』有信堂。

長谷部恭男編（2016）『安保法制から考える憲法と立憲主義・民主主義』有斐閣。

浦田一郎（2016）『集団的自衛権限定容認とは何か――憲法的，批判的分析』日本評論社。

木村草太ほか（2018）『「改憲」の論点』集英社。

第4章　さらに深める憲法学習

10 平和主義②
――「武力による平和」と国民の生命・財産・自由――

〈授業のゴール〉
- 米軍の駐留と自衛隊が成立した経過を知る。
- 軍事基地の存在が，国民の基本的人権を侵害している現実を知る。
- 国民の「基本的人権と平和と安全保障」にどう向き合うのか，自分の思いを文章にまとめる。

〈使用教材〉
- 林武（1974）『長沼裁判――自衛隊違憲論争の記録』学陽書房。
- 星紀市編（1996）『写真集　砂川闘争の記録』けやき出版。
- 早乙女勝元（2001）『パパ　ママ　バイバイ』日本図書センター。

① 授業のはじめに

　歴代の日本政府は，憲法第9条の解釈を変更し「武力による平和」をすすめてきました。この項目では，憲法解釈の変更を重ねながら再軍備の経過について説明しましょう。また，軍事基地の存在が，前文や第13条で保障する平和的生存権や第29条で保障する財産権など国民の基本的人権を侵害している現実も見ていきましょう。終了時には，軍事基地周辺の人々の苦痛を理解したうえで，自衛隊や在日米軍の存在について自分の考えをもてる力をつけられるようにしていきましょう。

② 授業のすすめ方

　軍事基地周辺の国民の財産・幸福・生命などが奪われている現実を写真や新聞記事などで具体的に示しましょう。判決の「違憲・合憲」だけではなく，訴訟や事件の当事者が受けた被害を具体的に示していきます。
　恵庭事件や厚木基地，横田基地，嘉手納基地の騒音公害訴訟のいずれかを取り上げ，住民の財産や健康が脅かされている現実を見ていきます。海上自衛隊のイージス艦衝突事故や潜水艦衝突事件などを示しましょう。在日米軍の事件は，ファントム偵察機が横浜市緑区に墜落した事件を示しましょう。また，米兵による婦女暴行事件などから日米地位協定の問題を考えていくこともよいでしょう。

③ 授業でのワンポイントアドバイス

　生徒は「国家の安全保障」という視点から，抽象的に考えがちです。しかし，国民一人ひとりの基本的人権，特に前文第2段落及び第13条を根拠としている「平和的生存権」の保障という視点から授業を作っていきましょう。

▷1　恵庭事件
航空自衛隊は，北海道恵庭町の島松演習場で爆撃演習を行っていた。近隣にあった野崎牧場では，爆音で乳牛の早産，乳量の減少などの被害を受けていた。野崎氏は，自衛隊に抗議したが聞き入れてもらえなかったので，自衛隊の通信線を数か所切断した。自衛隊法第121条違反で起訴されたが，野崎氏は「自衛隊は憲法違反」との主張をした。札幌地裁は，1967年，憲法判断を回避し，野崎氏を無罪とした（札幌地判昭和42年3月29日）。

④ 指導計画

生徒への声かけ	教師の活動
・1950年から1960年までの朝鮮戦争，マッカーサー指令，警察予備隊，保安隊自衛隊，サンフランシスコ平和条約，新安保条約締結などの年表を作成しよう。	・年表は，アメリカ及び世界，日本の再軍備に関する出来事やその流れを，重要な年月日のみを示した空白のワークシートに記入させる。生徒が記入した後にそれらの出来事や条約の内容を説明する。その後に，この年表から何がわかるかな？　と質問する。
・砂川事件，長沼訴訟について，事件や訴訟の概要と住民がなぜ訴訟をおこしたのかまとめよう。	・在日米軍基地拡張や自衛隊の基地建設によって，地域住民はどのような不利益や基本的人権が侵害されると主張したのかを中心に説明していく。写真や図を描く，当事者の主張を紹介するなど具体的に説明する。なお，自衛隊については，恵庭事件や**百里基地訴訟**▷2を扱ってもよい。
・横田基地，厚木基地騒音公害訴訟について，住民が訴訟をおこした理由をまとめよう。	・軍用機の離発着がもたらす騒音や事故によって，住民の幸福な生活や安全が侵害されている現状を中心に説明する。
・沖縄に存在する米軍基地と米軍人の犯罪や事故を調べてみよう。	・2004年の沖縄国際大学構内へのヘリコプター墜落事故などから，住民の生命や財産が侵害されている現状を説明する。具体的事件をふまえて「**日米地位協定**▷3」の問題点を説明する。
・前文第2段落，第13条を写し，音読してみよう。	・国民は一人ひとり大切にされ，国家に対し，戦争からの恐怖と物質的と精神的欠乏から免れて，平和で豊かな社会で生活することを請求できる権利である「平和的生存権」を保障している条文であることを説明する。
・国民一人ひとりの「人権と平和と安全」を保障するために政府に何を求めるのか。自分の思いをまとめよう。	

⑤ 学びをさらに深めたい人に

2019年現在，沖縄県名護市辺野古地区で進行している新基地建設に対して，住民はどのように思っているのか。政府は，なぜ強引に建設事業を進めているのか。新聞などマスコミの報道をまとめましょう。そのことにより，政府の国民に対する姿勢がよく理解できます。日本の航空管制について，岩国基地上空や横田基地を中心とした首都圏上空などを調べてみましょう。オスプレイのみならず米軍機が優先的に飛べる空域の存在がわかるでしょう。「思いやり予算」の推移，防衛予算の内訳，アメリカ製の武器購入の金額などについても，新聞や防衛白書などから調べさせてみましょう。

（福岡公俊）

▷2　**百里基地訴訟**
茨城県小川町に航空自衛隊百里基地を建設するために用地の買収を進めていた。基地予定地を所有していた住民は，基地建設に反対する住民との売買契約を締結していた。しかし，代金未払いを理由に契約を解除して防衛庁と売買契約を締結した。基地建設に反対する住民は，防衛庁との契約無効を主張して水戸地裁に提訴し，「憲法違反の自衛隊への売買契約は無効」と主張した。最高裁は，1989年，住民の上告を退け「防衛庁との売買契約は有効」との東京高裁の判決が確定した（最判平成元年6月20日）。

▷3　**日米地位協定**
新安保条約第6条に基づき日米政府間で締結された28箇条からなる協定。きわめて不平等な協定との指摘がされている。特に第17条の刑事裁判権及び第18条の民事裁判権に関する規定をめぐって，改正を求める強い意見がある。

参考文献
　現代憲法研究会編（2001）『日本国憲法──資料と判例（16訂版）』法律文化社。
　琉球新報社編（2004）『日米地位協定の考え方・増補版──外務省機密文書』高文研。

第 4 章　さらに深める憲法学習

11　自由権①
——概説・歴史的背景——

〈授業のゴール〉
- 自由権とはどのような人権かを理解する。
- 自由権獲得の歴史を理解する。

〈使用教材〉
- 高木八尺ほか編（1957）『人権宣言集』岩波書店。
- 杉原泰雄（1992）『人権の歴史』岩波書店。

① 授業のはじめに

　自由権とは人が国家権力（国王，議会，政府）から不当な干渉や制限を受けずに，生きる人権のことです。人権獲得の歴史は自由権獲得から始まり，社会権や新しい人権，人権の国際的な保障へと広がっていきました。自由権の内容を学び，自由権の歴史を学習することで，自由権の意義を確認します。

② 授業のすすめ方

　法律に規定されている人権・自由を，生徒にあげてもらいましょう。何をあげるかで生徒の理解を確かめます。あげた人権・自由を，大日本帝国憲法に規定されていた人権・自由と，日本国憲法に規定されている人権・自由に区分けして説明します。明治憲法下の小林多喜二虐殺事件といった人権弾圧の事例を紹介し，この反省のもとに日本国憲法の人権が規定されたことを説明します。次に，世界史上，イギリスで初めて自由権が確認されたマグナ・カルタに遡って，自由権を説明します。

③ 授業のワンポイントアドバイス

　生徒があげた人権・自由は，間違ったものでも板書します。間違った答えが授業を発展させるからです。平等権や自由権など，人が生まれながらにもっているものを人権といい，権利は物を売った人が買った人に代金を請求する権利というように使います。人権と権利の違いは正確に説明しましょう。以下にポイントをあげます。
- 明治憲法では自由権は様々な制約を受けていたが，日本国憲法では中心的な位置を占める人権になった。
- 日本国憲法の自由権は明治憲法の反省のもとに規定された。

11　自由権①

- 人権が自由権から，社会権へと拡大していった。
- マグナ・カルタで封建領主¹が国王にいくつかの人権（自由権）を認めさせた。
- 封建領主の人権が人の人権へと広がっていった。

④ 指導計画

学習者の活動	○教師の働きかけ　◎留意点
1．自由に発言する。 ・お金もうけする自由 ・高校や大学に進学する権利 ・好きな仕事につく権利　ほか多数	○法律に書かれている人権や自由をあげてみよう。 ○発言した内容を板書し，①大日本帝国憲法に規定されていた人権，②日本国憲法に規定された自由権，③社会権，④その他の4つに分類し説明する。
2．明治憲法の自由権と日本国憲法の自由権の違いを理解する。	○明治憲法の自由権と日本国憲法の自由権の違いを説明する。
3．マグナ・カルタ 4　マグナ・カルタを読む。	○自由権を最初に規定した文章は？ ○13世紀に封建領主が自由権を国王に認めさせました。それがマグナ・カルタです。読んでください。 ○読んだ後に財産権の保障，法による逮捕・監禁の保障などを説明する。 ◎マグナ・カルタは，一般の人には適用されなかったことを強調。
4．クック	○封建領主のもつ自由権を，一般の人ももっていると，初めて主張した人物は誰ですか。
5．クック，コモンローを理解する。	○クックの説明の中でコモンロー²を取り上げる。 ○自由権の起源が13世紀の文章にあり，日本国憲法の自由権につながったことを説明する。

⑤ さらに学びを深めたい人へ

　レポートで「権利請願」は，(1)課税には議会の同意が必要であること，「権利章典」は，(2)立法権や徴税権が議会にあることに言及させます。また，「バージニア権利章典」は，(3)人は生まれながらに不可侵の人権（天賦人権）を持っていること，アメリカ「独立宣言」は，(4)イギリスの圧政や悪政から独立（抵抗権，革命権）することは当然の権利であることに触れさせます。そして，フランス「人権宣言」は，(5)国民は自由で平等であること，(6)主権は国民にあること，(7)法の手続きがなければ逮捕されないこと，(8)財産権は正当な補償がなければ侵害されないことなどを確認させます。これら(1)〜(7)は，普遍の原理として日本国憲法に規定されたことを理解させるためにレポートを提出させます。

　上記のような視点を確認した上で，イギリス「権利請願」「権利章典」，アメリカ「バージニア権利章典」「独立宣言」フランス「人権宣言」などをレポート提出させてもよいでしょう。

（菅澤康雄）

▷1　封建領主
イギリスでは国王から直接，大きな所領（土地）を授かった者（諸侯）や君主と軍事的な主従関係を結んだ騎士。

▷2　コモンロー
イギリスで国王裁判所の判例が蓄積されて体系化された法。13世紀以降には，一般慣習法という意味から国王の権利をも制限する法という意味で使われている。

12 自由権②
——精神の自由——

〈授業のゴール〉
・精神の自由の内容と意義を理解する。
・精神の自由の尊重と制限について理解する。

〈使用教材〉
・芦部信喜・高橋和之補訂（2015）『憲法（第6版）』岩波書店。
・法令用語研究会編（2012）『法律用語辞典（第4版）』有斐閣。

▷1 剣道実技拒否事件
信仰する教義によって剣道実技を拒否したため，原級留置ののち退学した生徒が，この処分は信教の自由の侵害にあたるとして提訴した事件（▷6も参照）。

▷2 愛媛玉串料訴訟
愛媛県知事が靖国神社と県の護国神社へ，22回合計16万6,000円を玉串料として県の公金から支出した。最高裁は宗教的活動にあたるとして憲法違反と判断（最大判平成9年4月2日）。

① 授業のはじめに

精神の自由は憲法における思想・良心の自由（第19条），信教の自由（第20条），言論・出版その他の表現の自由（第21条），学問の自由（第23条）を内容とします。思想・良心の自由や信教の自由，学問の自由は，内心にとどめておく限り，絶対的な自由で，誰からも制限を受けません。これらの自由は表現の自由の基礎になり，表現の自由の保障があって社会的な効力をもちます。

② 授業のすすめ方

精神の自由はひと通り扱うだけで，数時間の授業が必要です。ここではクイズ形式の授業を行い，1時間で終わるようにします。○×形式で問題を出し，解答した後に，簡潔に解説を加えます。剣道実技拒否事件，愛媛玉串料訴訟などを宿題として出すのもよいでしょう。

③ 授業でのワンポイントアドバイス

思想・良心の自由から学問の自由まで扱うため，手際よくすすめていきますが，戦前の事件はできる限り説明しましょう。人権が侵害され，生命や自由が奪われた反省のうえに，この自由が規定されたことも紹介します。精神の自由は最大限尊重されますが，無制限に行使できるわけではありません。「公共の安全」「公衆道徳」（国際人権規約（自由権規約）第18条），「他者の権利との衝突」などで制限されまることを押さえます。自由の尊重か「公共の安全」による制限か，具体的な事例を用いて，生徒に話し合わせてもよいでしょう。なお，難しい用語は『法律用語辞典』などで調べておきます。

12 自由権②

④ クイズ形式による質問と解説

質問	解答 ○正 ×誤：解説
1．政府を批判する人たちを捕まえて，刑務所に入れることをしてはならない。	○：思想・良心の自由として政府を批判する自由を持っている。
2．天皇制を賛成か反対かを，教室で記名によって調査した。	×：記名による天皇制への賛否は思想の自由を侵害する質問にあたる恐れがある。
3．政府は正しくない教えをもつ宗教は禁止してよい。	×：政府は正しいかを判断してはならない。どのような宗教を信じるかは，国民が自由に決めてよい。
4．政府，地方自治体は望ましい宗教団体にお金を支出したり，布教活動を援助してよい。	×：政府は宗教団体を援助したり，保護することは許されない。（裁判例　津地鎮祭事件▷3）
5．ゴキブリの研究は役に立たないので，政府は禁止してよい。	×：何を研究するかは自由であり，研究した内容を発表する自由ももっている。（事件例　滝川事件▷4，天皇機関説事件▷5）
6．政府は政府を批判するテレビや新聞に対し，放映禁止や出版禁止をしてはならない。	○：民主政治を発展させるため，批判する自由を持っている。
7．政府はわいせつと考える映画の上映を，上映前に禁止してもよい。	×：上映前に禁止することは検閲にあたり，表現の自由の侵害になる。
8．デモは交通の妨げなるので，交通量の少ない道路だけに限定して許可する。	×：デモを限定して許可してはならない。警察は事故が起こらないように交通規制する。

⑤ さらに学びを深めたい人へ

　憲法第20条第1項の「信教の自由は，何人に対してもこれを保障する」をテーマにグループ討論を行います。事例は「剣道実技拒否事件」です。1996（平成8）年に神戸高専の最高裁判決が出ていますが，これは参考にとどめ，討論しやすいように簡略なストーリーをつくります。

　「次のような場合，あなたが友人ならば，どのようなアドバイスをしますか。グループで話し合ってください」と指示します。

　ある高校生が信仰する宗教の教義のため，必履修科目の体育の剣道を受けなかった。高校側はこの授業を受けないと単位が取れないので，卒業ができなくなるから，必ず受けるようにと何度も説得した。しかし，高校生は憲法第20条の信教の自由を理由に，剣道の授業を受けることを拒んだ。

　グループ討論後，出た意見を発表し，交流します。最後に神戸高専最高裁判決▷6を紹介して授業を終わりにします。

（菅澤康雄）

▷3　津地鎮祭事件
三重県の津市が体育館の建設にあたり，神式の地鎮祭を行い，公金を支出したため，憲法違反とされた事件。最高裁は違反していないと判断（名古屋高判昭和46年5月14日）。

▷4　滝川事件
1933年，京都帝国大学教授で刑法学者の滝川幸辰の講演と著書の『刑法読本』を鳩山文部大臣が危険思想と判断し，休職させた事件。戦前には学問の自由が許されていなかったことがわかる事件。

▷5　天皇機関説事件
天皇機関説は天皇を国家の最高機関とし，主権をその機関の意思だと説明したために，「国体」に反すると非難された。1935年，東京帝国大学教授の美濃部達吉が公職から追放された。戦前には学問の自由が許されていなかったことがわかる事件。

▷6　神戸高専最高裁判決
神戸高専生徒は，信仰する宗教の教義に従って剣道の実技に参加できないことを学校側に伝え，代替措置としてレポートの提出を認めてほしい旨の申し入れをした。学校側はこれを認めず原級留置とした。翌年も同様に原級留置となったことから退学処分が告知された。最高裁小法廷は，この処分は社会観念上著しく妥当性を欠き，裁量権を超え違法と判断した（最判平成8年3月8日）。

13 自由権③
―― 生命・身体の自由 ――

〈授業のゴール〉
・生命・身体の自由が詳細に規定されていることを理解する。
・なぜ，詳細に規定されているか，理由を理解する。

〈使用教材〉
・芦部信喜・高橋和之補訂（2015）『憲法（第6版）』岩波書店。
・法令用語研究会（2012）『法律用語事典（第4版）』有斐閣。

▷1 抑留・拘禁
一時的な身体の拘束を抑留，継続的な拘束は拘禁。

▷2 遡及処罰の禁止
実行時に適法だった行為を，事後に制定した法令によって違法として処罰してはならないこと。法の不遡及ともいう。

▷3 令状主義
裁判官の許可した逮捕状がなければ逮捕できないという考え方。人身の自由の侵害を防止するために規定された。

▷4 黙秘権
刑事事件で自己の不利益な供述を強制されない権利。目的は自白の偏重を防ぎ，被告人の人権を尊重するため。

① 授業のはじめに

大日本帝国憲法下では生命・身体の自由の保障は不十分であったため，日本国憲法にはこの自由が詳細に規定されています。まず，このことを確認します。生命・身体の自由は，奴隷的拘束及び苦役からの自由（第18条），法定手続きの保障（第31条），裁判を受ける権利（第32条），逮捕に関する保障（第33条），抑留・拘禁に関する保障（第34条），拷問及び残虐な刑罰の禁止（第36条），刑事被告人の権利保障（第37条），供述の不強要（第38条），遡及処罰の禁止・二重処罰の禁止（第39条），刑事補償（第40条）などです。また，えん罪を防ぐための逮捕や捜索での令状主義，自白のみによる処罰の禁止，黙秘権の保障なども大事な原則です。

② 授業のすすめ方

生命・身体の自由をひととおり扱うだけで，数時間の授業が必要です。そのため精神の自由と同様に○，×形式でクイズを出し簡単な解説を加える授業を行います。クイズは生徒の常識や既習の知識をひっくり返し，かつ，興味を引きそうな問題を用意します。

③ 授業でのワンポイントアドバイス

憲法には「奴隷的拘束（第18条）」「苦役（第17条）」「司法官憲（第33条ほか）」「供述（第38条）」「拷問（第36条，第38条第2項）」「残虐（第36条）」「法定手続きの保障（第31条）」「現行犯逮捕（第33条）」「遡及処罰の禁止（第39条）」など，法律専門用語が使われています。難しいかもしれませんが，大事な用語ですから，しっかりと理解させましょう。生徒が理解できないならば，文意を変えない程度に，やさしい言葉に置き換えます。

④ クイズ形式による質問と解説

質　問	解答　　○正　　×誤：解説
１．日本も韓国のように徴兵制を設けることができる。	×：本人の意思に反して強制される労役にあたる。
２．刑罰を科すには，あらかじめ法律に書かれていなければならない。	○：罪刑法定主義の原則。
３．目の前で人が殺されても，警察官でなければ，捕まえることはできない。	×：この場合には，一般人でも捕まえることができる（現行犯逮捕という）。
４．犯人が外国に逃げそうな時には，逮捕状がなくても捕まえることは許される。	×：現行犯を除いて，裁判官が発した逮捕令状が必要である。
５．プライバシーを守るため，どんな裁判も公開してはならない。	×：裁判は公開が原則である。
６．人を殺したことが明確な場合でも，必ず弁護人をつけなければならない。	○：どんな場合でも弁護人を依頼できる。
７．自己にとって不利なことは，警察官にも裁判官にも，しゃべることはしなくてよい。	○：不利，有利にかかわらず，黙秘することができる。
８．過去に無罪だった行為でも，新たに法律ができれば，もう一度裁判を受けなければならない。	×：一度，無罪になれば，法律ができても裁判を受ける必要はない（遡及処罰の禁止）。

⑤ 学びをさらに深めたい人に

　志布志事件や足利事件など，生命・身体の自由が侵害された事例を模擬裁判によって学習し，どのような構造や経過でえん罪が生まれるか取り上げます。

　模擬裁判は裁判官3名，検察官2〜3名，証人2名，弁護人2〜3名，被告人1名で行います。順序は，(1)冒頭手続き（起訴状朗読，黙秘権の告知，罪状認否など），(2)検察官の冒頭陳述，(3)弁護人の冒頭陳述，(4)検察官の請求証拠の説明，(5)弁護人の請求証拠の説明，(6)検察官の証人への尋問，(7)弁護人の証人への尋問，(8)被告人への尋問，(9)検察官の論告，(10)弁護人の言論，で構成します（この構成シナリオは2時間を想定）。

　模擬裁判のシナリオは志布志事件や足利事件を生徒が調べて，生徒自身が作成するのが望ましいですが，それが難しい場合には教員が作成します。志布志事件は警察による自白の強要や長期拘留など，違法な取り調べが行われた事件です。模擬裁判のシナリオに，このことを必ず入れましょう。

（菅澤康雄）

▷5　足利事件
栃木県足利市で起きたえん罪事件。1990年女児が殺害され，翌年男性が逮捕・起訴され無期懲役が確定。服役中の2009年，DNAの再鑑定により無罪になり釈放された。

▷6　たとえば，法務省のウェブサイト(http://www.moj.go.jp/content/001180941.pdf, 2019.3.1)から入手できる。

第4章　さらに深める憲法学習

14 自由権④
―― 経済活動の自由 ――

〈授業のゴール〉
・職業選択の自由を理解する。
・営業の自由が制限された事件をとおして，その限界を理解する。

〈使用教材〉
・芦部信喜・高橋和之補訂（2015）『憲法（第6版）』岩波書店。

① 授業のはじめに

　経済活動の自由とは，憲法において，職業選択の自由（第22条），居住・移転の自由（第22条），財産権（第29条）をあわせていいます。現代では経済活動の自由は，社会的な不平等や弱者を生み出し，環境破壊などを招くとして，法律によってひろく規制を受けると理解されています。ここでは職業選択の自由とその制限を取り上げます。

② 授業のすすめ方

　職業選択の自由とは，自己の就く職業を自分で決定できる自由をいい，営業の自由が含まれます。本授業では営業の自由とその制限をどのように調整するかを取り上げます。職業選択の自由と制限が衝突した「薬事法距離制限違憲判決」を事例に，この問題を考えます。

③ 授業でのワンポイントアドバイス

　事前の規制には，届け出制（理容師美容師など），許可制（飲食業，貸金業など），資格制（医師，弁護士，薬剤師など），特許制（電気，ガス，鉄道など）などがあります。医師資格がない者が医療行為をすれば，どういう事態が起こるか容易に想像できます。国民に被害が及ばないように，事前の規制を設けたわけです。
　薬事法は，薬局の開設の自由が，競争激化を招き，薬局の経営悪化によって，不良薬品の供給の危険性が起こるため，薬局と薬局との間に距離を設けることを規定した法律です。不良薬品が供給されないように，薬局開設の自由（営業の自由）を制限したわけです。1975年に最高裁判所は薬事法を憲法に違反するという判決を出しました。最高裁判決の理由づけを学んで，営業の自由とその制限を理解します。

▷1　薬事法
1950年代後半から医薬品メーカーが急増し，廉価競争が激しくなったことから，1960年不良薬品の販売を防止するという目的で従来の薬事法が改正されできた法律。これにより，薬局の開設が登録制から許可制になった。さらに，1963年には薬局開設に距離制限を設けることとなった。なお，2014年の法改正により，正式名称が「医薬品，医療機器等の品質，有効性及び安全性の確保等に関する法律」となった。

14 自由権④

④ 指導計画

学習者の活動	○教師のはたらきかけ　◎留意点
1．職業選択の自由とはどういう自由か，発言する。	○職業選択の自由ってどんな自由だと思いますか。 ○従事する職業の決定の自由を意味することを説明する。
2．職業選択の自由が大切なことを考え発言する。	○職業選択の自由が大切な人権であることを考えてみよう。 ○賃金を得て生活する，自己実現の手段，社会貢献など。
3．起こりうる問題を自由に発言する。 ・資格がないのに医者になると，患者が困る。 ・免許がないのに調理師になると，食中毒が起こる。　など	○この自由を無制限に保障するとどんな問題が起こりますか。 ○公共の福祉による制限を説明する。届け出制，許可制，資格制，特許制など。
4．許可制を取っていた薬事法の立法目的を理解する。	○薬事法を説明し，立法目的を説明する。
5．憲法違反と訴えた原告の主張を理解する。	○立法目的と原告の主張を整理し，生徒に提示する。
6．どちらの主張が正しいか，意見を述べる。	○自由に発言させ，論点を整理し，再度，生徒に提示する。
7．最高裁判決を読む。	○最高裁判決[2]を解説する。 ◎最高裁のウェブサイトから判決文を入手できる[3]が，判決文は長文で，難解な部分があるためポイントを要約しわかりやすくする。

⑤ 学びをさらに深めたい人のために

「公共の福祉」は，権利や自由の内容・形態，規制の目的・態様によってその定義が異なります。そのため，最高裁判所がどのような裁判でどのように説明しているか，具体的に判例を読むと理解がさらに深まります。

指導計画では取り上げなかった自由権に，「居住・移転の自由」があります。「居住・移転の自由」は，住む場所を自由に決め，変更できる自由のことで，旅行の自由も含みます。封建時代には住む場所を自由に変えることは許されず，近代になってから認められました。「居住・移転の自由」に関して下の文を読み，生徒に意見を紙片に書かせ，意見を交流してみるのも面白いでしょう。

(1)自衛隊員は住む場所を指定されているので，自由に選べない。
(2)野宿者は生活のため河川敷に住む権利があるので，強制的に移動させられない。
(3)親は扶養する子どもの住む場所を決めることができる。　　（菅澤康雄）

▷2　医薬品販売を行っていた男性は，広島県内で薬品販売しようと県知事に許可申請したが，条例（開設は既存薬局から100m離れていること）によって不許可になった。男性は「職業選択の自由」の侵害と考え裁判を起こし，1975年4月30日，最高裁は薬事法の距離制限は，国民の健康を防止するという立法目的の根拠にならないから，憲法第22条に違反すると判示し，男性の主張を認めた。この「薬事法距離制限違憲判決（最大判昭和50年4月30日）」後，1975年に法律から該当部分が削除された。

▷3　薬事法の最高裁判決の全文は，最高裁判所のウェブサイト（http://www.courts.go.jp/app/files/hanrei_jp/936/051936_hanrei.pdf, 2019.3.1）から確認できる。

第4章　さらに深める憲法学習

15 自由権⑤
―― 財産権 ――

〈授業のゴール〉
・財産権を保障された理由を理解する。
・財産権の保障とその制限との関係を理解する。
・与えられたテーマで話し合い，様々な角度から考える力を獲得する。

〈使用教材〉
・高橋和之（2007）『世界憲法集』岩波書店。

① 授業のはじめに

　財産権は，フランス人権宣言（1789年）で「所有権は不可侵の権利である」と規定され，譲り渡すことのできない人権と主張されました。しかし，資本主義が発達すると，ワイマール憲法（1919年）で「公共の福祉に役立つべきである」と，その不可侵性が否定されました。日本国憲法は，財産権は侵してはならない（第29条第1項）と規定するとともに，公共の福祉に適合するように法律で定める（第29条第2項）としています。財産権は法律によって「正当な補償のもと」に制限されるというのが，今日の理解です。

② 授業のすすめ方

　まず，財産権の保障を規定しているフランス人権宣言を説明し，次に日本国憲法に規定された財産権（第29条）が，公共の福祉によって制限されることを説明します。最後に「新しい道路を作るため，家の立ち退きをせまられた。あなたならどうしますか」というテーマで話し合いをします。この話し合いは，賛成か反対かで優劣をつけるものではありません。色々な理由を考え，様々な角度から考える力をつけることが目的です。

③ 授業でのワンポイントアドバイス

　フランス人権宣言もワイマール憲法も教科書に書かれています。参考文献も，豊富にあります。当時のフランス社会やドイツ社会を理解するために，世界史の教科書を読むのもよいでしょう。「指導計画」では，話し合いを設定しましたが，「財産権を制限する法律は廃止すべきだ」という論題で，ディベートをしてみるのも面白いでしょう。ディベート学習は調べ学習とコミュニケーション能力育成に有効な学習方法です。

④ 指導計画

学習者の活動	○教師に働きかけ ◎留意点
1．教科書を見ながら答える ・フランス人権宣言	○世界で最初に，財産権を人権として認めた文章は？ （ヒント　教科書に書いてある） ○フランス人権宣言の説明をする。
2．教科書を見ながら答える ・ワイマール憲法	○フランス人権宣言から130年経って，財産権を制限する憲法ができました。何という憲法だと思いますか。 （ヒント　教科書に書いてある） ○ワイマール憲法の説明。
3．答える ・困る人がたくさん出た。 ・お金持ちとお金を持っていない人が生まれた。経済的な格差。 ・財産権を制限することで，社会全体の利益になることがわかった。 （公共の福祉による制限）	○なぜ，財産権を制限する考えが起こったと思いますか。
4．教科書を読む（憲法第29条）。 〈話し合いテーマ〉 「新しい道路を作るため，家の立ち退きをせまられました。あなたならどうしますか」 「立ち退きに賛成する意見」 ・道路作りに協力したい。 ・新しい土地の家に住める。 ・新しい友達ができる。 「立ち退きに反対する意見」 ・自分の土地を提供するのは財産権の侵害にあたる。 ・転校したくない。 ・今，住んでいる土地に愛着がある。	○日本国憲法に財産権は，どのように記述されていますか。教科書で確認しましょう。 ○財産権の制限について，テーマに基づいて，話し合ってみましょう。 ◎机間巡視し，ヒントを与え，論点を整理する。 ○代表者に発表させる。 ◎賛成と反対かの優劣をつける話し合いではないことを確認する。 ○賛成か反対か挙手で全員に聞く。

⑤ 学びをさらに深めたい人に

財産権と「公共の福祉」に関して，次の事例でグループ討論します。

ある市の道路は狭く危険です。渋滞もひどく多くの人が新しい道路を作って欲しいと考えています。市長が替わり新しい道路をつくることが公表されました。新しい道路をつくるには，50世帯に立ち退いてもらう必要があります。50世帯のうち30世帯は立ち退きに反対しています。
①30世帯へ強制的に立ち退きを求めることができますか。できるとすれば，理由は何ですか。
②全世帯に立ち退いてもらうには，どんな補償が必要ですか。全世帯が納得する補償と手続きを考えてください。
③「公共の福祉」によって財産権を制限するとき，どんな配慮が必要ですか。

（菅澤康雄）

第4章 さらに深める憲法学習

16 社会権①
―― 社会権はなぜ必要か ――

〈授業のゴール〉
・社会権（生存権）とは何か，どのように生まれてきたのかを知る。
・日本国憲法第25条誕生の世界史的意義を知る。
・人間裁判「朝日訴訟」の今日的意義を学ぶ。

〈使用教材〉
・「憲法25条の誕生秘話」（二宮厚美（2005）『憲法25条＋9条の新福祉国家』かもがわ出版。）
・「かけがえのないものを残してくれた」（生存権裁判を支援する全国連絡会編（2014）『朝日訴訟から生存権裁判へ』あけび書房。）

▷1 湯浅誠（2008）『反貧困――「すべり台社会」からの脱出』岩波書店，p. 213。

▷2 「近代市民革命によって，経済活動も個人が自由に行うべきで国家は経済活動に介入すべきではない。」→「産業革命を経て，19世紀に資本主義経済が発展するなかで貧富の差が拡大し，弱い立場の人の生存が危機的状況になってきた。」→「経済活動を個人の自由にまかせておくと，人々の自由と平等が実質的に保障することができない。」→「国家が経済活動に介入し，社会的・経済的に弱い立場の人にも最低限度の生活を保障すべきである。」というように考え方が変わってきた。

① 授業のはじめに

　資本主義社会（市場経済）では所得や資産の不平等が必ず生じます。この所得と資産の分配の不平等を是正するために，政府が市場に介入し，「所得の再分配」を行うことになります。「所得の再分配」を支えているのが日本国憲法第25条の生存権なのです。この生存権をどこまで保障していくのかは，「民主主義」によって国会が決めていくことになります。

　歴史上，国民の闘いの中で政府（国家）は貧困を社会の責任だと認め，政府（国家）が国民生活を保障する責任を引き受けてきました。しかし近年貧困と格差が広がり，「自己責任論」が声高に叫ばれています。医療費の自己負担の増大，介護給付の縮小，年金の給付額の削減と受給開始年齢の引き上げ，生活保護費の削減など憲法第25条の精神がないがしろにされ，戦前の「恩恵」の時代に逆行する現在こそ，「社会権とは」「朝日訴訟の今日的意義は」を学ぶことが必要ではないでしょうか。

② 授業のすすめ方

　社会権という考え方が生まれてきた背景と，世界で最初に社会権が明記されたワイマール憲法のことを学んだあと，生存権が書き込まれた経緯と歴史的意義，国家の政治的・道義的な責任を謳ったものに過ぎないとする見方が一般的だった「生存権」を法的権利として高めることに多大な影響を与えた朝日訴訟について取り上げます。

③ 授業でのワンポイントアドバイス

　湯浅誠氏は「日本も遅ればせながら，憲法第9条（戦争放棄）と第25条（生存権保障）をセットで考える時期に来ている」と述べています。アジ

ア・太平洋戦争前，貧困にあえぐ日本は朝鮮半島や中国へと侵略を重ね，戦争の泥沼に突入していきました。昨今は，格差と貧困の拡大の中，政府は北朝鮮の核開発や中国の脅威をあおり，「改憲」，武器輸出などの動きを加速させています。そんな中で「社会権」の理念を再構築していくことは，今日的な課題であるといえます。生徒とともに社会権の歴史的な背景を考えてもらいたいと思います。

④ 指導計画（指導内容）

学習者の活動	○教師の働きかけ　◎評価
1．社会権の考え方が出てきた背景を知る▷2。 ・近代市民革命 ・資本主義の発展による貧富の差	◎自由権と社会権の違いを説明することができる。 ◎資本主義の発展による貧富の差の拡大が生存権という考え方に繋がったことを理解することができる。
2．ドイツのワイマール憲法（1919年）に社会権が明記された背景とその内容を知る▷3。	◎ワイマール憲法の歴史的意義について理解することができる。
3．日本国憲法第25条の生存権がどのようにして憲法に盛り込まれたのかを知る▷4。	◎日本国憲法がすべてマッカーサー（アメリカ）による「押し付け憲法」だという説もあるが，憲法第25条第1項はGHQ案には存在せず，日本人の手で憲法制定議会において入れられたものであることを理解する。
4．朝日訴訟の意義 教科書や資料集において朝日訴訟の内容と裁判の判決について確認する。この裁判は「敗訴」で幕を閉じるが裁判は無駄であったのか，この裁判の意義について考える▷5。	◎生存権は，社会保険，公的扶助，社会福祉，また公衆衛生の4本の柱によって支えられ，個々の法律によって，その内容が不充分ながらも具体化され国民の生活を守っていることを理解することができる。
5．もし，生存権第25条が憲法に書き込まれなかったならば，もし朝日訴訟が提起されていなかったならば，現在，国民の生活はどうなっていたのかを話し合う。	◎生存権第25条の意義を今日の国民の生活を関連させながら考えようとすることができる。

⑤ 学びをさらに深めたい人に

朝日訴訟の取り扱いの中で「プログラム規定説」「抽象的権利説」「具体的権利説」など第25条の法的意味を各自調べてみてください。

国民が憲法第25条を根拠として裁判所に訴えることができるのかという問題について，「プログラム規定説」と「法的権利説」（そのなかに抽象的権利説と具体的権利説がある）の2つの学説があります。朝日訴訟の取り扱いの中で生存権の法的性格に触れることは有意義なことでしょう。

（福田秀志）

▷3　第一次世界大戦の混乱による生活困窮とロシア革命で誕生したソ連（社会主義国）に対抗するために，資本主義経済の枠の中で経済的弱者の生活保障が必要であるという考えにより誕生。このような考え方が資本主義体制の各国に広がり，憲法の中に具体化していくことになる。「経済生活の秩序は，すべての人に人たるに値する生存を保障することを目指す正義の原則に適合するものでなければならず，各人の経済的自由は，この限界内においてこれを確保するものとする」（ワイマール憲法第151条第1項）。

▷4　第25条第1項は，GHQ案にも帝国憲法改正案にも存在しなかった。第25条第1項は，1946年6月の憲法制定国会において，当時の社会党の森戸辰男らが発案し憲法に書き込まれたものである。高野岩三郎などによる憲法研究会は戦後いちはやく，「国民は健康にして文化的水準の生活を営む権利を有す」という条文を用意していた。この憲法研究会の生存権案は1919年のワイマール憲法の思想を継承したものである。

▷5　朝日訴訟では高裁では負けたものの一審判決の翌年には生活保護基準が16％，日用品費が47％も引き上げられた。朝日訴訟を支援する運動を通じて，「権利としての社会保障」という考えを国民の中に浸透させた。本書第4章2も参照。

第4章 さらに深める憲法学習

17 社会権②
―― 社会問題 ――

〈授業のゴール〉
- 社会保障予算の削減の現状とその背景を知る。
- 社会保障裁判「第四の波」と裁判数急増の背景を知る。
- 「貧困と格差」の現状を知る。
- 昨今の状況を憲法第25条「生存権」に照らして考えることができる。

〈使用教材〉
- 「社会保障『改革』による社会保障予算の削減」(全労連・労働総研 (2017)『国民春闘白書2018年』学習の友社。)
- 「社会保障制度改革国民会議」報告書 (2013) と「社会保障制度審議会・社会保障制度に関する勧告」(1950) の抜粋。

▷1 日本の社会保障は,「自助を基本としつつ,自助の共同化としての共助(=社会保険制度)が自助を支え,自助・共助で対応できない場合に公的扶助等の公助が補完する仕組み」が基本。
この報告書をもとに社会保障制度改革の手順を定めた「持続可能な社会保障制度の確立を図るための改革の推進に関する法律」(2013),医療・介護分野の具体的改革の中身を示した19の一括法「地域における医療及び介護の総合的な確保を推進するための関係法律の整備等に関する法律」(2014) が成立。これに基づいて現在の「社会保障制度改革」が行われている。

▷2 「……国民には生存権があり,国家には生活保障の義務があるという意である。いわゆる社会保障制度とは,疾病,負傷,分娩,廃疾,死亡,老齢,失業,

1) 授業のはじめに

今日,社会保障関連予算の削減政策が強引に進められています。「貧困と格差」が日本社会において深刻な社会問題となっている昨今,権利としての社会保障,その根拠である憲法第25条の「生存権」が実質的に保障されなくなっており,実質的に「改憲」されているといわれている現状を考えます。

2) 授業のすすめ方

社会保障予算が削減されている現状を取り上げ,それを理論づける「社会保障制度改革国民会議」の報告書を学び,その是非について話し合います。次に「貧困と格差」が広がる日本社会の現状の中で,憲法第25条「生存権」に逆行する昨今の状況をどのように考えればいいのか,意見交換を行います。

3) 授業でのワンポイントアドバイス

「貧困者は自助努力が足らない。税金で食べさせてやっているのだから,生活水準は低くて当たり前だ,文句を言うな。自分は絶対にこのようにならない」という言説が広がっています。このような「自己責任論」をどのように克服し,自分とつながりがある問題だということを生徒たちに伝えていくかが大きなポイントです。生活保護基準の引き下げは医療,年金,福祉,保育,介護,就学援助,最低賃金,税金などの負担の引き上げにつながっていることを生徒たちに伝え,生活保護の削減は他人事ではないと

いうことを伝えていけるとよいでしょう。

④ 指導計画

学習者の活動	○教師の働きかけ ◎評価
1．社会保障予算の削減の現状を知る。2018年予算案を見ると概算要求段階では6,300億円と見込んでいた「自然増」を、薬価や生活保護費などで1,300億円削減し、5,000億円以下に絞り込んだ。自然増を抑制するということは、給付減か負担増に繋がる。	◎社会保障費の自然増の抑制、医療や福祉分野などにおける給付の切下げと負担増が続いていることを理解することができる。 たとえば、2018年度をみると、薬価引き下げ、生活扶助基準額の引き下げ・母子加算の減額、高額療養費の自己負担引き上げ、後期高齢者保険料軽減の見直し、介護給付金の総報酬制の導入、74歳窓口医療費2割化などが上げられる。
2．「社会保障制度改革国民会議」報告書▷1（2013）の内容と「社会保障制度に関する勧告」（社会保障制度審議会・1950▷2）と比較する。また、その削減の背景を考える。	○社会保障の理念がどう変化したのかを資料から読み取る。 ◎「権利」から「恩恵」に逆戻りしていることを理解することができる。
3．社会保障裁判「第四の波」と裁判数急増の背景を知る▷3▷4。「生活保護の老齢加算廃止訴訟」など（「いのちのとりで裁判」）を扱う。	◎裁判に訴えることは人権としての社会保障の理念・原理を確認し、深めていくことにほかならないことを理解することができる。
4．貧困と格差の現状を知る。	◎貧困と格差が広がっている現状について理解することができる。
5．憲法第25条「生存権」に逆行する昨今の状況をどのように考えるのか。	○生存権を保障する第25条に逆行する現状をどのように思うのかを考えさせる。

⑤ 学びをさらに深めたい人に

2013年には「子どもの貧困対策の推進に関する法律」が成立しました。しかし、権利としての貧困対策ではなく、将来の財政的な文脈から投資的な教育支援を強調しているという問題点もあります。子どもの貧困は大人の貧困が根底にあります。なぜ、大人に貧困が拡大しているのか、日本社会に貧困が拡大しているのかについて問われているとはいえません。新自由主義経済政策、財政危機と消費税増税の問題、労働・雇用の問題などと関連づけながら「貧困と格差」の問題を考えていくことが必要となります。「貧困と格差」について、『貧困問題の新地平――〈もやい〉の相談活動の軌跡』旬報社（丸山里美編、2018）、『当たり前の生活って何やねん?! 東西の貧困の現場から』日本機関紙出版センター（生田武志ほか、2018）が参考になります。また、社会保障の公助の後退は「自助」を促すだけではなく、「医療・介護分野」の産業化、経済成長の道具にするという方向で強められています。その是非についても考える機会を設けるとよいでしょう。

（福田秀志）

多子その他困窮の原因に対し、保険的方法又は直接公の負担において経済保障の途を講じ、生活困窮に陥った者に対しては、国家扶助によって最低限度の生活を保障する……このような生活保障の責任は国家にある。……一方においては国民経済の繁栄、国民生活の向上がなければならない。他方においては最低賃金制、雇用の安定等に関する政策の発達がなければならない。」

▷3 社会保障裁判「第四の波」とは、井上ほか（2017）が次のように述べている。「社会保障裁判は、朝日訴訟を契機としてその時代ごとに、裁判上の対象領域や対象内容を広げ、権利としての社会保障の具体化が目指されてきた。朝日訴訟を代表とする「第一の波」時期、……そして現代の「第四の波」時期である。……裁判数が急増し、争われている分野も生活保護から介護・介助、保育、年金など実に多様な広がりをもつのが特徴である。……学生無年金訴訟、障害者自立支援法違憲訴訟、生存権裁判、生存権裁判（母子加算廃止）、年金削減裁判などが代表である。」（井上英夫ほか（2017）『社会保障レボリューション』高菅出版。）

▷4 社会保障裁判「第四の波」については以下の本が詳しい。
　生存権裁判を支援する全国連絡会編（2014）『朝日訴訟から生存権裁判へ』あけび書房。
　井上英夫ほか（2017）『社会保障レボリューション』高菅出版。

第4章 さらに深める憲法学習

18 平等権①
──概論・歴史的背景──

〈授業のゴール〉
・「法の下の平等」(形式的平等)が確立していく歴史的過程を理解する。
・資本主義の進展と「結果の平等(実質的平等)」の必然性を理解する。
・平等を実現するための取り組みの必要性と課題について理解する。

〈使用教材〉
・「アメリカ独立宣言」「フランス人権宣言」「日本国憲法」「ワイマール憲法」

① 授業のはじめに

自由権や平等権は近代市民社会形成の中で形作られていきます。資本主義社会が進展すると、人々の自由や平等はその社会的な境遇(貧富の差など)によって左右されるようになり、実質的な平等の実現が求められました。歴史的な経過と現代的な課題をあわせて理解します。

② 授業のすすめ方

(1)「法の下の平等」(形式的平等)
授業では教科書と次の教材を用意して生徒に考えてもらいます。
・アメリカ独立宣言(1776年)
「われわれは、自明の理として、すべての人は平等につくられ、造物主によって、一定の奪い難い天賦の人権を付与され、そのなかに生命、自由および幸福追求の含まれることを信ずる……。」[1]
・フランス人権宣言(1789年)
「人は、自由、かつ、権利において平等なものとして生まれ、生存する。社会的差別は、共同の利益に基づくものでなければ、設けられない」(第7条)など。
・日本国憲法第14条「法の下の平等」、第44条「参政権の平等」など
アメリカ独立宣言やフランス人権宣言は、日本国憲法に結実しています。生徒には平等権についてアメリカ独立宣言などの資料を読んでもらい、歴史を説明したうえで共通点・相違点をあげてもらうとつながりがより理解できるでしょう。

個人の尊重は、個人が互いに平等であってこそ成り立ちます。国家権力は、「人種、信条、性別、社会的身分又は門地」によって国民を差別してはなりません。しかし、これは、経済活動の自由ゆえに生じる社会的な不

▷1 斎藤真訳「アメリカ」高木八尺・末延三次・宮沢俊義編(1957)『人権宣言集』岩波書店。

平等を是正するものではありませんでした。法の下の平等は機会の平等（形式的平等）であり，限界をもっていました。

（2）結果の平等（実質的平等）

資本主義は，必然的に格差を生じさせます。それは単に個人の努力の結果ということで済まされない問題です。十分な教育を受けた人と，十分な教育を受けることができなかった人では，社会生活に大きな格差が生じる可能性があります。そのため，教育を権利として捉え，国にその保障を求めることは必然でした。同様に勤労権や生存権も基本的人権（社会権）として憲法に書き込まれるようになり，実質的な平等が保障されるようになりました。

（3）男女の性差による不平等の是正「ポジティブ・アクション」

戦前の日本では，家制度にみられるように女性は男性よりも低い立場に置かれていました。女性に参政権が与えられたのは1946年の戦後初の総選挙でした。それまでは戸主（原則男性）の考えがその家の考えであるとみなされていたのです。こうした考え方は，欧米を含め近代社会では男女の身体的性差や性別役割分担論を根拠に一定合理化されていましたが，女性や市民の運動と社会の進歩とともに根拠を失いました。

しかし，容易に変わらないことも多く，たとえば日本の国会議員に占める女性の割合は先進国でも最低レベルとなっています。北欧諸国をはじめ多くの国々で，国会議員や企業の役員などに積極的に女性を登用するため，一定数を必ず両性が占めるような措置（クォータ制）をとるよう憲法や法律で定めているところがあります。こうした積極的な改善措置は「ポジティブ・アクション」とよばれます。

（4）様々な差別とどう向き合うか

憲法の平等権は国家と私人の間で適用されるものですが，こうした私人間の紛争では，最高裁は新法をつくるか民法などの既存の法律に憲法の趣旨を読み込んで救済することを求めています。障害者差別解消法やヘイトスピーチ対策法，部落差別の解消の推進に関する法律などはそうした趣旨に沿うものといえるでしょう。実質的な平等の実現は，個人のレベルでも国のレベルでも常に意識されるべき課題といえます。

③ 授業のワンポイントアドバイス

憲法の根幹である個人の尊厳，個人の尊重という観点は欠かせません。第一に，形式的平等と実質的平等について，福祉や雇用のケースなど，弱者を意識した平等を考えさせたいです。また，第二に，社会的な行為，社会的慣習への対応にも，憲法の理念を反映させる必要性があることも理解させたいです。

（首藤広道）

▷2 ワイマール憲法（1919年）は，「経済生活の秩序は，すべての者に人間たるに値する生活を保障する目的をもつ正義の原則に適合しなければならない」（第51条）と謳い，世界で初めて広範な社会権を規定し，世界中の憲法に定着している。

▷3 障害者差別解消法
正式名称は「障害を理由とする差別の解消の推進に関する法律」。2007年に日本が署名した，国連「障害者の権利に関する条約（障害者権利条約）」と関連した国内法制度の整備の一環として，2013年に制定され2016年に施行された。

▷4 ヘイトスピーチ対策法
本書第4章20参照。

第4章 さらに深める憲法学習

19 平等権②
―― 男女平等 ――

〈授業のゴール〉
・憲法における平等権を知る。
・性別によって差別されないことを知る。
・自分の実際の生活に当てはめて考える。
・社会の中の男女平等について興味，関心を高める。

〈使用教材〉
・内閣府「共同参画」平成31（2019）年1月号（http://www.gender.go.jp/public/kyodosankaku/2018/201901/201901.html）。

▷1 門地
生まれた場所や家庭によって生じる社会的地位，いわゆる「家柄」のことをいう。

▷2 両性の本質的平等
男性や女性といった性別で差を付けるのではなく，平等にするべきだとしたもの。

▷3 詳細は本書第4章21参照。

① 授業のはじめに ―― 法の下の平等

憲法では，人は法の下に平等であることを第14条第1項で「すべて国民は，法の下に平等であって，人種，信条，性別，社会的身分又は**門地**により政治的，経済的又は社会的関係において，差別されない」と定めています。この平等権は，普段の生活の中では，あまり意識しないかもしれませんが，権利の種類の中では人権総則にあたり，すべての人権の大本にある，最も基本的な人権です。

この中で性別による差別の禁止が明らかにされ，さらに第24条では，**両性の本質的平等**についてや，婚姻とその法律について定められています。本章では憲法で定められている男女平等について授業で取り上げるポイントについて考えてみましょう。

② 授業のすすめ方 ―― 普段の生活から考えてみる

「男女平等」と聞くと生徒らは，日本では既に実現しているので学ぶ必要はないと思っているかもしれません。実際，男女差別の激しい諸外国と比較して，日本は男子も女子も同じように学校で学び，平等な社会のようにみえます。しかし，まだ平等とはいえない問題がたくさんあります。

平等を考えさせるときには，「おかしいな」と身近なことに疑問をもてるようにすることから始めましょう。とくに，性別による差別は，「決まりだから仕方がない」や「社会的にそうなっている」「文化だから」などという言葉で，差別や不利益を被っている側でさえ，つい納得してしまいがちです。しかし，たとえ昔からの伝統であっても，誰かが不平等だと感じることを知り，時には変えていく必要もあることに気づかせましょう。

③ ジェンダー・ギャップ指数から考察する

　平等について疑問に感じるのは，不平等な立場にあったり，不利益を被っている人が多いのですが，たとえ自分にかかわらないことであっても，その事例を知ったり，当事者の話に耳を傾けることで，平等とは何かを考えることができます。授業では，考えたり想像したりする時間を設け，資料などを読み解く力をつけながら進めましょう。

　2018年12月に発表されたジェンダー・ギャップ指数▷4では，日本は144か国中，110位と低いものとなりました。日本で生活していると，男女平等に疑問をもたないかもしれませんが，世界からみれば，日本は男女格差が大きい国だといえます。具体的なデータを読ませて話し合わせることで自ら気づくことができます▷5。憲法で定められている男女平等が守られているか，主体的に気づかせるようにして授業を進めていくとよいでしょう。

④ さらに学びを深めたい人に

（1）社会的に作られた性差

　日本国憲法で性別によって差別されないと定められているにもかかわらず，日本での男女平等はいまだ十分ではありません。その理由は，これまでの教育にも原因があります。なぜなら，現在のおおよそ40歳台以上の人々は，中学校や高校で「家庭科は女子だけが学ぶもの▷6」とされ，家庭科を学ばず，男子から始まる男女別名簿を使っていた時代に生徒だった可能性が高いのです。そのほかにも，日本の政治家の多くは男性ですが，「男性優位の学校教育」を受けてきた人が多数を占める人たちが法律を定めると，どうしても男性に有利な法律が優先されることが懸念されます。そうなると，いつまでも男性優位な状況が続き，なかなか平等には近づけなくなります。このように，教育などのような社会的な要因によって強固になっている男女不平等もあることを授業で伝えるようにしましょう。

（2）合理的差別について考えてみる

　男女平等が十分に進んでいないとされる理由の一つに「合理的差別▷7」という考え方があります。元々同一のものでない人間を同一処遇にするべきではないという考え方です。たとえば，女性と男性は，元々異なる身体的特徴をもつため，それぞれに性別に合わせた扱いをしても構わないという考え方です。しかし，女性は結婚や出産，育児に専念するだろうから管理職にはしない，といったように，性別で不当な扱いをされるという流れであれば，それは改善していく必要があるでしょう。授業の中では，身の回りにある男女平等に反していることなどについて，合理的差別にあたる事例を探して考えてみるとわかりやすいでしょう。

(吉井美奈子)

▷4　ジェンダー・ギャップ指数
The Global Gender Gap Report（世界経済フォーラム）による世界各国の男女格差に関するレポートで，世界144か国の男女格差を指数化し各国を順位付けしたもの。経済，教育，健康，政治などの分野で判断され，総合スコアは4分野のデータから作成されている（World Economic Forum https://www.weforum.org/reports/the-global-gender-gap-report-2018, 2019. 3. 5, 内閣府「共同参画」http://www.gender.go.jp/public/kyodosankaku/2018/201901/201901.html, 2019. 3. 5)。

▷5　例えば▷4のウェブサイトから，具体的なデータを調べることができる。

▷6　第二次世界大戦後，教育現場は男女平等が基本とされたが，家庭科は女子のみ必修とされ，とくに高度経済成長期には女子は家庭を守る主婦を育成するよう国が求めた。1994年入学の生徒から，中高家庭科は男女共修となった。単純計算すると，1982年生まれ以前の人は，「家庭科は女子のもの」というイメージが強い可能性がある。

▷7　合理的差別
男性と女性は，元々遺伝的に異なるのであるから，同じようにするべきではなく，性別の違いによって，合理的に差別していくべきだという考え方。たとえば，スポーツの記録で，男女で分けて結果を残すことが許されるような場合である。

第4章 さらに深める憲法学習

平等権③
――部落差別・ヘイトスピーチ・外国人の人権――

〈授業のゴール〉
・部落差別の歴史と差別の解消は国の責任であることを理解する。
・在日韓国・朝鮮人へのヘイトスピーチ問題について理解を深める。
・外国人の人権，国民とは何かについて理解を深める。

〈使用教材〉
・「全国水平社宣言」「近畿高等学校統一応募用紙」「ヘイトスピーチ対策法」

①　授業のはじめに

次代に持ち越してはならない部落差別問題，また，隣国との不幸な歴史の中で形成された在日韓国人・朝鮮人差別の問題を取り上げます。あわせて「外国人の人権」と「国民」についても考えます。

②　授業のすすめ方

（1）全国水平社宣言（1922年全国水平社創立大会）を読んでみる

江戸時代，塵芥や牛馬の死骸の処理などにあたるなど特定の職能をもった集団は特定の地域に集住させられ，差別を受けました。それがわかる宣言文中の表現を生徒に気づいてもらいたいものです。社会の差別意識は根強く残り，その後も通婚をはじめ，被差別地域との交流は忌避されてきました。水平社創立は，被差別部落出身者の青年たちが大正デモクラシーの影響を受けてはじめた先鋭的な運動団体であり，水平社宣言は日本初の人権宣言ともいわれています。

（2）戦後の部落問題

近畿高等学校統一応募用紙をとりあげます。戦後，高卒生が会社に就職する際の社用紙の履歴書には，本人の思想・信条や家族状況などの項目があり，また戸籍抄本・謄本の提出も求められるなど，就職差別は温存されました。そこで，近畿地方では「近畿高等学校統一応募用紙」（1971年制定）が採用されました。1965年の同和対策審議会の答申では部落差別は市民的権利の侵害，職業選択の自由，教育の機会均等を保障される権利，居住・移転の自由，結婚の自由などが保障されていない問題であると述べています。2016年に制定された「部落差別の解消の推進に関する法律」（通称，部落差別解消推進法）では，現在も部落差別が残存しており，国の責任としてその解消にあたることが国や自治体に求められています。

（3）在日韓国・朝鮮人への差別　ヘイトスピーチ

近年，在日韓国・朝鮮人に対して差別的な言動を浴びせかけるヘイト・スピーチが大きな社会問題となり，「ヘイト・スピーチ対策法」が制定されました。「表現の自由」に配慮しつつ，国が措置を講じることは必要なことでした。ヘイトスピーチが社会現象として広がった背景は，根強い在日外国人への差別意識，国際情勢の中で緊張した二国間関係，また，格差と貧困，将来不安が広がる日本社会の中で鬱屈した思いを抱える人も少なくないことなどがあげられます。また，日本の植民地支配がもたらした朝鮮半島の分断と人々の苦難についても理解を深めることも大切です。

（4）外国人の人権

日本国憲法の「国民の権利及び義務」は外国人にも適用されるのでしょうか。最高裁は，個別の権利の性質を考え，国民にしか認められないものを除いて，在留する外国人にも等しく及ぶものであるとしています。国政への参政権としての公務員の選定罷免は国民の権利であり，在留外国人には認められないとする一方で，地方公共団体の長や議員についての選挙権を付与することまで憲法は禁じていないとして，立法措置による地方参政権の付与の可能性を残しています。

また，国の様々な社会保障制度は，不法滞在する人を除いて外国人が受けることも可能です。労働法制は働くすべての人が対象となり，仮に不法滞在者であっても適用されます。公務員の就職は一部職種について国籍条項を適用しない場合があります。日本で働き，また納税の義務を果たす外国人にも人権保障と法的平等の実現は大きな課題です。

（5）「国民」という考え方

「国民」という概念は，近代国家の成立とともにつくりあげられたものです。近代になって国家は領土を確定し，領土内に住む人々に国籍を与えて国民とし，教育などによって統合してきました。日本の場合，国籍の根拠は先祖に連なる血統主義（父母両系統）です。アメリカやカナダなど生まれた国を根拠とする出生地主義をとる国もあります。今，たくさんの外国人が日本で暮らしています。外国人の人権をどう保障していくのかは，これからの未来を担う生徒と真剣に考えることが重要でしょう。

③ 授業のワンポイントアドバイス

なぜ平等は実現しないのか，なぜ差別は生まれるのか。この問題は個人の問題として捉えるのではなく，社会の構造的問題として捉えることが大切です。自分の中の他者への意識とも向き合いながら，国や社会のあり方に問題はないか，国や社会はどう取り組むべきかという視点を生徒と共有したいものです。

（首藤広道）

▷1　ヘイト・スピーチ対策法
正式名称は「本邦外出身者に対する不当な差別的言動の解消に向けた取組の推進に関する法律」で，2016年に制定・施行された。

▷2　たとえば，「マクリーン事件」がある。これは，在留資格更新を拒否された外国人が，無許可で転職したりベトナム反戦運動にかかわるなど政治活動を行ったことを理由とするのは不服として提訴した事件。外国人に対して，基本的人権や政治的活動の自由が及ぶかどうかが争われた。1978年10月4日，最高裁は処分は違法ではないと判断した（最大判昭和53年10月4日）。

▷3　1995年2月28日最高裁判決では，公務員の選定と罷免は国民（国籍を有する者）固有の権利であり，在留外国人には及ばないものであるとする一方で，憲法の地方自治規定にある「住民」に永住者である外国人を含め，立法措置で選挙権を認めることを憲法は禁止していないと述べている（最判平成7年2月28日）。

第4章 さらに深める憲法学習

21 平等権④
―― 婚姻・両性の合意 ――

〈授業のゴール〉
・憲法第24条で定められている婚姻・両性の合意について知る。
・婚姻について定められている民法とのかかわりを考える。
・憲法に定められている権利について興味，関心を高める。
・身近な話題と憲法について考える。

〈使用教材〉
・「女性差別撤廃条約」。

▷1 民法
日常生活の基本的なルールを定めた法律。「人」と「人」，「人」や「モノ」とのかかわりについて定めたものである。具体的には，財産についてのことや，家族や親族関係に関するものについて定められている。戦前の1898（明治29）年に制定され，戦後の1947（昭和22）年に「家制度」が廃止された現在のかたちになった。

▷2 2011（平成23）年2月14日に，この規定は憲法第24条や「女子に対するあらゆる形態の差別の撤廃に関する条約（女性差別撤廃条約）」に違反するとして国家賠償訴訟が提起された。しかし，2015年12月16日の最高裁判所大法廷判決にて，訴えは退けられ，民法第750条の規定（夫婦同氏規定）は合憲であり，日本国憲法第24条に違反しないとの憲法判断がなされた（最大判平成27年12月16日）。

▷3 性的マイノリティ
性的少数者のことで，具体

① 授業のはじめに――憲法と結婚（婚姻）

憲法第14条では，法の下の平等を定め，性別による差別の禁止も明示していることは，平等権①②で述べてきました。本項で取り上げる内容は，「婚姻」についてです。家族生活における個人の尊厳・両性の平等として，第24条を確認しながら，性別による差別がなされていないか，婚姻時の氏選択や子育て負担など，身近な例を参考に考えさせましょう。

年齢にもよりますが，生徒にとって婚姻（結婚）が身近でない場合もあるため，男女平等という視点に着目して考えさせることで，話し合いなどにも参加しやすくなります。

② 授業のすすめ方

憲法第24条で述べている「両性の本質的平等」とは，男性や女性といった性別で差をつけるのではなく，平等にするべきだとしたものです。このことを生徒の実際の生活の振り返りに加え，少し先の将来である婚姻（結婚）と結び付けて考えさせると良いでしょう。

婚姻（結婚）は，両性の「結婚したい」という意思のみに基づいて成立することや，夫婦が同等の権利をもつことなどが定められています。その法律は，具体的には「民法」で定められています。「民法」は当然憲法が示す男女平等に基づいて定められなければなりませんが，実際には，民法で両性が平等ではないものがあるという意見もみられます。

③ 婚姻と夫婦の氏（姓）を事例に考える

日本では，民法第750条の規定により「（結婚した）夫婦は，同じ氏を名乗る」と定められ，国際結婚を除き夫婦別姓は認められていません。婚姻すると夫婦どちらかが相手の氏（姓）を名乗る必要があり，夫婦どちらも

21 平等権④

「自分の婚姻前の氏を名乗りたい」と考えている場合,どちらかがその権利を放棄しなければ婚姻が成立しないことになります。

表4-6に示したように,1975年から約40年経った現在でも,婚姻した96.0%の夫婦が「夫の氏」を選択しています。社会的に「婚姻後は男性の氏を名乗るべき」という風潮が残ってお

表4-6 夫妻の初婚-再婚の組合せ別にみた夫の氏・妻の氏別構成割合の年次推移

年次	総数		夫妻とも初婚		夫初婚-妻再婚		夫再婚-妻初婚		夫妻とも再婚	
	夫の氏	妻の氏	夫の氏	妻の氏	夫の氏	妻の氏	夫の氏	妻の氏	夫の氏	妻の氏
	構 成 割 合 (%)									
1975	98.8	1.2	99.0	1.0	96.4	3.6	98.2	1.8	95.6	4.4
1980	98.7	1.3	99.0	1.0	96.4	3.6	98.0	2.0	95.2	4.8
1985	98.5	1.5	99.0	1.0	96.5	3.5	97.7	2.3	94.6	5.4
1990	97.7	2.3	98.3	1.7	95.1	4.9	96.5	3.5	93.9	6.1
1995	97.4	2.6	98.0	2.0	94.6	5.4	96.0	4.0	93.1	6.9
2000	97.0	3.0	97.7	2.3	94.2	5.8	95.5	4.5	92.5	7.5
2005	96.3	3.7	97.3	2.7	93.4	6.6	95.3	4.7	91.0	9.0
2010	96.3	3.7	97.3	2.7	94.0	6.0	95.2	4.8	91.7	8.3
2015	96.0	4.0	97.1	2.9	93.4	6.6	95.0	5.0	91.0	9.0

出所:厚生労働省「平成28年度 人口動態統計特殊報告「婚姻に関する統計」」を一部改変。

り,これが男女差別につながっていると考えられています。授業を行う際には,実際のデータを参考に提示するなどして,民法上は「夫婦どちらかの氏(姓)」を選べるのだからよいというだけでなく,なぜ96.0%の夫婦が夫の氏を選択しているのか,どちらかが再婚であれば妻の姓(氏)の選択がなぜ増えるのかなどを考えさせましょう。

④ 学びをさらに深めたい人に──同性婚について考えてみる

憲法第24条では,「婚姻は,両性の合意のみに基づいて成立」すると定められているため,よく男性同士,女性同士の婚姻は認められないといわれます。民法でも,同性婚は認められていません。しかし,「両性」は「男性」と「女性」であると考えるよりも,婚姻する2人の「性」であると解釈すれば,同性婚が否定されているとも言い難いでしょう。憲法が制定された当時,同性婚という考え方自体があまりありませんでした。しかし,現代では**性的マイノリティ**(いわゆるLGBT)の人が7.6%いるといわれています。これは30人クラスで考えれば,2〜3人が当てはまります。この人数を考えれば,関係のない話とは言い切れないでしょう。

⑤ 憲法を身近に感じながら学習する

憲法で定められている内容が,身近な法律である民法などに反映されていないような課題があります。その課題について,自分はどのように考えるかを話し合うこともよいでしょう。日本国憲法が制定されて70年以上経つにもかかわらず,これほど現代的にも通用するのは驚くべきことです。一方で,改正が繰り返されている民法のような法律が時代に合っていないものがあることも併せて学習する必要があるでしょう。

(吉井美奈子)

的には,同性愛者,両性愛者,非性愛者,無性愛者,全性愛者,性同一性障害者などが含まれる。

▷4 LGBT
L(レズビアン,女性の同性愛者),G(ゲイ,男性の同性愛者),B(バイセクシュアル,両性愛者)T(トランスジェンダー,心と体の性が一致しない人)の総称として使われ,いわゆる性的マイノリティの例としても取り上げられる。ここに含まれない性的マイノリティもいるためLGBTsという略称で活動している人もいる。SOGI(性的指向と性自認)という表現もある。

▷5 電通ウェブサイト(http://www.dentsu.co.jp/news/release/2015/0423_004032.html, 2019.3.5)。

参考文献
厚生労働省ウェブサイト(http://www.mhlw.go.jp/toukei/saikin/hw/jinkou/tokusyu/konin06/konin06-2.html, 2019.3.5)。

第4章 さらに深める憲法学習

22 教育を受ける権利①
――教育の機会均等――

〈授業のゴール〉
・教育の機会均等について理解する。
・「子どもの貧困」問題について理解する。

〈使用教材〉
・伊藤良高編集代表（2019）『ポケット教育小六法（2019年版）』晃洋書房，など教育関係法令集。
・厚生労働省「国民生活基礎調査」など，各種データ。

１ 授業のはじめに

日本国憲法第26条第１項，および教育基本法第４条に「教育を受ける権利」が明記されています。それは人権に関する国際条約にも規定されています。これは日常自分たちが学校で教育を受けていることと無縁なものではなく，自分たちに最も身近な「権利」としての「教育を受ける権利」について，とくにすべて国民は経済的地位にかかわらず「ひとしく」教育を受ける権利を有することを中心に考えてみましょう。

２ 授業のすすめ方

憲法や法律の条文とデータを交えながら，現状にどのような問題があるかを認識させていきます。教育を受ける権利がかならずしも「ひとしく」保障されているとはいえない現実についての認識を深めることをめざします。それは，自分たちの問題でもあり，自分たちが将来生きる社会の問題でもあります。

▷１　日本学生支援機構
独立行政法人であり，「経済的理由により修学に困難がある優れた学生等に対し，学資の貸与及び支給その他必要な援助を行うこと」を業務の一つにしている。日本学生支援機構のほかにも，奨学金の貸与・給付を行っている団体がある。

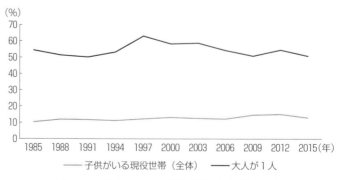

図４－１　子どもがいる現役世帯の相対的貧困率
出所：厚生労働省「国民生活基礎調査」各年データより筆者作成。

③ 指導計画

学習者の活動	○教師の働きかけ ◎評価
「能力に応じてひとしく教育を受ける権利」という語句の存在を理解する。	○憲法第26条第1項を音読させる。 世界人権宣言、子どもの権利条約など国際文書・条約にも「教育を受ける権利」が記されていること、戦前の大日本帝国憲法には「教育を受ける権利」は明記されていないことを説明する。
「教育の機会均等」に関する事由が教育基本法に列挙されていることを理解する。「人種、信条、社会的身分、経済的地位又は門地」 日本学生支援機構▷1と現在の奨学金制度について調べ、どのような問題がいま社会で認識されているのかを知る。日本の近年の制度改革の動向や外国の高等教育制度▷2について調べる。	○教育基本法第4条を音読させる。その中で、「経済的地位」に注目させる。 ◎子どもの「経済的地位」にかかわらず「教育を受ける権利」は保障されるべきであること。そのために、就学援助▷4や奨学金制度があること。子どもや親の経済状況と教育を受ける権利の保障の問題について、現状における課題を考えることができる。
子どもの相対的貧困率▷3が近年上昇傾向にあること、子どもの貧困対策の推進に関する法律が2013年に制定されたことの意義を考える。	◎子どもの貧困問題▷5に関するデータ（図4-1）から、現状における課題を考えることができる。 ◎「子どもの貧困」は、子ども（小中学生、高校生）にとって、これからの日本社会にとってどのような問題につながることかを考えることができる。

④ 学びをさらに深めたい人に

　子どもの将来が、生まれ育った環境によって左右されるという現実があるといわざるをえません。子どもの貧困問題により、教育を受ける権利が形式的にも実質的にも保障されていない現実があることは、将来の問題にもつながりかねない問題です。子どもの貧困は「見えない貧困」であるとはよく指摘されます。奨学金問題は、生徒にとっては進学後に自分の問題とならざるをえません。2018年現在、返済義務のない奨学金を住民税非課税世帯に限り給付するようになってきていますが、その応募可能な枠は狭いといわざるをえません。一方で、幼児教育（0～2歳児は住民税非課税世帯のみ、3～5歳は所得にかかわらず）の無償化が2019年10月を目途に導入されようとしています。正確な知識を前提に、より深く考えていくことが期待されます。

（大津尚志）

▷2　日本の高等教育に対する対GDP支出比はOECD諸国平均の約半分であり、最低レベルである。たとえば、ドイツやフランスの大学の授業料は安価な登録料のみである。

▷3　子どもの相対的貧困率
世帯の所得が、国全体の所得の中央値の半分に満たないことをいう。4人家族であれば、月収がおよそ20万円以下であれば該当する。なお、「絶対的貧困」とは、生存のための最低限の条件に欠ける場合をさし、発展途上国で問題視される。

▷4　就学援助
生活保護法による「教育扶助」、また就学援助法による「教育補助」をあわせて「就学援助」と通常よぶ。就学援助を受けている家庭の比率は1995年に6％だったのが、2012年には16％近くになっている。

▷5　子どもの相対的貧困は「7人に1人」といわれるデータがある。とくに「ひとり親家庭」の相対的貧困率は高い。ひとり親家庭、母子家庭の子どもの経済的状況は困難である可能性が高い。

参考文献
　大内裕和（2017）『奨学金が日本を滅ぼす』朝日新聞出版。
　NHKスペシャル取材班（2018）『高校生ワーキングプア』新潮社。
　湯浅誠（2017）『「なんとかする」子どもの貧困』角川書店。

23 教育を受ける権利②
――権利を保障するための義務教育制度――

〈授業のゴール〉
- 義務教育の意味について理解する。
- 現在日本における「義務教育の無償」の範囲について理解する。
- 子どもの教育を受ける権利を保障するための,「義務教育制度」が機能しているとはいえない面も存在することを理解する。

〈使用教材〉
- 伊藤良高編集代表（2019）『ポケット教育小六法（2019年版）』晃洋書房，など教育関係法令集。
- 文部科学省関係など各種データ。

1 授業のはじめに

日本国憲法第26条第2項，及び教育基本法第5条に「義務教育」及び，「義務教育の無償」が明記されています。「教育を受ける権利」を保障するために，国民は保護する子女に普通教育を受けさせる義務が憲法に規定されています。それとは別に，市町村が小中学校を設置しなければならないことは，学校教育法によって定められています。教育基本法は国公立学校における義務教育については「授業料を徴収しない」ことを定めています。「義務」はだれがどこまで負うのか，「無償の範囲」はどこまでか，といった問題は必ずしも自明ではありません。すべての人に教育を受ける権利が保障されるためには，どのような問題が存在するのかを知らなければなりません。

2 授業のすすめ方

憲法や法律の条文とデータを交えながら，現状にどのような問題があるかを認識していきます。「教育」に関する権利・義務は児童生徒にとって最も身近な権利・義務のひとつであり，自分の問題としても考えながらすすめることができます。

3 指導計画

学習者の活動	○教師の働きかけ ◎評価
「すべて国民は……保護する子女に普通教育を受けさせる義務を負ふ。義務教育は，これを無償とする」という規定について考える。	○憲法第26条第2項を音読させる。「教育を受ける権利」を保障するために，国民は保護する子女に普通教育を受けさせる義務があることを，憲法は規定していることを理解させる。

▷1 文部科学省の定義では，「不登校」とは，「何らかの心理的，情緒的要因，身体的あるいは社会的要因・背景により，登校しないあるいはしたくともできない状況にあるため年間30日以上の欠席した者のうち，病気や経済的な理由による者を除いたもの」となる。2017年度の統計では，小学校で約3万5,000人，中学校で約10万9,000人の不登校児童生徒がいる。不登校児童生徒数の在籍児童に対する割合は，小学校で0.5％，中学校で3.2％になり，前年より増加している(「平成29年度児童生徒の問題行動，不登校等生徒指導上の諸課題に関する調査結果について」)。

▷2 子どもに教育を受けさせていれば，保護者は子どもに学校に行かせる義務まではない，とする「教育

子どもが「不登校」をしていることは、就学義務違反になるのだろうか、考える。 不登校の児童生徒数の変遷について調べてみる▷1。 子どもが小学生・中学生の間にも学校に行かせるためにはどの程度費用がかかるのかを理解する。 就学援助制度について理解する。自分たちの学校では授業料以外にお金がどの程度かかっているか、調べてくる。（遠足や修学旅行費、制服代など、項目を立てる）	○「就学義務」をとる国と「教育義務」をとる国が存在するが、日本は「就学義務▷2」を規定していることを理解させる。 ◎小中学校で「学校にいかない自由」はあるのか。「不登校」の問題とともに考えることができるか。 ○義務教育の無償の範囲は「授業料無償説」と「就学費無償説」の対立が憲法学界に存在し、前者が多数説であることを理解させる。 ○現行の法律上、全員が無償となるのは公立学校の授業料と教科書費だけであること、世帯の所得によって「就学援助」の対象となることを理解させる。公立小学校であっても学習費の平均は学校関係だけで10万円、学校外学習費を含めると年間32万円かかることを理解させる。
日本国籍を有しない子どもには、今のところ法律上の就学義務がないことを理解したうえで、日本にどの程度外国籍、外国にルーツを持つ子どもがいるのか、どのような問題状況があるのかを調べる。 「日本語指導が必要な子ども」に「教育を受ける権利」を実質的に保障するには、どういう手立てが必要かを考える。 「夜間中学▷4」について調べる。「教育を受ける権利」の実質的保障のために、国はどのようなことをする義務があるだろうか。考えさせる。	○「義務教育」は、憲法上は「国民」の義務であること。 「外国にルーツを持つ子ども▷3」についての理解を深めさせる。 ◎外国にルーツを持つ子どもの一部は、「不就学」となる子どももいるなど、さまざまな問題があることを考えることができるか。 ○2016年に「教育機会確保法▷5」が制定されたことを説明する。

▷2 「就学義務」制度をとる国（アメリカ、イギリス、フランスなど）と、学校に行かせる義務はある、とする「就学義務」をとる国（日本、ドイツなど）がある。日本では、就学義務違反をしていると督促の対象となり、学校教育法第144条により、最後には保護者に罰金の規定がある。

▷3 2014年に日本国内で生まれた子どもの29人に1人は親の少なくとも一人が外国人である。日本国籍を保持していても、何らかのかたちで「外国にルーツを持つ者」は300万人近く、日本の人口の2.5％程度と推計されている。

▷4 夜間中学
現在では外国籍の生徒が8割ほどを占める。2017年からは既卒者であっても「実質的に義務教育を受けていない」場合の入学が認められることになった。

▷5 教育機会確保法
正式名称は、「義務教育の段階における普通教育に相当する教育の機会の確保等に関する法律」（2016年成立、2017年施行）。

参考文献
埼玉に夜間中学を作る会・川口自主夜間中学編（2018）『夜間中学と日本の教育の未来』東京シューレ出版。

大津尚志（2018）「外国にルーツをもつ子どもたちの育成支援」伊藤良高ほか編『子どもの豊かな育ちを支えるソーシャル・キャピタル』ミネルヴァ書房、pp. 241-256。

④ 学びをさらに深めたい人に

「教育機会確保法」は最近できた法律です。「夜間中学」やいわゆる「フリースクール」などが教育を受ける権利を保障する役割をしていることがあります。「フリースクール」などに対する財政上の措置の問題は、いまだ棚上げされたままです。全児童生徒、不登校児童生徒が「安心して教育を受けられるよう、学校における環境の整備」をすること、「年齢又は国籍等にかかわりなく、能力に応じた教育機会を確保するとともに、自立的に生きる基礎を培い、豊かな人生を送ることができるよう、教育水準を維持向上」すること、などがいわれています。「不登校児童生徒」のために国が何かをするという憲法上の義務は存在しないと今のところ考えられていますが、行政の対応の一環として教育委員会は「教育支援センター（適応指導教室）」を設置するなどしています。それぞれについて調べてみる授業もよいでしょう。

（大津尚志）

第4章　さらに深める憲法学習

24 労働権①
―― 働くことの意義と保障 ――

〈授業のゴール〉
・使用者に比べて弱い立場の労働者の権利はどう保障されているか知る。
・現代社会におけるさまざまな労働問題を考える。
・知識は使えるものであることを学ぶ。

〈使用教材〉
・「日本国憲法」「労働基準法」「過労死をめぐる新聞記事」など。

① 授業のはじめに

いま「過労自殺」「過労死」をはじめ、働くことをめぐって様々な問題が生じています。憲法は働くことを権利として保障しており、国は国民に就労の機会を確保し、安心して働ける環境を整える義務があります。

② 授業のすすめ方

（1）働くことの意義について考える

近代社会は、労働者や農民は資本家や地主に対してきわめて弱い立場におかれ、長時間労働や低賃金、児童労働、失業などが当たり前のようになっていました。授業では、労働者・農民のあり方について歴史的に考察し、社会権としての労働基本権の意味を考えることが大切です。

次に過労死を扱った新聞記事（2016年の大手広告代理店過労死事件を扱ったものなど）をとりあげます。「どんな働き方だったのか」「何が当人を追い詰めたのか」「当人に責任はあるのか」「上司や会社の責任は何だったのか」「家族や周囲に何ができたのか」「KAROSHIという言葉が外国で通じるほど、なぜ日本で過労死が蔓延するのか」「過労死を生まないために個人でできること社会ですべきことは何か」などの視点で考えてみましょう。自死した人の無念に思いを致しつつ、社会のあり方を問いあるべき働き方を考えられる授業をめざしましょう。

（2）労働者としての権利行使

働く人は自分にはどのような権利があるのかを知ることが大切です。労働基準法には「労働条件は、労働者が人たるに値する生活を営むための必要を充たすべきものでなければならない」（第1条）、「労働条件は、労働者と使用者が、対等の立場において決定すべきものである」（第2条）と定めています。自分の権利を守るためにも使用者と対等の立場になること

▷1 ジェンダー不平等指数
国家の人間開発の達成が男女の不平等によってどの程度妨げられているかを明らかにするもの（妊産婦死亡

24　労働権①

が大切です。使用者は組合の団体交渉を拒否することはできません。それは憲法や法によって決められたことだからです。こうした実際に使える知識を身に付けることが大切です。

（3）おかしいことをおかしいと言える知識と勇気

　日本の働き方は問題山積です。「ブラック企業」という言葉も定着してしまいました。正規雇用と非正規雇用の間で賃金や処遇に格差が存在しています。男女共同参画社会の推進が叫ばれていますが，男女の不平等を示すジェンダー不平等指数やジェンダー・ギャップ指数では日本は先進国でも下位に位置しています。男性優位の雇用慣行はいまだに根強く，男性から女性へのセクシャルハラスメントの問題も後を絶ちません。

　こうした中で働く者一人ひとりが自らの権利を知り，声をあげる術をもたなければなりません。

　大切なことは一人で抱え込まないこと。相談できる仲間をもつこと。組合や様々な相談窓口にアクセスできることが大切です。また，よく「義務を果たしていない者に物を言う権利はない」という言い方がありますが，これは誤りであることを強調したいと思います。権利とは無条件に与えられているものであって，義務と引き換えにするものではありません。

　今日，「働き方改革」は社会全体で取り組むべき課題です。それは長時間労働の是正だけではなく，セクハラなど職場での人権侵害や労働安全衛生も含みます。誰でも安心して働けるために，ワーク・ライフ・バランスのとれた働き方を社会全体でつくりあげていく必要があるのです。

③　授業のワンポイントアドバイス

　生徒たちは働くことについて，保護者の働く姿を見たり，自らのアルバイト経験等を通じていろんな考えをもっています。「お金を稼ぐため」「やりがいや生きがいのため」に働く，そして「働きたくない」ということも含めて生徒の労働観を出し合ってみましょう。たとえば，アルバイトで「よかったこと」「これおかしいな」と感じた経験を出し合うことは有効です。その際，それぞれ生徒個人の価値観を否定せずに尊重することが大切です。

　また，自分が当事者になったときにどうするか，何ができるかという視点が大切です。おかしいことをおかしいと言えるためにも，たとえば不当な扱いを受けたときにどう切り返すか，どう対処するか，具体的な場面を設定したワークショップが有効でしょう。できれば弁護士など法律の専門家とつながっておくことも大切です。地域の弁護士会の「弁護士出前講座」などのウェブサイトも参照してみましょう。

（首藤広道）

率，国会議員の女性割合，中等教育以上の教育を受けた人の割合（男女別）など）（総務省「男女共同参画局」（www.gender.go.jp/international/int_syogaikoku/int_shihyo/index.html, 2019.3.5）より）。

▷2　ジェンダー・ギャップ指数
本書第4章19参照。

▷3　セクシャルハラスメント
職場において，労働者の意に反する性的な言動が行われ，それを拒否したり抵抗したりすることによって解雇，降格，減給などの不利益を受けることや，性的な言動が行われることで職場の環境が不快なものとなったため，労働者の能力の発揮に重大な悪影響が生じること。具体的な事例等については，人権教育啓発推進センター「セクシュアル・ハラスメント」（http://www.moj.go.jp/jinkennet/asahikawa/sekuhara.pdf, 2019.3.8）がわかりやすく解説している。

▷4　ワーク・ライフ・バランス
「仕事と生活の調和」と訳される。政府は2007年に「仕事と生活の調和（ワーク・ライフ・バランス）憲章」を制定し，「国民一人ひとりがやりがいや充実感を感じながら働き，仕事上の責任を果たすとともに，家庭や地域生活などにおいても，子育て期，中高年期といった人生の各段階に応じて多様な生き方が選択・実現できる社会」をめざすとしている。

第4章　さらに深める憲法学習

25　労働権②
——働くことのリアルを求人票から考える——

〈授業のゴール〉
・労働条件向上や紛争解決の1方法として，労働組合があることを知る。
・組合をつくって交渉，行動することは，憲法で保障された，労働者が正当に持つ権利であることを理解する。
・「働く」ことにかかわる，さまざまな立場の人の思いを知る。

〈使用教材〉
・学校に送られてきた高校生向け求人票（過年度使用済みのもの。できるだけ近年のものが望ましい）。
・航薫平（2012）『えーっ！バイト高校生も有給休暇とれるンだって！』フォーラム・A。

▷1　不当労働行為
労働組合法第7条では，使用者が，労働組合や労働者に対して行う以下の行為の禁止を定めている。
　(1)組合員であることを理由とする解雇その他の不利益取扱いの禁止
　(2)正当な理由のない団体交渉の拒否の禁止
　(3)労働組合の運営等に対する支配介入及び経費援助の禁止
　(4)労働委員会への申し立て等を理由とする不利益取扱いの禁止

▷2　企業別組合（enterprise union）
企業を単位として，所属する従業員によって組織された労働組合。対義語は，「職業別組合」や「産業別組合」。日本では，労働組合の多くが「企業別」である。

▷3　地域労組
「誰でも一人でも入れる」を合い言葉に，全国各地の地域で組織する労働組合。「首都圏青年ユニオン」（東京）（03-5395-5359 http://www.seinen-u.org/nakama.html，2019.2.20），「札幌地域労組」（北海道）

① 授業のはじめに

「労働三権とは，団結権と団体交渉権と団体……」と暗記項目とするのでなく，実際に身近なところで労働組合の存在を感じられるものはあるでしょうか。高校の進路指導部に送られてきた求人票を使ってのペアワークを例に見ていきます。

② 授業のすすめ方と指導計画

毎年，各高校に送られてくる求人票。使用済みで廃棄される過年度分を進路指導部から譲り受け，資料とします。20社を1セットとし，2人ペアで求人票を繰り，ワークシート（図4-2）にデータを書き込んでいきます。「へーっ，求人票ってこんなこと書いているのか」。進学希望者にとっては初めて見るものだけに，生徒たちも楽しそうに感想を述べ合いながら作業をすすめていきます。

調べる項目は，求人票に示された，「全従業員数」「週休2日制状況」そして「労働組合の有無」。学校に送られてくる求人のうち組合のある会社は何パーセントぐらいかを集計したうえで，「求人票からわかることを3つ探しだそう」と考察を行います。「大きな会社にはほとんど全部組合がある」「組合のある会社は週休2日制のところが多い」など，生徒たちの気づきをもとに，その後の授業を展開します。

組合を結成して交渉，行動することは憲法第28条でしっかり認められた労働者の権利であること，不当労働行為とは何か，企業別組合が多い日本の状況などを教示します。組合がなかった職場で，分会をつくって権利を勝ち取った若者たちの例や地域労組の存在なども，実例として伝えます。このあと，「日本の公務員には争議権がないこと」についての賛否をテーマに，意見交換を行うとより理解が深まります。

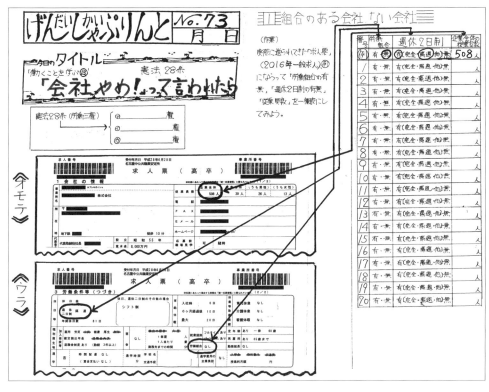

図4-2　ワークシート
注：求人票をみて，「全従業員数」「週休2日制状況」「労働組合の有無」を抜き出す。
出所：筆者作成。

③ さらに学びを展開しよう

　アルバイトに励む生徒も多い中，法律を知るだけでなく，実際に法律を使ってどう労働条件向上につなげるか，航薫平（2012）所収の実話をもとにした漫画を使ってグループワークで考えることができます。

　また，各校地元の地域労組の方と，進路指導室によく来られる地元企業の経営者や人事担当の方の両者を外部講師として招いての授業ができれば，リアルな学びが得られます。たとえばある年は，地域労組の青年部長と，現在，地元で会社を経営する若手社長（勤務校卒業生）とに来ていただき，ダブル講演会を行いました。「公開労使交渉は厳しいなあ」と戦々恐々のお２人でしたが，高校生たちの目の前ですから，しっかり言葉を選びながら，それぞれの思いを伝えてくださいました。労使で違いはもちろんあるものの，「すべての従業員，そして家族も含めて皆が幸せになるよう日々がんばっている」点は，両者に共通する目標として強調されたことです。働く人のリアルな思いが，高校生たちにしっかりと伝わりました。

（佐藤　功）

(011-756-7790 https://sapporo-general-union.net/, 2019.3.8) ほか，都市圏以外にも各地にある。

▷ 4　航薫平（2012）『えーっ！バイト高校生も有給休暇とれるんだって！』フォーラム・A。

第4章　さらに深める憲法学習

26 参政権①
―― 概論・歴史的背景 ――

〈授業のゴール〉
・参政権の中でも「選挙権」獲得の歴史について知る。
・「選挙制度」の現状と課題について知る。

〈使用教材〉
・「2017年衆議院小選挙区選挙　議席数　得票率」（選挙改革フォーラム（2018）『小選挙区制のワナ』かもがわ出版，p. 4。）
・「小選挙区の『死票』数と率の推移」（上脇博之（2018）『ここまできた小選挙区制の弊害』あけび書房，p. 29。）

① 授業のはじめに

選挙権が満18歳以上に引き下げられた2017年の衆議院選挙の投票率は全体で約54％と低いうえ，10代，20代の投票率は他の世代に比べて低い結果でした。参政権は国民主権とセットになっているので，参政権をめぐる歴史と現状の問題点を見ていきます。

② 授業のすすめ方

参政権は自らの代表者を選ぶ「選挙権」と，一定の年齢になると選挙に出て代表者になる資格をもつ「被選挙権」からなります。ここでは主に選挙権獲得の壮絶な闘いの歴史を扱います。そのうえで国会の「選挙制度」をめぐる現状と課題について取り上げます。

③ 授業でのワンポイントアドバイス

2018年現在，世論調査では脱原子力発電，消費税増税反対，安保関連法制反対，憲法第9条「改正」反対などが多いにもかかわらず，国会の議席は正反対の状況になっています。現行の選挙制度は民意が国会に反映されていない現状を学び，民意が議席に反映する選挙制度について考えられる展開をめざしましょう。

④ 指導計画

1．参政権の内容について確認していきます。
2．国政選挙の投票率（若者）の推移とその原因と問題点について話し合います。図4-3を参考に考えましょう。
3．「投票率がさらに下がり3割，2割になればどういう問題が起こるのでしょうか」「君たちには選挙権は必要ないのでしょうか」と質問し，

生徒の回答から4につなげていくことも可能です。

4．主権者である国民の意思を代表する議会の議員を選ぶのが「参政権」です。市民革命によって，国民主権を獲得し，すべての国民に保障されるまでの参政権獲得の壮絶な闘いの歴史（財産・納税額による「制限選挙」から「男子普通選挙」「男女普通選挙」の保障へ発展したことについて）を知ることで，参政権の大切さの理解を深めます。

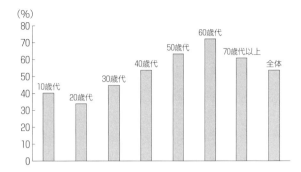

図4-3　第48回衆議院選挙年代別投票率（2017年）
出所：総務省（http://www.soumu.go.jp/senkyo/senkyo_s/news/sonota/nendaibetu/，2019.3.7）。

5．衆議院や参議院の選挙制度についての現状と問題点について考えます。選挙制度は多数派の政党が党利党略で自分たちの都合の良い制度に変更しがちです。2018年7月に参議院の定数を6増にする改正公職選挙法が成立しました。実際，選挙区や議員定数を変えるだけで，選挙結果は大きく変わってきます。

アングロサクソン諸国は基本的に小選挙区制，ヨーロッパ大陸諸国は基本的に比例代表制度を採用しています。現在の政治をめぐる現状や選挙の公平・公正から，どういう選挙制度が望ましいのかを考えていきます。

⑤ 学びをさらに深めたい人に

選挙は，国民が政治に参加し，主権者としてその意思を政治に反映させることのできる機会です。選挙を通して選ばれた代表者によって政治が行われます。そういう意味で「選挙は民主主義の根幹」です。選挙をめぐる問題について，他にも以下にあげる様々な課題が考えられます。このような個人で考えたり，グループで話し合いをする方法が考えられます。

(1)18歳選挙権が実現しましたが，被選挙権年齢はそのままです。どう考えますか。(2)日本に永住し税金を納めている外国人（永住・定住外国人）について1995年に最高裁は「地方の選挙権を付与しても憲法違反にならない」としました。しかし，法律改正はされていません。どう考えますか。(3)1994年の「政治改革」で衆議院の選挙制度を小選挙区中心にし，政党助成金を導入すると，政治腐敗がなくなると主張されましたが，「政治とカネの問題」は根絶されたのでしょうか。(4)供託金制度と比例代表選挙の不当な立候補要件についてどう考えますか。(5)財政問題とリンクして議員定数の削減が語られますが国会議員は他国に比較して，多いのでしょうか。(6)投票価値の平等（議員定数不均衡），「一票の格差」の問題です。政権政党はこの選挙制度の憲法改正案を提案する予定です。どう考えますか。

（福田秀志）

▷1　「政治資金オンブズマン」の上脇博之（2018）は「選挙権とは，①選挙人の資格が与えられる権利であり，②選挙における投票権が含まれるが……加えて選挙に関する憲法の要請から，③公正かつ正確に民意を反映する選挙制度の下で投票する権利，④公正かつ正確に民意を反映する選挙制度の採用を要求する権利も選挙権に含まれている」と述べている。そのうえで衆議院小選挙区，参議院選挙区選挙の問題点として，莫大な死票と有権者の投票意欲の減退による低い投票率，得票率と議席占有率の乖離による「つくられた多数派」であるとし，現行の選挙制度は民意が歪曲されていると述べている。よって，「衆議院小選挙区選挙や参議院選挙区選挙は憲法違反」であり，比例代表制度が最も中立公正としている。

参考文献
上脇博之（2018）『ここまできた小選挙区制の弊害』あけび書房。

27 参政権②
——18歳選挙権と重ねて——

第4章　さらに深める憲法学習

〈授業のゴール〉
- 参政権の具体的な内容を正確に理解する。
- 選挙制度の理解と，若い18歳が民意を作っていく主体となり，選挙権を行使するだけでなく，政治にかかわることのリテラシーを育てることを目標にする。

〈使用教材〉
- 教科書　・資料集
- 新聞記事（外国人の地方参政権，外国人に社会権の権利適用，在外邦人の選挙権，成年後見人制度の利用者の投票権などに関するもの）

▷1　公務員の選定罷免権
憲法で保障されている国民の権利。私たちは，日常の公の仕事を，「全体の奉仕者」である公務員に行ってもらう。それは公権力の行使といわれ，行政は法に基づいて，公平に市民に対する。したがって，この公権力の主体を選び辞めさせることができる。

▷2　国民審査
憲法第76条により，最高裁判所の裁判官を辞めさせることができる投票システム。日本国憲法下70年以上，審査が24回（2017年末現在）行われたが，一度も罷免された裁判官はいない。本書第4章31も参照。

▷3　民法第4条で「年齢20歳をもって，成年とする」と規定される。また，第753条にて未成年者でも結婚によって成年と扱うと規定するなど，成人が大人としての権利能力が認めるものとなってきた。大人としての社会的責任と権利の市民法としての役割がある。なお，この条文は改正され，2022年から成人は18歳に引き下げられる。

① 授業のはじめに

参政権の根幹は，国民主権の実現です。参政権を規定する第15条は，憲法の第3章の人権前提に置かれています。また，憲法第47条では，選挙の仕方は法律に委任していることも理解が必要です。主権者を育てる憲法教育の基本を生徒に理解してもらい，実践の主体に育てましょう。

② 授業のすすめ方

（1）参政権の具体的な内容を正確に理解する

「正当に選挙された」代表を通して，私たちの政治，個人の尊重（憲法第13条）を実現することが憲法前文で語られ，「その権威は国民に由来」します。このことから，国民主権の実現は，参政権（選挙含む）によって行われることを授業の冒頭で確認します。

参政権の具体的内容には，第1に**公務員の選定罷免権**，第2に憲法改正の国民投票（第96条），第3に最高裁判所裁判官の**国民審査**（第79条）の3つがあります。第1は，公務員を「成年者による普通選挙を保障する」（第15条）とあります。すべての公務員を選挙できないので，地方公共団体の公務員の長を選挙し，その人事権で，国民，市民としての主権を行使します。国会議員から，内閣の多数のメンバーが選ばれるので，行政権も間接的に選んでいます。つまり，選挙を通じて，国家権力機関のメンバーを選び，「その福利は国民がこれを享受する」（憲法前文）としています。

成年という規定は，民法で法規定されており，従来は20歳でしたが，2022年から18歳に引き下げられます。また，公職選挙法の改正（2015年）によって，18歳に選挙権が付与されています。つまり，公務員を選定罷免できることは，日本国民に主権者としての実態を与える大切な権利なのです。

第2の，憲法改正の国民投票は，主権者として憲法自身の主人公として，最大の意思表示の場です。また，第3の最高裁判所裁判官の国民審査は，国民から直接選ばれない裁判官のリコール（罷免）を行うことで，選挙の代替の意味合いがあります。また，これは地方自治体の長や議会をリコール（罷免・解散）することといっしょです。次に，裁判官の任免権人事は，最高裁がもっているので，すべての裁判官のコントロールにつながっています。このことは，国民や生徒たちはほとんど知りません。そのため，国民による権力統制の必要性を理解をし，「権力をもつものを制約的な憲法によって拘束するのは，信頼ではなく猜疑に由来する」というアメリカのジェファーソンから，学ぶことが必要なのです。

（2）政治にかかわるリテラシーを育てる

模擬投票，模擬国民投票など，選挙制度をシミュレーションした授業が，選挙管理委員会や，若者（大学生）選挙啓発サークル，NPOと協力して行われています。依頼をして学校で授業をしてもらうのもよいでしょう。18歳選挙権により高校教育に主権者教育が導入されました。政治は私たちの生活を変え，税の使い方を託す議員を選ぶもので，参政権の発露です。

そのためには，政治的リテラシーを身につけることが大事になります。政治的リテラシーは，教員が特定の考えの良し悪しを授業するのでなく，生徒が，多角的多面的な思想・政党の主張の中から，自己の思想形成の自由を尊重されつつ，子どもの権利条約に基づく，意見表明権を獲得することがめざされます。多角的多面的資料から，多くの公論を自ら調べ，教員が資料提供もします。したがって，提供するメディア（新聞・テレビ映像・スマホの検索）特性についてのメディアリテラシーの教育も必要です。そのことによって，憲法を活用できる，政治の主人公に中高生を育てていくことが可能になるのです。

④ 授業でのワンポイントアドバイス

参政権は，判例学習として，一票の価値の平等さをめぐる国政選挙ごとの弁護士を中心とした裁判を授業で扱うこともできます。有権者（投票権利者）の拡大としての18歳選挙権までの歴史を教えるとともに，外国人の地方参政権・社会権の権利適用，在外邦人の選挙権などの判例も示します。法改正を，生徒に判例学習と制度改正への人権獲得の動向として教えることは，とても重要です。最近では，難民の地位に関する条約（通称，難民条約）に基づいて難民の権利も議論されています。このように参政権が与えられたものではなく，勝ち取られてきた側面と，その法改正を求め人権拡大を要望する市民が，憲法（裁判権）を活用して，新たな人権の地平をめざしています。

（杉浦真理）

▷4 憲法改正の国民投票については，本書第4章37参照。

▷5 ジェファーソン（Jefferson, Thomas）アメリカの第3代大統領で，アンチ・フェデラリストである。国家権力の中央集中を問題視し，地方自治が妨げならないように連邦主義者と対立した。アメリカ独立宣言を起草したメンバーの1人である。

▷6 模擬投票
主権者教育で脚光を浴びた選挙シミュレーション活動。投票をゴールに，政策（マニフェスト）学習をすることから政治的リテラシーを育み，投票とは何か，政治とは何か，また，社会の対立論点について学ぶことができる。

▷7 在外邦人の選挙権について，2005年まで比例代表制に限られていた国政選挙に最高裁の違憲判決が出た。2007年参議院選挙から在外邦人に投票できるようになった。このように，裁判によって，外国人の参政権，成年後見人の選挙権なども投票の権利拡大が争われてきた。

参考文献

市川正人・倉田原志（2012）『憲法入門』法律文化社。

総務省文部科学省全高校生配布副読本（2016）『私たちが拓く日本の未来』（文部科学省ウェブサイトからダウンロード可能）。

教育科学研究会（2016）『18歳選挙権時代の主権者教育を創る』新日本出版社。

28 請願権

〈授業のゴール〉
・生活を送る中で気になる事項について、希望や苦情、要望などを直接申し立てることが権利として認められていることを知る。
・申し立ての方法を実際に学び、主権者としての意識を高める。
・実際に請願や陳情を行い、まちづくりに直接参画する。

〈使用教材〉
・総務省・文部科学省（2015）『私たちが拓く日本の未来』。

① 授業のはじめに――かなり「無名」の請願権

「基本的人権を5分類せよ」との問いに、「ええーっと、自由権、社会権、平等権、参政権……あと、何だっけ？」と、暗記事項として扱われがちな請求権ですが、その具体はあまりよく知られていません。請求権の1つである請願権についても、言葉は聞いたことがあるものの、現実に引きつけての学習は難しく感じます。

18歳選挙権を機に総務・文科両省がつくった冊子『私たちが拓く日本の未来』にも「模擬請願」のページが1章ありますが、最近、あちこちで行われるようになった「模擬選挙」と比べ、なかなか実践例が聞こえてこないのが現状です。

▷1 総務省・文部科学省（2015）『私たちが拓く日本の未来』pp. 72-76。

② 授業のすすめ方――かなり「スグレモノ」の「模擬請願」

ところが実際にやってみると、「模擬請願」の大きなメリットに気づくことができます。とくに、「模擬選挙」実施時に指摘される以下の点をクリアできるのが、「模擬請願」なのです。

（1）国籍制限

日本以外の国籍をもつ生徒にどう伝えようか、と悩むことの多い「模擬選挙」に対して、「模擬請願」にはその心配はありません。そこに住む人すべてが等しくもつ権利です。

（2）年齢制限

選挙権年齢ばかりか成人年齢が変わろうと変わるまいと、請願は年齢にかかわらずだれもがもつ権利なのです。つまり、授業で行う「請願書づくり」は、議会事務局に実際に提出すると、「模擬」ではなくそのまま本物の請願や陳情となるのです。

③ 授業のすすめ方と指導計画——授業時間に応じて

A	B	学習者の活動	教師の指導
①	①	まちの「いいところ」「変えてほしいところ」を出し合おう。	個人でワークシートに書き込んだあと，4人グループになってそれぞれを出し合う。グループで「なるほど」と認め合った意見をピックアップする。
②		専門関連機関を見学，インタビュー。	単なる思いつきにならないよう，ピックアップした事項の参考になるような機関（市役所各課や警察署など）にアポを取り，インタビューを試みる。
③	②	請願書作成。	請願の形式で文章化する。定型はないが，『私たちが拓く日本の未来』（p. 75）に書き方例あり。
④		地元議員に見てもらおう。	『私たちが拓く日本の未来』には，「議会事務局を通して」とある（p. 76）が，地元の市会議員に電話をすると，親切に見てくださる。高校生自身が直接「授業で勉強しているので見てほしい」と電話をかけるのがコツ。
⑤	③	完成。請願内容報告会。	アドバイスをうかがって完成した案を発表，相互評価する。議員のほか，役所の方やまちづくりプランナーなどの専門家にも評価，アドバイスをいただこう。

注：A　みっちり自主課題つきコース，B　3時間授業内コンパクトコース。

④ 学びをさらに深めたい人に——高校生たちの請願実例

2016年の高校3年生たちが作成した請願は，
- 街の防災避難場所表示を日英中韓の4か国語で行う。
- 商業施設における駐輪場設置規定を罰則つきのものにする。
- 毎年の敬老の日ごとにお年寄りに「防災パック」を配布する。
- 「球技OKの公園」を各区に設置する。
- 高校生が行政の現状を学ぶときのワンストップ窓口を設置する。

の5本でした。国会議員，地方議員の方々や区役所の職員の方，大学の研究者の方相手に堂々とプレゼンを行った生徒たちに，大人たちも多方面の視点から，質問やアドバイスをくださいました。

その後，生徒たちの有志が，大阪市議会に対して請願，陳情のかたちで上記を実際に提出しました。生まれて初めて委員会傍聴を行ったTさん（3年生）は，「おもしろかった」を連発。「『模擬』で終わってたらここまで学べていない。社会とかかわった気になっていただけだと思う」との感想が印象的でした。

（佐藤　功）

第4章　さらに深める憲法学習

29 国会と憲法①
──帝国議会との比較──

〈授業のゴール〉
・帝国憲法下の議会と比較することによって，国民主権の下での国会の意義を理解する。
・日本国憲法の下で国会はどのような地位と権限を有するかを理解する。
・国会に対する興味と関心を高める。

〈使用教材〉
・大日本帝国憲法下の政治機構の図。
・日本国憲法下の政治機構の図。

▷1　制限選挙
大日本帝国憲法の下での臣民の衆議院への選挙権は，法律によって，一定額以上の直接国税を納める25歳以上の男性に限られていた。基準となる税額は，1889年には15円以上，1900年には10円以上，1919年には3円以上と緩和され，1925年には税額条件は撤廃された。しかし，女性の選挙権は最後まで認められることはなかった。

▷2　貴族院
貴族院は，皇族，世襲または互選により選出される華族の議員，天皇が任命する勅撰議員，各府県1名の多額納税者議員によって構成された。支配層の利益を代表する議院を設けて，公選（制限選挙）の衆議院を通じた民意の発現を阻止するねらいがあった。

▷3　帝国議会での立法権は二重の制約を受けていた。1つは，天皇の裁可が法律成立の絶対条件であったこと。もう1つは，緊急勅令や独立命令という形で，議会の関与しない立法のルートを広く認めていたこと。いずれも，立法権は天皇にあり，議会はそれに協賛す

１　授業のはじめに

次のような発問から入って，当時の状況を想像させましょう。
「君は帝国憲法下の臣民で，国政上の問題で何か要求があったとします。その要求を国政につなげる方法はあったでしょうか？」
答えが出ない場合には，大日本帝国憲法下の政治機構の図を見せます。帝国議会があったこと，臣民（国民）には帝国議会の衆議院への選挙権が認められていたことがわかります。ただし，当時の選挙権は普通選挙ではなく**制限選挙**であったことにも触れなければなりません。

２　帝国憲法における民意への壁

帝国憲法の下でも，民意を国政に反映する道がまったくなかったわけではありません。しかし，それは何重にもわたる厚い壁に阻まれていました。日本国憲法における国会の意義を理解するためにも，帝国憲法における民意への壁の厚さを確認しておきましょう。
生徒に発問をしながら，帝国憲法の下において民意の発現を阻むしくみを，次のように整理します。
・臣民（国民）を代表する衆議院は制限選挙であったこと
・衆議院と対等で民意をまったく反映しない**貴族院**があったこと
・帝国議会は国権の最高機関でも唯一の立法機関でもなかったこと
・帝国議会には内閣総理大臣の指名権も内閣不信任決議権もなかったこと
・**軍隊の統帥権**は天皇の権限とされて帝国議会は関与できなかったこと
端的にいえば，帝国議会は天皇による法律や予算の制定の際に事前に同意を与える協賛の機関にすぎなかったということです。
ここで，「国民の意思が政治に反映しないと，どういう結果になるでし

図4-4　ワークシート〔国会の地位と権限〕

国会の地位		国権の（1　）機関で国の唯一の（2　）機関（第41条）
立法関係	法律案の議決権	両議院の議決で（3　）を制定（第59条）
	憲法改正の発議権	各議院の総議員の（4　）以上の賛成で憲法改正を発議（第96条）
対行政	条約承認権	内閣が条約を締結するには事前または事後に国会の承認が必要（第73条）
	内閣総理大臣の指名権	国会議員の中から（5　）を指名（第67条）
	内閣不信任決議権	衆議院は内閣不信任決議案の可決や内閣信任決議案の否決ができる（第69条）
	予算の議決権	（6　）提出の予算案を議決（第86条）
	決算の審査権	歳入歳出の決算を審査（第90条）
	国政調査権	国政に関する調査を行い、証人の出頭・証言・記録の提出を要求できる（第62条）
対司法	弾劾裁判所の設置	裁判官の罷免を判断する弾劾裁判所を設置（第64条）

（答）　1　最高，2　立法，3　法律，4　3分の2，5　内閣総理大臣，6　内閣

ょうか？」と発問して，国民主権ではなかったことが戦前の重大な国策の誤りにつながったことを確認しておきます。

③ 日本国憲法における国会の地位と権限

　この戦前の反省に基づいて，日本国憲法では国民主権の原則が定められ，その中心的役割を担うものとして国会が位置づけられました。国会の地位と権限の学習では，ワークシート（図4-4）を用意して，まず生徒に作業させることから始めましょう。

　すでに戦前の帝国議会の学習をしているので，それとの比較で，日本国憲法下での国会の地位と権限のもつ意義についても理解しやすいでしょう。日本国憲法下の政治機構の図を見せながら強調したいのは，次の点です。

- 国会（衆議院・参議院）は完全な普通選挙で民意を代表すること
- 国会は**国権の最高機関**で唯一の立法機関であること
- 国会は内閣総理大臣の指名権と内閣不信任決議権（衆議院）をもつこと
- 国会は国政調査権をもつこと

　ただ，制度のしくみを学ぶだけでは国民主権の下での国会の意義を実感することにはならないでしょう。やはり，国会と自分の生活との関係を実感させるような身近な事例を取り上げる必要があります。たとえば，**高校授業料無償化法**の成立を紹介して，その意義を生徒に考えさせることができます。逆に，**労働者派遣法**の成立とその後の対象業務の拡大が勤労者の生活に及ぼした影響を考えさせることもできます。

（桑山俊昭）

▷4　軍隊の統帥権
帝国憲法では，陸海軍の作戦・用兵に関する事項は，天皇に直属する特別な権限とされていた。これが拡大解釈されて，軍隊に関する事項は議会も内閣も関与できない領域となって，軍部の独走を招く結果になった。

▷5　国権の最高機関
国権の最高機関というのは政治的美称であって，国会が内閣や裁判所よりも上位の機関という意味ではないというのが通説である。国会が国民によって直接選任されて，国民主権を体現する機関であるという権威を表現したものである。

▷6　高校授業料無償化法
正式名称は「高等学校等就学支援金の支給に関する法律」。公立高校の授業料を無償化し，国立・私立高校等の生徒には就学支援金を創設することを定めた法律で，2010年3月に成立した。これによって，2010年度から公立高校の授業料が廃止された。ただし，2013年11月の法律改正によって，2014年度入学生からは所得制限が導入されている。

▷7　労働者派遣法
正式名称は，「労働者派遣事業の適正な運営の確保及び派遣労働者の保護等に関する法律」。雇用者と使用者を異にする派遣労働は戦後禁止されていたが，1985年のこの法律によって公認された。その後の同法改正で対象業務の範囲が拡大され，現在ではほとんどの業務での活用が認められるに至っている。低賃金で不安定な雇用形態は勤労者の生活設計を難しくしている。

第4章 さらに深める憲法学習

30 国会と憲法②
——国会の現状と課題——

〈授業のゴール〉
・国民主権を実現するために，国会はどのような運営が求められているかを理解する。
・国会の現状を理解し課題を考える。

〈使用教材〉
・法律の成立過程の図。
・2017年の国会の動き（表4-7）。

▷1 共謀罪法案
「組織的な犯罪の処罰及び犯罪収益の規制等に関する法律」の改正案で，共謀罪法案とも呼称された。277もの犯罪について，計画と準備行為の段階から処罰の対象にするもの。何が犯罪となるかがわかりにくい，警察による日常的な情報収集が広がる，市民運動の萎縮につながるなどの批判が高まった。

▷2 与野党の委員会での質問時間の配分について，憲法にも国会法にも規定はない。近年は慣例で与党2野党8の配分で行われてきたが，2017年になって自民党が与党5野党5の割合に改めるよう要求した。加計問題などでの野党の質問を警戒したためといわれている。

▷3 自衛隊日報問題
南スーダン国連平和維持活動（PKO）へ派遣中の陸上自衛隊の日報（日々の活動記録）が隠蔽されたのではないかという疑惑が浮上した。現地が戦闘中であれば自衛隊は撤退を余儀なくされるので，それを避ける

① 授業のはじめに——この1年の国会の動きをウォッチしよう

2017年の国会の動きを表4-7にまとめました。新聞の縮刷版などで国会の記事を追えば，だれにも作成できます。この表を生徒に見せて若干の解説を加えてから，次のように発問します。少し難しい課題なので，班学習（班討論）にした方がよいかもしれません。

「この1年の国会の動きを見て，疑問に思ったこと，よくないと思ったことを出し合ってみよう。」
「次に，その問題点が憲法とどのように関係するかを考えてみよう。」

上記のように指示し，15分ほど時間をとったら，各班から出た意見を発

表4-7 2017年の国会の動き

1.20	通常国会召集（内閣は2017年度予算案，64の法案を提出）
2.1	衆議院予算委員会で2017年度予算案審議入り
2.17	衆議院予算委員会で同案可決，衆議院本会議でも可決（衆議院通過）
2.28	参議院予算委員会で2017年度予算案審議入り
3.27	参議院予算委員会で同案可決，参議院本会議でも可決（予算成立）
5.19	衆議院法務委員会で**共謀罪法案**[1]を強行採決（審議30時間）
5.24	衆議院本会議で同案可決（衆議院通過）
5～6月	参議院法務委員会で共謀罪法案を審議（18時間）
6.15	参議院本会議で同案を強行採決（成立，委員会採決を省略する手続き）
6.18	通常国会終了（予算案成立，内閣提出法案は63本成立，成立率95％）
6.22	野党が内閣に加計問題審議のための臨時国会召集を要求（憲法53条）
7月～	自民党が野党の質問時間[2]（委員会審議）の割合を減らすことを要求
9.28	臨時国会召集，冒頭で内閣が衆議院を解散
10.22	衆議院選挙で自民党・公明党が大勝
11.1	特別国会召集，内閣総理大臣に安倍晋三氏を指名，安倍内閣継続
12.9	特別国会終了
	この1年，自衛隊日報問題[3]，森友問題[4]，加計問題[5]で内閣は野党の追及を受ける

出所：筆者作成。

表してもらいます。口頭の発表を教員が板書してもよいし，黒板やパネルに書かせてもよいでしょう。

② 授業のすすめ方──国会の現状から問題点と課題を考える

生徒からは，次のような疑問点・問題点が出ることでしょう。
- なぜ国会ではよく強行採決が行われるのか。与野党が納得するまで話し合えないのだろうか。採決の仕方まで憲法には書いてない。
- なぜ内閣は野党からの臨時国会召集の要求に応じなかったのか。憲法第53条に召集の期限は書いてないけれど，明記した方がよいかもしれない。
- なぜ内閣は臨時国会で審議もしないまま衆議院を解散したのか。解散についての憲法の決まりはよくわからない。
- なぜ与党は野党の質問時間を減らそうとしたのか。内閣が野党の質問にしっかり答えてから採決するべきだと思う。

解散についての憲法の規定などの難しい問題については，教師から解説します。全体として，国会が国民にとってわかりやすい議論の場になっていないという問題点が浮かび上がってきます。

③ どんな国会が求められるのか

実は，国会に対する国民の批判には，時代による変化もあります。与野党の「なれ合い国会」が批判されたり，与党が参議院の多数派ではない（「ねじれ国会」）時期には「決められない政治」批判が高まったこともあります。近年は，内閣に支配される国会が批判の的になっています。

ここでは，そういう時代の変化を越えて，「どんな国会が求められているか」を生徒と考えて，学習のまとめにします。
- 国民主権の下での国会は，国民の多様な意見を反映したものでなければならないこと。
- 与党にも野党にも，国民に国会の審議を通して国政の争点を明らかにする責任があること。
- 与野党間の駆け引きや数の勝負によるのではなく，慎重で深い審議（熟議）を通して合意をつくりあげる努力が求められること。

④ 学びをさらに深めたい人に

1年の2分の1以上は国会が開かれており，重要問題の審議の模様はテレビで中継され，後ほどインターネットで見ることもできます。国会審議の実際をウォッチすることこそが生きた勉強となります。

（桑山俊昭）

ために，現地の状況を記した日報が隠されたのではないかと疑われた。

▷4　森友問題
大阪府にある学校法人「森友学園」への国有地売却で大幅な値引きが行われた背景に，政治家の関与があるのではないかと問題になった事件。安倍首相夫人が一時名誉校長に就任したことから，首相夫妻の関与の有無が国会で問われた。

▷5　加計問題
学校法人「加計学園」による愛媛県今治市での獣医学部新設が，国家戦略特区での事業として認められたのは，学園理事長が安倍首相の長年の友人であることによる優遇ではないかと疑われた。

▷6　解散についての憲法の規定は第7条第3項と第69条にあるが，内閣の解散権を明示したものではない。ただ，第7条第3項によって解散権が内閣に属するとの解釈から，これまで慣例として内閣総理大臣の判断で解散権が行使されてきた。ただ，内閣の一方的な都合や党利党略による解散までが認められるわけではない。

参考文献
芦部信喜・高橋和之補訂（2015）『憲法（第6版）』岩波書店。

杉原泰雄・只野雅人（2007）『憲法と議会制度』法律文化社。

大山礼子（2011）『日本の国会──審議する立法府へ』岩波書店。

第4章 さらに深める憲法学習

31 内閣と憲法①
——内閣はどんな仕事をするのか——

〈授業のゴール〉
・政府の役割の増大によって，行政の機能の拡大する行政国家化が進行していることを理解する。
・日本国憲法の下で内閣はどのような地位と権限を有するかを理解する。
・内閣に対する興味と関心を高める。

〈使用教材〉
・日本国憲法下の政治機構の図。
・内閣の権限と国会・裁判所との関係の図。

▷1 夜警国家
18・19世紀の自由主義的な考え方によれば，国家は経済や国民生活に介入せず，防衛や治安維持などの必要最小限の役割を果たせばよいとされた。このような国家のあり方を，ドイツの政治学者ラッサール（1825〜64）は批判的な立場から「夜警国家」と名づけた。

▷2 福祉国家
18・19世紀の夜警国家の下での自由放任経済は，深刻な労働問題や貧困問題を引き起こした。この問題への対策として，20世紀の国家は，景気対策や教育や社会保障などの分野でも役割を果たすことが求められるようになった。このように国民福祉の向上を目的とする国家を福祉国家という。

▷3 政令
法律の範囲内で内閣が制定する命令のこと。なお，各省大臣が制定する命令を省

① 授業のはじめに

次のような発問から入ってみましょう。
「次の事項は国会の権限ですか，内閣の権限ですか？ (1)最低賃金の基準額を決める，(2)生活保護（生活扶助・住宅扶助など）の基準額を決める，(3)環境規制の基準値を決める」。

答えは，(1)(2)(3)とも内閣の権限です。つまり，基本的な理念や制度は国会が法律で定めますが，制度の具体的な中身を決めて実施に当たるのは行政です。(1)(2)(3)とも，基準額・基準値によって，施策の中身と国民生活への影響が変わってきます。内閣は国会が制定した法律をそのまま実施するだけだと誤解している生徒もいるので，注意したいところです。

② 授業のすすめ方——行政国家化の進行

現代では，どの国でも行政国家化が進んでいます。行政国家化とは，三権の中で行政権の役割の比重が高くなることをいいます。歴史的背景としては，夜警国家から福祉国家への移行がありますが，これには深入りせず，具体的事例で理解できるようにした方がよいでしょう。導入の事例に加えて，行政は私たちの一生や日常生活に深くかかわること，行政は三権の中で最も大きな組織と人員を擁することなどを，発問によって確認していきます。

③ 指導計画——日本国憲法における内閣の地位と権限

内閣の地位と権限の学習では，ワークシート（図4-5）を用意して，まず生徒に作業させることから始めたらどうでしょうか。日本国憲法下の政治機構の図，内閣の権限と国会・裁判所との関係の図も参照させます。

ワークシートを完成した後で，ここで強調したいのは，次の点です。

図4-5　ワークシート〔内閣の地位と権限〕

内閣の地位	国の行政機関（第65条）
行政関係	（1　）を執行し国務を総理する（第73条） 外交関係を処理する（第73条） 条約を締結する（第73条） 予算を作成して（2　）に提出する（第73条） 憲法や法律の規定を実施するために政令を制定する（第73条）
対天皇	天皇の（3　）に助言と承認を行い、責任を負う（第3条、第7条）
対立法	臨時国会を召集できる（第53条） 内閣不信任決議案可決または内閣信任決議案否決の場合に（4　）を解散できる（第69条）
対司法	最高裁判所長官は（5　）が指名し天皇が任命する（第6条） 長官以外の最高裁判所裁判官は内閣が任命する（第79条） 下級裁判所の裁判官は最高裁で指名し内閣が任命する（第80条）

（答）　1　法律　2　国会　3　国事行為　4　衆議院　5　内閣

・国会と内閣との関係について、議院内閣制を採用していること。内閣は国会（国民の代表機関）の信任を根拠に成立し、国会に対して連帯責任を負うという関係である。

・内閣のもつ行政権は内政と外交の広い範囲に及ぶこと。一般行政事務、法律の執行、外交関係の処理、条約の締結、予算の作成と国会への提出、政令の制定、恩赦の決定、天皇の国事行為への助言と承認、裁判官の任命など。

・内閣の中で内閣総理大臣の権限が突出していること。内閣総理大臣は各国務大臣の任命・罷免の権限をもち、内閣の首長として行政各部を指揮監督する権限をもつ。内閣総理大臣が国会（国民の代表機関）から選出されることが、その根拠になっている。

④ 授業の最後に

最後に、「日本国憲法は国民主権を基本原理としています。この国民主権の原理にてらして、内閣（行政権）の最も大きな問題点・課題は何だと思いますか？」といった発問をします。少し難しい発問ですが、日本国憲法下の政治機構の図を参考にするよう指示すると、案外答えが返ってきます。

国会（立法権）には国民による直接選挙という機会があり、裁判所（司法権）には不十分ながら**最高裁判所裁判官の国民審査**の制度があります。これに対して、内閣（行政権）を国民が直接チェックする機会や制度は備わっていません。内閣については、国会を通して間接的にしか国民主権の原理が作用しないようになっているのです。このことから、内閣が国民の意思から離れて独走することのないように、国会・政党（与党・野党）・マスメディア・国民世論などの役割が重要であることを指摘します。

（桑山俊昭）

令という。今日の国家は、いろいろな分野で技術的・専門的な施策を行う必要があり、それらをすべて法律で定めることは困難なため、法律の委任した事項については内閣が詳細を定めるようになっている。憲法第73条がその根拠とされる。

▷4　裁判官の任命
正確には次の通りである。最高裁判所長官は内閣の指名に基づいて天皇が任命し、その他の最高裁判所裁判官は内閣が任命する。下級裁判所の裁判官は、最高裁判所の指名した名簿によって内閣が任命する（憲法第6条第2項、第79条第1項、第80条第1項）。

▷5　最高裁判所裁判官の国民審査
最高裁判所の裁判官は、その任命後初めて行われる衆議院議員選挙の際に、その後は10年を経過した後初めて行われる衆議院議員選挙の際ごとに、国民の審査を受ける。投票は、罷免を可とする場合にのみ×を投票用紙に記載し、罷免を可としない場合には何も記載しない方式で行われ、前者の票数が後者の票数を上回った場合に、当該の裁判官は罷免される。これまで、この国民審査で罷免された裁判官は一人も出ていない。

参考文献
芦部信喜・高橋和之補訂（2015）『憲法（第6版）』岩波書店。
手島孝・中川剛（1992）『憲法と行政権』法律文化社。
伊藤正次・出雲明子・手塚洋輔（2016）『はじめての行政学』有斐閣。

第4章　さらに深める憲法学習

32 内閣と憲法②
——国会と内閣はどちらが強いか——

〈授業のゴール〉
・国会と内閣ではどちらの力が強いかを根拠を示しながら考える。
・議院内閣制では内閣優位になりやすいことを理解し、対策を考える。

▷1　国政調査権
衆議院・参議院とも、国政上の諸問題を究明することを目的に、証人の出頭・証言や記録の提出を求めることができる。立法・行政・司法のすべての範囲を対象にすることができるとされている。特に、国会は内閣の行政権をチェックする役割を期待されているが、議会で多数を占める与党が消極的な場合には、この権限の行使が制約されることになる。

▷2　内閣不信任決議権
衆議院は、内閣不信任決議案または内閣信任決議案の採決を行うことができる。前者が可決または後者が否決された場合、内閣は、総辞職をするか、10日以内に衆議院を解散するか、どちらかを選択をしなければならない。内閣は議会の信任によって成立するという議院内閣制に基づく衆議院の権限であり、議会が内閣をチェックする制度の一つとなっている。

① 授業の前に

この授業は当日いきなりの実施では難しいので、予習課題を出しておきます。「国会（立法権）と内閣（行政権）はどちらが強いか」というのが問題です。教科書と関係する憲法の条文を参照するよう指示します。

課題の出し方をひとひねりして、次のようにします。
(1) 国会であるという仮説に立った場合の根拠
(2) 内閣であるという仮説に立った場合の根拠
(3) 私の意見（1・2をふまえて自分自身の見解）

生徒は両者の立場を経験してから自分の意見を形成するので、問題を多角的に検討することができるはずです。

② 生徒の意見発表と根拠の整理

さて、生徒はどちらの力が強いと判定したでしょうか。予測は困難ですが、筆者の経験では国会と答える生徒の方が多いようです。「国会は国権の最高機関」という憲法条文（第41条）の印象効果は絶大です。

授業では、国会説と内閣説のそれぞれを支持する生徒からその根拠（理由）を発表してもらいます。余裕があれば、事前に課題を集めて、教員の方で生徒の意見をプリントにまとめておくことも可能です。国会説と内閣説のそれぞれの根拠は、おおよそ次のように整理できます。

【国会説の根拠】
・国権の最高機関と憲法が規定している（第41条）。
・法律の制定、予算の議決、条約の承認という国政上の重要な権限をもつ（第41条、第60条、第61条、第86条）。
・主権者国民が直接選出し、国民の意思を直接に反映する機関だから
・内閣も裁判所も人事の根源は国会にあるから（国会→内閣→裁判所）。
・幅広い**国政調査権**をもつ（第62条）。
・衆議院は**内閣不信任決議権**をもつ（第69条）。

【内閣説の根拠】

- 国政の基本方針を作成する（例：経済財政運営と改革の基本方針▷3，防衛計画の大綱▷4，エネルギー基本計画▷5など）。
- 法律案や予算案を作成する権限をもつ（第72条，第73条）。
- 国政を日常的に運営するのは内閣である（国会は議論と決定のみで常時開いているわけでない）。
- 政令・省令・規則を制定する権限をもつ（第73条）（法律で大枠を決め，詳細は行政に委ねるシステムがとられている）。
- 外交権をもつのは内閣だけである（第73条）。
- 衆議院の解散権をもつ（第7条第3項）。

③ 討論

双方の根拠を確認したところで，討論に入ります。討論といっても大袈裟なものではなく，それぞれが相手側に質問を出し合うというものです。あまり出ない場合には，教員が助言をしても構いません。

【国会説への質問】

- 国権の最高機関というけれど，どういう特別な権限があるのか。
- 法律も予算も条約も，国会は内閣の出したものを承認するだけでないのか。
- 法律も予算も条約承認も，与党が国会の多数派だから，ほとんどの場合成立するのではないか。
- 内閣不信任決議は与党が多数派だから成立しないのではないか。

討論をすると気がつくのは，内閣説への質問がほとんど出せないことです。国会説の根拠がかなり建前的・形式的であるのに対して，内閣説の根拠は実効性が高く説得力のあるものばかりです。

討論の後で，もう一度生徒の意見を聞いてみましょう。支持は逆転して，内閣説が多数になるはずです。議会の多数派と内閣が同一政党になることから，議院内閣制は内閣優位になりやすい▷6ことを説明します。

④ 授業の最後に

民主政治は，特定の勢力や個人が権力を独占しないように，権力分立を原理にしています。そこで最後に，少し難しい課題を出します。絶対の正解はありません。

「強い内閣を抑制して，権力分立を機能させるにはどうしたらよいでしょうか。国会，裁判所，与党，野党，地方自治体，マスメディア，国民のそれぞれの立場から考えてみましょう。」

（桑山俊昭）

▷3　**経済財政運営と改革の基本方針**
国の財政・経済の基本方針で，「骨太の方針」とも呼ばれる。2001年に小泉純一郎政権が策定を始めた。経済財政諮問会議（首相が議長）でまとめて閣議決定する。この基本方針に基づいて予算編成を行うことにより，予算編成を官僚主導から内閣主導に改めることをめざした。

▷4　**防衛計画の大綱**
国の安全保障政策の中長期的な基本方針で，国家安全保障会議を経て閣議決定される。この基本方針に基づいて，5年ごとの具体的な防衛政策や装備のあり方を策定したものが中期防衛力整備計画である。

▷5　**エネルギー基本計画**
国のエネルギー政策の中長期的な基本計画で，エネルギー政策基本法によって政府が策定することを義務づけられた。ほぼ3年ごとに見直すことになっている。2011年の福島原発事故以来，原子力発電の比率をどうするかが焦点となっている。

▷6　議院内閣制が内閣優位になるには，いくつかの条件が必要である。衆議院・参議院とも与党が過半数の議席を確保すること（与党が参議院の過半数を失うと，国会運営が苦しくなる）。首相が与党内部で安定した指導権を掌握すること（与党内部の指導権を失うと，不安定な政権になる）。

第4章　さらに深める憲法学習

33　裁判所と憲法①
――裁判のしくみ――

〈授業のゴール〉
・裁判の意義や裁判のしくみについて関心をもつ。
・裁判が慎重に行われるためのしくみや公平に行われるために制度について考える。
・最高裁判所が「憲法の番人」といわれる意味について理解する。

〈使用教材〉
・裁判（法廷）の図…民事裁判・刑事裁判。
・法曹三者のバッジの図（写真）。
・最高裁判所と最寄りの裁判所（地方裁判所・簡易裁判所など）の写真。

① 授業のはじめに

　テレビでは「犯人が逮捕された」というニュースがよく流れます。では、犯人が逮捕されたのになぜ裁判をする必要があるのでしょうかと、生徒に問うところから裁判の意義を考えさせます。
　生徒の感覚では、裁判は犯人を「懲役何年にする」というような判断をする役割と捉えているのではないでしょうか。逮捕された、報道された人が犯人でないことがある、ということは生徒には想像しにくいかもしれません。生徒の認識を揺さぶるという意味で、逮捕された人が実は「無実」とわかったらどうなるでしょうかと問うてみましょう。この「無実かもしれない」という不確かさから、裁判を慎重に行おうというのが、裁判の大切な役割だとわかります。

② 授業のすすめ方

　裁判所は生徒にとって興味や関心があっても、遠い存在です。まず裁判についてどのくらい知っているのか、ニュースやドラマなどで見聞きしたことがあるかを確認することから始めましょう。

③ 指導計画（2時間構成）

	学習内容	学習活動	指導上の留意事項
導入	裁判	発問：「今日は裁判所の学習します。裁判所は裁判をするところですが、裁判について知っていることはどんなことですか。」	裁判について知っていることを出させる。

▷1　それぞれ、日本弁護士連合会「弁護士の記章（バッジ）について」（https://www.nichibenren.or.jp/jfba_info/lawyer/bodge.html, 2019.2.19）、検察庁「Q&Aコーナー」（http://www.kensatsu.go.jp/qa/qa5.htm, 2019.2.19）に示されている。裁判所職員のバッジについては、裁判所「裁判所ナビ」（http://www.courts.go.jp/vcms_lf/H30navi.pdf, 2019.2.19）がわかりやすい。

33 裁判所と憲法①

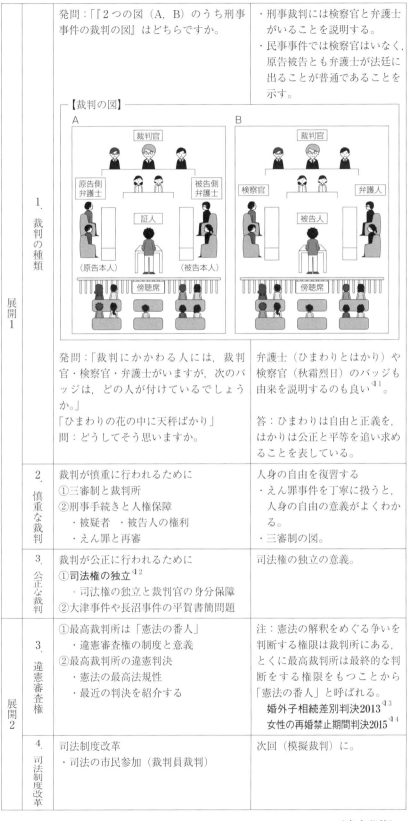

展開1	1. 裁判の種類	発問：「『2つの図（A, B）のうち刑事事件の裁判の図』はどちらですか。	・刑事裁判には検察官と弁護士がいることを説明する。 ・民事事件では検察官はいなく、原告被告とも弁護士が法廷に出ることが普通であることを示す。
		【裁判の図】 A／B	
		発問：「裁判にかかわる人には，裁判官・検察官・弁護士がいますが，次のバッジは，どの人が付けているでしょうか。」 「ひまわりの花の中に天秤ばかり」 問：どうしてそう思いますか。	弁護士（ひまわりとはかり）や検察官（秋霜烈日）のバッジも由来を説明するのも良い▷1。 答：ひまわりは自由と正義を，はかりは公正と平等を追い求めることを表している。
	2. 慎重な裁判	裁判が慎重に行われるために ①三審制と裁判所 ②刑事手続きと人権保障 ・被疑者・被告人の権利 ・えん罪と再審	人身の自由を復習する ・えん罪事件を丁寧に扱うと，人身の自由の意義がよくわかる。 ・三審制の図。
	3. 公正な裁判	裁判が公正に行われるために ①司法権の独立▷2 ・司法権の独立と裁判官の身分保障 ②大津事件や長沼事件の平賀書簡問題	司法権の独立の意義。
展開2	3. 違憲審査権	①最高裁判所は「憲法の番人」 ・違憲審査権の制度と意義 ②最高裁判所の違憲判決 ・憲法の最高法規性 ・最近の判決を紹介する	注：憲法の解釈をめぐる争いを判断する権限は裁判所にあり，とくに最高裁判所は最終的な判断をする権限をもつことから「憲法の番人」と呼ばれる。 婚外子相続差別判決2013▷3 女性の再婚禁止期間判決2015▷4
	4. 司法制度改革	司法制度改革 ・司法の市民参加（裁判員裁判）	次回（模擬裁判）に。

（斎木英範）

▷2 司法権の独立
裁判や裁判官が他の権力から干渉や圧力を受けてはならないという原則。内閣との関係では大津事件，国会との関係では浦和事件，裁判所内部との関係では長沼事件の平賀書簡問題が代表的な事例。

▷3 婚外子相続差別判決
結婚していない男女間に生まれた婚外子（非嫡出子）の相続分を法律婚の子（嫡出子）の半分とする民法の規定を巡る裁判で，最高裁判所大法廷は，「法の下の平等」を定めた憲法に違反し無効だとする判断をした（最大決平成25年9月4日）。

▷4 女性の再婚禁止期間判決
女性は離婚した後や結婚を取り消した後，半年間再婚できないとする民法の規定を巡る裁判で，最高裁判所大法廷は，100日を超える部分については「法の下の平等」を定めた憲法に違反するとの判断をした（最大判平成27年12月16日）。

参考文献

後藤昭（2006）『新版 わたしたちと裁判』岩波書店。

NHK for School 10minボックス公民「裁判所」(http://www.nhk.or.jp/syakai/10min_koumin/，2019. 2. 19)。

上田健介・尾形健・片桐直人（2016）『憲法判例50！』有斐閣。

夏樹静子（2012）『裁判百年史ものがたり』文藝春秋。

吉村昭（1996）『ニコライ遭難』新潮社。

34 裁判所と憲法②
――裁判員制度――

〈授業のゴール〉
- 模擬裁判を通して司法や裁判員制度についての関心を高め，裁判の役割を理解する。
- 個々の事実を正確に把握して，その事実に基づいて自分の考えを適切に表現する。
- 班での討論などを通して，自分とは異なる意見を聞き，事実を多面的・多角的に考察し，公正に判断する力を養う。

〈使用教材〉
- 模擬裁判のシナリオ（法務省）など（▷1①参照）。
- 最高裁判所（2017.10）「裁判員制度ナビゲーション（改訂版）」。

① 授業のはじめに

裁判を身近なものとして生徒が経験できる取り組みとして，「模擬裁判」の実践があります。社会科の授業だけでなく，総合的な学習の時間を活用して全校的に模擬裁判の実践をしている学校も少なくありません。

② 授業のすすめ方

模擬裁判をするには，いくつかの方法があります。第1に，裁判員裁判をロールプレイ（役割分担）で演じる方法。第2に，事件のビデオを見て，班ごとに検討する方法です。どちらも，最後は，事件（事実）を班ごとに検討して，有罪か無罪かを議論します。筆者は授業準備や配当時間の都合で，第2の方法で授業することが多いです。

③ 指導計画（2時間構成）

	学習内容	学習活動	指導上の留意事項
導入	裁判員とは	①裁判員制度の説明 ②裁判員の心得＝刑事裁判の原則 ・疑わしきは被告人の利益に ・推定無罪の原則 ・証拠裁判主義	・裁判員制度のしくみ ・刑事裁判の原則 　人身の自由の復習
展開	裁判員を経験しよう	【人身の自由】を確認する 問：「憲法には，犯罪を犯した人でも守られると書いてありますが，なぜでしょうか」 ・人身の自由の規定の意義を確認する 理由：①昔は拷問による自白の強要がおこなわれた反省，②無実の罪（えん罪）を防ぐため	＊えん罪の例…免田事件，足利事件，袴田事件などを紹介する

▷1 模擬裁判のシナリオは様々な研究会が作成しているが，以下のものが手に入りやすい。その他，インターネットなどで検索すれば，参考になる実践例を見つけることができる。
① 法務省裁判員制度コーナー「よろしく裁判員」（強盗傷害事件）(http://www.moj.go.jp/keiji1/saibanin_info_saibanin_kyozai.html, 2019. 2. 19)。

展開	裁判員を経験しよう	【模擬裁判】裁判員を経験しよう シナリオを読む▷1	・DVDがあるものを選んで視聴するとよい。 ・時間がとれれば、役を演じる。ロールプレイもよい。 ・事実をしっかり確認すること。
	評議・評決	【班の活動】 ①事件の事実や争点の確認 ②評議…有罪か無罪かを判断 ③各班の発表	・事実に基づいた判断を心がける。 ・有罪か無罪かの決定（量刑については判断しない）。 ・意見がまとまらない時は多数決。
	まとめ	問：あなたは裁判員に選ばれたら、どのように感じると思いますか？ 　予想される生徒の意見 　・やってみたい 　・人を裁くのはいや、やりたくない 　・参加した人たちの感想を紹介します。 「最高裁」P55＝充実感が大きい 　・あなたが裁判員に選ばれるとしたら、どのようなことに気をつけますか？	・時間があれば、裁判員制度の課題についても触れる。 　時間の負担…5日前後 　精神的負担…特に死刑判決 ＊データは最高裁冊子▷2 辞退者の増加

④ 学びを深めるために——裁判傍聴のすすめ

模擬裁判をするには、裁判の実際を知っていることが不可欠です。裁判は公正・公平を保つため、原則として公開されています。裁判所に行けばいつでも傍聴できます。法学部出身なら裁判の傍聴の機会があったと思いますが、そもそも裁判を見たことがないという人は、長期休暇中や学校の代休日などを利用して、裁判の傍聴を経験してみましょう。

刑事事件の第一審の第一回公判は人定質問（本人確認）や起訴状朗読などから始まるので、裁判の流れがよくわかります。裁判員裁判ならなおよいです。とはいえ、初めてのときには敷居が高いでしょう。仮に裁判を傍聴できたとしても、どこに注目すればよいかはわからないかもしれません。最初は経験のある先輩教員と行くのがよいでしょう（たとえば、覚醒剤事件では1回で結審して、刑事裁判の流れが理解できるような例もあります）。なお民事事件は書面中心で、裁判の流れや争点がわかりにくいので、低学年にはすすめられません。

学校や社会科の取り組みとして、生徒を引率して傍聴すると、裁判所の係の方が裁判の解説をしてくれることもあります。閉廷後に裁判官から生徒に質問の機会をいただいたこともあります。最寄りの地方裁判所や弁護士会に相談してみるとよいでしょう。

（斎木英範）

教材（シナリオ、証拠など）、指導案、参考資料などがそろっているので、そのまま使える。
② 検察庁「模擬裁判をやってみよう」（「なかよし村金貨強奪事件」）検察庁の広報まで問い合わせるとよい。
検察官が出張授業でするために作製された中学生向け教材で（2時間の通常版と1時間の短縮版）、教材、指導案、ワークシートなどもそろっている。
③ 各地の弁護士会では、模擬裁判の教材を作成・提供しているので、問い合わせてみるとよい。
大阪弁護士会法教育委員会」PCゲーム「ゲームで裁判員！ スイートホーム炎上事件」(http://www.osakaben.or.jp/web/saibangame/, 2019.2.19)
④ 裁判員ネット「授業で使える模擬裁判DVD」（強盗傷害事件）(http://saibanin.net/updatearea/news/archives/2471, 2019.2.19) DVDを購入できる。
⑤ その他、裁判員制度に関するDVD・ビデオなどの視聴覚教材もたくさんある。
※ DVDの貸し出しもしてもらえる（地方裁判所の総務課に問い合わせる）。

▷2 最高裁判所（2018）『裁判員制度ナビゲーション（改訂版）』。

参考文献
後藤昭（2006）「裁判所へ行ってみよう」『新版 わたしたちと裁判』岩波書店。

第4章 さらに深める憲法学習

35 地方自治と憲法

〈授業のゴール〉
- 地方自治が「民主主義」実現に果たす役割について考え、地方自治の意義を理解する。
- 地方自治の組織と権限について理解し、行政事務と財政の課題を中心に考える。
- 地方の課題と住民参加の意義について考える。

〈使用教材〉
- 市や県の広報誌や市役所の写真。

▷1 高校生や住民の地域参加については、以下のものが参考になる。
- 全国高校生マイプロジェクト（2018）「高校生による地域や社会のためのプロジェクト活動」（www.//myprojects.jp/, 2019.2.19）。
- 宮下与兵衛編著（2014）『地域を変える高校生たち』かもがわ出版。
- 山崎亮（2016）『縮充する日本——「参加」が創り出す人口減少社会の希望』PHP研究所。

参考文献
村林守（2016）『地方自治の仕組みがわかる本』岩波書店。
NHK for School クリップ 10min 公民「地方自治」「地方公共団体の役割」（http://nkh.or.jp/syakai/10min_koumin/, 2019.2.1)。
全国小さくても輝く自治体フォーラムの会・自治体問題研究所（2014）『小さ

① 授業のはじめに——地方自治は民主主義の学校

「生きる」という黒澤明の映画があります。万事お役所仕事の市民課長が余命宣告を受けて、自分が生きた証を残したいと考え、たらい回しをしてきた住民の陳情のあった公園を作るというストーリーです。公務員を主人公にした映画ですが、住民が自分たちの願いを実現するという視点で見ると、地方自治のヒントが見えてくるかもしれません。

「地方自治は民主主義の学校である」（J.ブライス）といわれます。私たちは、身近な地域での自治を積み重ねて、民主政治を運営していく能力や方法を身につけていきます。とくに、今日、国レベルの画一的な政策では住民の必要がうまく満たせなくなり、地域ごとの多様なニーズに見合ったサービスが求められ、地方自治の役割はますます重要になっています。

② 授業のすすめ方

地方自治の分野は、公民分野の学習の中でも、生徒にとっては最も身近な分野のひとつです。授業では、地域の特色を活かした教材を発掘して、様々な展開ができそうです。教科書に沿った授業展開の中で、地域の問題を1時間か2時間程度で、アクティブラーニングを取り入れた授業を考えてみましょう。生徒の関心・意欲を高める授業が展開できそうです。

③ 授業のワンポイント・アドバイス

学校所在地の市町村で、行政が特に取り組んでいる施策を調べたり、役所の案内図や部署の写真を撮って、何の仕事をする係か考えさせるのもよいでしょう。他の市町村にはない名前の部署があるかもしれません。これらに事前に取り組んでから授業を行うと、生徒が地方行政をより身近に感じられるでしょう。

④ 指導計画（2時間構成）

	学習内容	学習活動	指導上の留意事項
導入	地方自治とは	①発問：地方公共団体（市役所）はどんな仕事をしている？ 自由に発言させて，黒板に記録 →広報誌を示して自治体の仕事を紹介 ②地方自治の本旨とは	＊席は班活動のかたちで始める。 ①市役所の「課」を紹介してもよい ②【教科書で確認】 自分たちの地域の政治を，住民自らの手でおこなう仕組みであること（団体自治と住民自治）。
展開①	ワークショップ①	①私のまちづくり案 ・自分たちの要望を考え，実現しよう 1. 発問：「日常の生活で「これは不便だなあ，こうすれば住みやすくなるのに…」と役所に要望したいことはありませんか」 2. 発問：「ではそのことを実現しようとすればどうすればいいですか」 生徒の予想：市長さんに手紙，役所にお願いに行く，議員さんに電話する，署名を集めるなどが出るとよい。 3. 発問：「要望を実現する方法は？」 ・応援する議員を選ぶ（憲法第93条第2項 間接民主制） ・請願（憲法第16条） ・直接請求（地方自治法）（直接民主制） ・住民投票条例	班活動（バズセッション） ・カードに気づいたことをたくさん出させる。 ・次に分野ごとに分類する。 署名活動，請願，陳情など様々な方法があることを伝える。 ・直接請求制度を【教科書で確認】 ・住民投票条例の具体例を紹介する。
展開②	ワークショップ②	②地域の活性化と住民参加 1. 発問：「①の問題の中で，役所にお願いするのではなく，実際に住民が活動することで解決できるものはないでしょうか」 →班討論・発表 2. 発問：インターネットで，まちづくりや地域の活性化に取り組んでいる人たち，高校生・中学生の例を探そう。 →各班で調べて，気になった事例を発表	自治体に要望するのではなく，自治体と協力しながら，住民参加で実現する取り組みを考える。 ・インターネットを使って調べる。 ・高校生の社会参加の例 「地域おこし 高校生」で検索。
まとめ	ふりかえり	「地方自治は民主主義の学校である」（ブライス） ・地方自治が住民にとって身近な生活の場である ・住民が要求を実現する取り組みの過程が民主主義そのものである	
	次回予告	地方自治の課題 　住民がニーズを実現しようとするときに地方自治制度の課題となる点を考える	・事務「自治事務と法定受託事務」 ・財源「三割自治」 ・広域行政や市町村合併

⑤ 学びをさらに深めたい人に

　自分たちの願いを，役所に出す取り組み（要望書を作成して担当部局に届ける）などの取り組み，まちづくりや地方活性化に取り組んでいる人をゲストとして教室に迎える取り組みなどが，生徒の関心や意欲をより高めることにつながります。そのためには，教師自身が日常的に地域に関心をもち，アンテナを貼っておく必要があるでしょう。

（斎木英範）

い自治体　輝く自治』自治体研究社。

　総務省「地域力の創造・地方の再生」（http://www.soum.go.jp/main_sosiki/jichi_gyousei//c-gyousei/index.html, 2019.2.19）。

　自治体通信「ONLINE」（http://www.jt-tsushin.jp/, 2019.2.19）。

36 財 政

第4章 さらに深める憲法学習

〈授業のゴール〉
- 憲法に財政が書かれているのはなぜか説明できる。
- 財政の適正な運営とはどうあるべきか考察できる。
- 税金の課され方や使われ方について関心を高める。

〈使用教材〉
- 「マグナ・カルタ」条文（抜粋）。
- 会計検査院の検査について取り上げた新聞記事。

▷1 財政には、資金を公共財に配分する「資源配分機能」、所得によって課税に差をつけて格差をやわらげる「所得再分配機能」、不況時に減税するなどして景気を安定させる「景気の安定化機能」の3つの機能がある。

▷2 近年は、歳入のうち国債（借金）に依存する割合が高くなっている。借金の残高が増えれば将来の税収から返済にあてなければならず、その分、必要な支出に税収をあてられないという課題が生じる。

▷3 マグナ・カルタ（大憲章）
1215年、イギリスのジョン王の専制支配に貴族たちが団結し、不当な逮捕の制限や恣意的な課税の禁止などを王に認めさせた文書。単一の憲法典をもたないイギリスでは、現在も一部の条文が有効である。本書第4章2も参照。

① 授業のはじめに——憲法に財政が書かれているのはなぜ？

高等学校公民科では、財政については、主に経済分野で学習します。その内容は、財政の役割、資源配分・所得再分配・景気の安定化といった財政の機能、国の歳入と歳出の内訳、国債依存などの財政の課題、日本の税制のあり方などが中心です。ですから、憲法学習の本に財政の項目があるのを、不思議に思う人もいるかもしれません。

しかし、日本国憲法には、財政についてとくに1章が設けられています（第7章、第83条～第91条）。そして、財政に関する様々な内容を「国会が管理する」ように定めています。どうして憲法の中にわざわざ1章を立てて、財政について定める必要があるのでしょう。

② 授業のすすめ方——歴史から考えよう

その答えを、歴史をひも解いて考えてみましょう。実は、憲法や立憲政治の歴史は、国の歳入と歳出を、一部の権力者のほしいままにさせないようにするところから出発したといってもよいのです。憲法の出発点ともいわれるイギリスのマグナ・カルタは、貴族たちが、国王に対して、恣意的な課税をしないことを認めさせた文書です。また、独立前のアメリカでは、イギリス本国のたび重なる課税強化に対して、植民地の人々が「代表なくして課税なし」ととなえて抵抗したことが、独立宣言へとつながりました。一方、大日本帝国憲法では、国の予算は政府の判断で決めることができたため、戦時中は軍事費を調達するため国債を乱発しました。ですから、政府が国民に対してどのくらいの税金を課すか、その税金をどのように使うか、税収の不足に対して国債を発行するかどうか、といった財政に関する事項は、すべて国民の代表による国会で決めなければなりません。こうした考え方を「財政民主主義」ともいいます。このことはぜひ、法律と違っ

て簡単に改正できない憲法に明記しておく必要があります。

　授業でも，まずは「なぜ財政が憲法に書かれているか」を主発問にして，その歴史を丁寧に取り上げるとよいでしょう。マグナ・カルタの第12条「いっさいの楯金（＝戦争協力金。引用者注）もしくは援助金は，朕の王国の一般評議会によるのでなければ，朕の王国においてはこれを課しない。……」と，日本国憲法第84条の条文を比較すると，2つの条文には700年以上の時間的な差があるものの，その趣旨がほぼ同じであることを読み取ることができます。

③　授業のワンポイントアドバイス──財政悪化は憲法のせい？

　ところで，今の日本の財政状況を知っている生徒ほど，「現実には，日本は国債を大量発行して借金に依存しているではないか」という疑問をもつでしょう。現実はその通り，国の債務残高は年々増加し，歳入に占める国債の割合（国債依存度）も高水準を維持しています。「自分たちが大人になる頃に，日本は倒産してしまうのではないか」という不安に生徒たちが駆られるのは当然です。

　しかし，財政悪化は決して憲法のせいではありません。憲法には，予算の内容と使い道などをチェックする独立の機関について，きちんと規定があります。それが「会計検査院」という機関です（第90条）。会計検査院は，「国会及び裁判所に属さず，内閣からも独立した憲法上の機関として，国や法律で定められた機関の会計を検査し，会計経理が正しく行われるように監督する」とされています。

　政府の会計処理や補助金の支出などに不正が疑われる場合，会計検査院はその内容をチェックして，検査結果を国会に報告する義務があります。しかし，国に損害を与えた職員の懲戒処分要求はできますが，強制捜査などの強い権限をもっていません。財政健全化のしくみが憲法に定められているにもかかわらず，実際には課題も多いのです。

　このことを，授業ではどのように取り上げたらよいでしょう。会計検査院が検査に関わった実際の事例を新聞記事などで紹介しながら，「税金の使い道をチェックするために，会計検査院にどのような権限を与えたらよいだろう」と発問し，アイディアを自由に提案させてみるのはどうでしょう。直近10年ほどの国の歳入と歳出の項目別の割合を比較して，内容が適正かどうか，生徒自身がチェックするなどの方法もあります。そうした学習を通じて，生徒一人ひとりが「代表なくして課税なし」の精神を備えることにつながれば，財政について，経済だけでなく「憲法の視点から」学習したということになるでしょう。

（渥美利文）

▷4　「代表なくして課税なし」
1765年，イギリス本国による「印紙法」（あらゆる印刷物への印紙の貼付を義務づける法律）に植民地の人々が抗議し，「本国の議会に代表を送っていない以上，本国は植民地に課税できない」と主張した。

▷5　日本国憲法第84条では，課税するには法律の定めが必要であることを明記しており，この考え方を「租税法律主義」という。

▷6　会計検査院「会計検査院について」（http://www.jbaudit.go.jp/jbaudit/index.html，2019.2.20）。

参考文献
　高木八尺・末延三次・宮沢俊義編（1957）『人権宣言集』岩波書店。
　会計検査院（http://www.jbaudit.go.jp/，2019.2.20）。

第4章 さらに深める憲法学習

37 憲法改正

〈授業のゴール〉
・立憲主義の前提を理解し第96条の改正ルールを知り，硬性憲法のしくみを知る。
・未来の国民も含めて人権が拡大する方向を志向することを，憲法史・人権史から学ぶ。

▷1 憲法制定権力
憲法を創る権利は，国民にあるという国民主権を前提とした権力論。神や君主に憲法の決定権を認めず，国民の代表者が制定の議論をする。そして，多くは，国民投票で決定する。この決定する権利を正当性のある権力。

▷2 硬性憲法
硬性憲法とは，人権を守るため，一時的に熱狂的になった国民の動向をクールダウンし，独裁をふせぐために，憲法を変えづらく，普遍的に国家を運営しようという考えの下につくられたもの。一般の法改正に比べて変更を難しくしている。

① 授業のはじめに

憲法改正は，国民主権の**憲法制定権力**，憲法改正権力の行使の仕方を明記したルールです。国会議員による発議（提案）（第96条）に基づいて，国民の投票でその意思が示され，賛否が問われることなります。

② 授業のすすめ方——硬性憲法の理解のために

まず，生徒に，前文・第96条の条文の内容，かかわる歴史，世界の憲法改正の方法を予習で調べてきてもらいましょう。

日本国憲法は，風雪に耐えて獲得された人権を侵害させないようにし，もしもその侵害があっても，裁判で救済されるようなしくみを有してきました。しかし，時代の変化，国際環境の変化によって国民の人権が守られなかったり，あるいは，新しい人権を必要とする場合が生じてきています。これを想定して，日本国憲法第96条は存在します。

③ 授業でのワンポイントアドバイス

立憲主義はルールなので，第96条の規定は，**硬性憲法**の骨組みであり安易に改正のハードルを下げることはできません。権力（国会議員含む）を縛ることに反する改正は，憲法の人権を守る憲法の機能の自殺行為となるからです。権力者である国会議員が改正の発議をしやくすくなることは，立憲主義に反すると考えさせます。

したがって，国会の発議までの動きを国民である生徒は，新聞やニュースで十分に理解をしておかないといけません。授業においても公正に賛否両方の情報をより多く生徒に提供しておくことが必要になります。

国会を通過し国民投票法では，60日から180日以内で国民投票が行われて，国民の過半数の同意で改正が成立します。最短60日という規定は，国民的な議論には不十分な日数といえます。国民投票法は，国民の投票者の過半数を決めていますので，50％の投票率だと，国民18歳以上の25％以上

の賛成だけで改正が決まってしまいます。

④ 授業のすすめ方——憲法改正議論を考える

　日本の憲法改正議論では，第1の論点，自衛隊を憲法に明記し，日本として戦力をどうもつのか，使えるかが焦点になっています。第2に，**緊急事態条項**[13]は，人権を一部停止して，大規模災害，戦争時に，国家に権力を集中してもよいかどうか。第3に，新しい人権が必要かです。第1の論点に関連して，文民統制（シビリアン・コントロール）の強化の必要性も論点に上がっています。

　このように，自衛隊の使い方や非常時に人権を制限できるかは，過去の戦争を経験してきた日本国民にとって，大きな論争を巻き起こしています。「政府の行為によって再び戦禍が起ることのないやうにすることを決意」（前文）した日本国憲法にとって，憲法の平和主義の変更をして良いかという問いも含めて議論されています。

　大きな憲法改正の焦点の自衛隊の憲法明記問題は，自衛隊設立までの議論・過程，自衛隊をめぐる憲法裁判（砂川・恵庭・長沼・イラク自衛隊派遣）自衛隊の海外派遣への議論，自衛隊の戦争準備（周辺事態法等）の法整備，自衛隊と米軍の一体化，集団的自衛権行使可能（**安保法制**[14]等）になるまでの政府解釈の変遷です。政府は憲法第9条の解釈によって，自衛隊の能力の活動範囲を広げていき，安保条約で米軍と世界戦略を共にしてきました。その延長上に憲法改正があるのことを授業で伝えます。

⑤ 授業でのワンポイント・アドバイス

　上記のような自衛隊の現状を理解したうえで，生徒に投票前の自衛隊のあり方について議論をさせなくてはなりません。生徒の考えは，(1)戦力の全面否定（改正反対），(2)戦力による日本を防衛する必要最小限の実力と理解する（専守防衛（個別的自衛権に留める）派），(3)戦力の他国と共同防衛（**集団的自衛権**[15]も可能）派の3派にわかれます。この3つの派のどの派が説得力をもつのかを，生徒同士で議論させます。わからない派の人から，各派に質問してもらいます。その結果3つの派に分岐してもらいます。

　憲法改正への生徒の立場は，(1)は第9条憲法改正反対，(3)は賛成。(2)は「文言によって賛否を決める」に分けられるでしょう。憲法改正議論で，立憲主義的に判断するには，自衛隊の行動を国内に留め，最低限度の実力に制限する規定があれば改正賛成。それがなければ，自衛隊が安保法制の認める範囲まで，集団的自衛権を行使するので反対と多くの生徒は判断してきました。そのことによって国民投票で賛否の判断ができるのです。

（杉浦真理）

▷3　**緊急事態条項**
大規模災害，戦争などの国家緊急事態を設定し，その事態に憲法の条文で人権の一部制限，国会議員の任期延長を考えておく条項のこと。現代憲法にはあるが，独裁が行われたケースもあり，その内容や発動には厳しい限定条件が課されなくてはならない。

▷4　**安保法制**
反対野党は戦争法と呼んだ。2016年に成立した法制度である。集団的自衛権の一部容認によって，自衛隊のPKO時の駆け付け警護，日本と密接な関係のある国に攻撃があった場合の共同行動ができるようになった。

▷5　**集団的自衛権**
自国と軍事同盟関係のある国が攻撃されたとき，他国・他国を守りともに攻撃国に武力行使も含めて対応することです。多くのケースは大国が主張し，軍事同盟を形成するために主張される国家の交戦権です。

参考文献
　教育科学研究会編（2016）『18歳選挙時代の主権者教育を創る』新日本出版社。
　上田勝美編（2017）『13歳からの日本国憲法』かもがわ出版。
　西原博史・斎藤一久編著（2016）『教職課程のための憲法入門』弘文堂。

さらに学びたい人へのブックガイド

○阪本昌成（2016）『謎解き日本国憲法（第2版）』有信堂高文社。
　日本国憲法の知識の有無にかかわらず，謎解きをしながら楽しく読むことができ，新たな発見もできる本です。授業の導入などにもすぐに使えます。

○総務省文部科学省全高校生配布副読本『私たちが拓く日本の未来――有権者として求められる力を身に付けるために』。
　高校生の立場から，自分たちがこれからの日本をつくっていくという意識を大切にしながら日本国憲法について学べます。こちらは，総務省や文部科学省ウェブサイトからダウンロードが可能です（総務省ウェブサイト：http://www.soumu.go.jp/main_content/000492205.pdf，2019.3.20）。

○佐貫浩監修／教育科学研究会編『18歳選挙権時代の主権者教育を創る――憲法を自分の力に』新日本出版社。
　18歳の高校生たちに選挙について，主権者について，どう語るのか，何を語るのかについて述べた本です。

第5章

憲法学習を活かすために
学校現場で気をつけること

第5章 憲法学習を活かすために学校現場で気をつけること

政治的中立の留意点

① ともに考えるというスタンスで

憲法改正については実際の社会でも議論されている大きな問題であり、改正に賛成、反対のどちらかを正しい意見として「教えること」はあまり適切ではありません。伝えるべき事実と教員としての思想的な主張を分けるなど、慎重さが求められます。

だからこそ、憲法学習は「ともに考える」というスタンスを取ることが求められます。

一方的に教員の思いや願いを伝えるのではなく、「君ならどうする」「君たちならどうしていく」と問いかけ、考えていく授業をつくっていくことが必要です。教員の考えをひとつの考え方として話すことは必ずしも不適切ではないと考えます。ただし、教員の言葉は発達段階が低くなるにしたがって、生徒たちにとっての影響は大きくなります。たとえば、いくら自分のクラスで反発する小学生いたとしても、担任として一緒に学んできた先生の発言は極めて重いものだと捉えておく必要があります。もちろん、これは小学生だけではなく、中高生でも同じ場合もあります。

② 逆に意識しすぎて萎縮しないように

ただし、逆に意識しすぎて萎縮してしまうことも懸念しています。

憲法学習を熱心に進めていくと、「もうちょっと気をつけた方がよいよ」といった声を聞くことがあるかもしれません。社会で大きく議論されている問題だからこそ、逆に憲法学習を避ける教員の心理が働くこともあるのではないかと考えます。

授業者である教員も政治的中立を意識することはとても大切です。しかし、逆に意識しすぎて事実のみの羅列や暗記などを繰り返せば、生徒たちの憲法に対する意識は離れてしまうでしょう。

そのため、指導をするうえで留意したいこととして、

・日本国憲法は身近で大切な存在であるということ
・日本国憲法を改正する・しないも含め、決めるのは自分たちであるということ
・日本国憲法を運用する、つまり主体者は自分たちであるということ

の3点をあげることができます。政治的中立を意識しすぎて，憲法の知識や事柄を教えることだけに陥らないために，常にこの3点を意識して授業を作っていくことが必要です。

表5-1　制服と給食の規定と自由

	A	B	C	D
制服	既定	既定	自由	自由
給食	既定	自由	既定	自由

③ では，どんな授業をつくればよいのか

実際に具体的な授業を通して考えてみたいと思います。

たとえば，
・学校のカバンは指定にするか，自由にするか
・給食にするか，お弁当にするか
・席は自由にするか，指定するか

といった項目を「憲法の考えにそって考えると正しいかどうか」と話し合う授業を行うことがあります。以前，6年生の担任をしたときに，学年で話し合い，「学校指定のカバンや制服を自由にするか規定するか」という内容で授業をしたこともありました。

たとえば，表5-1のように給食を自由にするか規定にするかというようにひとつにするのではなく，給食と制服というように，2つの項目を自由にするか規定にするかを決めると4つのパターンが生まれ，話し合いが多様になります。

この4つの中でどれが一番憲法の考え方に即しているかを話し合うと，生徒たちは実体験と憲法の考えを混ぜ合わせて話し合うのでとても盛り上がります。

たとえば，平等権の視点から賛成を論じる班もいれば，自由権の視点から反対を論じる班も出てきます。最初に抱いた自分たちの好みやなんとなく感じていた価値観を憲法に書かれている権利を通して考えることで，自分が何を大切にして生きていたかが少し見えてきます。調べて議論すればするほど深まるので，教員が憲法の条文を一つひとつ丁寧に教え込む必要はありません。

こうした授業で大切にしたいことは，議論をしながら，自分だけの主張はせず，相手の考えも聞き入れながら話し合うことです。また，途中経過で，班を変えてもよいですし，最後に投票活動を行ってもよいでしょう。

生徒たちにとって身近な内容や実生活の中で判断をする根拠が実は憲法に示されています。議論を通して，自分の考えを伝え合っていく中で，憲法を身近なものであると同時に，これからの憲法をどのようにしていくかの視点をもつことができます。

このようなことから，「共に考える憲法学習」が政治的中立の留意をするうえでのこれからのキーワードとなると考えます。

（長瀬拓也）

第5章 憲法学習を活かすために学校現場で気をつけること

2 小学校授業の留意点

① 発達段階を考える

2020年度施行の学習指導要領（2017年告示）でも主権者教育の充実が改訂のポイントのひとつとなっているように，憲法学習は6年生の社会科の重要な項目のひとつと考えてよいでしょう。

しかし，気をつけなくてはいけないことがあります。それは，発達段階を考えるということです。発達段階の考えはエリクソンなどに代表されますが，ここでは，文部科学省（2009）の「子どもの徳育に関する懇談会「審議の概要」（案）」の「3．子どもの発達段階ごとの特徴と重視すべき課題」をもとに考えます。

「3．子どもの発達段階ごとの特徴と重視すべき課題」では，以下のように小学校高学年の時期に重視すべき課題が述べられています。

・抽象的な思考への適応や他者の視点に対する理解
・自己肯定感の育成
・自他の尊重の意識や他者への思いやりなどの涵養
・集団における役割の自覚や主体的な責任意識の育成
・体験活動の実施など実社会への興味・関心を持つきっかけづくり

もちろん，基本的尊重の基本原則や概念など抑えるところはあります。しかし，小学校の授業では，憲法を通してお互いを尊重しあったり，社会に対する興味や関心をもつきっかけをつくっていったりすることが大切です。

② 学習指導要領ではどのように語られているか

2020年度に施行される小学校学習指導要領の社会科において，憲法学習に関連するものを要約すると，たとえば，以下のようになります。

・日本国憲法は国家の理想，天皇の地位，国民としての権利及び義務など国家や国民生活の基本を定めていることを理解すること
・現在の我が国の民主政治は日本国憲法の基本的な考え方に基づいていることを理解すること
・日本国憲法の基本的な考え方に着目して，我が国の民主政治を捉えること

・日本国憲法が国民生活に果たす役割や，国会，内閣，裁判所と国民との関わりを考え，表現すること

また，指導における配慮としては，

・「天皇の地位」については，日本国憲法に定める天皇の国事に関する行為など児童に理解しやすい事項を取り上げること
・歴史に関する学習との関連も図りながら，天皇についての理解と敬愛の念を深めるようにすること
・「国民としての権利及び義務」については，参政権，納税の義務などを取り上げること

などが記述されています。

つまり，小学校授業の留意点として，日本国憲法の基本的な考え方を理解し，果たす役割を考え，伝えていこうとすることが重要だといえます。

③ 教科書や資料を話し合いの土台に

憲法の基本的な考え方を理解し，役割を考えるために，教科書は効果的な教材になります。小学校の教科書は憲法の理念をわかりやすく記述しています。イラストもたくさん掲載されているので，これらを「資料」として「話し合い」の土台となるように用いるとよいでしょう。

たとえば，教科書に書かれているページを読んだ後で，「あなたはどう考えるの？賛成かな反対かな」と問いかけ，まずは話し合うことから始めるだけでもよいでしょう。

自分はここに書かれている内容に賛成か反対か，好意的か批判的か，違和感をもつのかどうか……そのページによって異なりますが，まずは自分の考えを吐露できるようにする指導の工夫をしたいものです。
「教育を受けることは権利なのに，受けさせることは義務なのはどうしてだろう」と話し合わせてもよいでしょう。宿題は憲法から考えるとどうなるのかなど，憲法と実生活を結びあわせていくと生徒たちは自分の言葉で，つぶやいていきます。

④ 憲法を学ぶことが好きになるのが一番

話し合いだけでなく，ポスターづくり，かるたづくり，模擬投票，クイズなど，様々な活動を通して学ぶ方法を考えたいものです。小学校授業で大切にしたいことは，何よりも憲法を学ぶことは自分の生活に結びついていることを考え，感じることです。そして，「憲法を学ぶって楽しい」と憲法学習を好きになって中学校に進学することができれば，一番よいことといえるでしょう。

（長瀬拓也）

▷1　本書巻末資料参照。

参考文献
文部科学省「小学校学習指導要領」第2章「各教科」第2節「社会」（2017年告示）。
文部科学省（2009）「子どもの徳育に関する懇談会「審議の概要」（案）」「3．子どもの発達段階ごとの特徴と重視すべき課題」（http://www.mext.go.jp/b_menu/shingi/chousa/shotou/053/shiryo/attach/1282789.htm，2018.3.25）。

3 中学校・高校授業の留意点

▷1　学習指導要領
10年に一度、文部科学省が小中高の学習内容、取り上げる視点、新しい教育の推進を大臣告示として示す。この大綱的基準に基づき教科書が編集され、授業や教育活動の方向が示されてきた。2017年に小中、2018年に高校の学習指導要領が告示された。

▷2　主権者教育
主権者を育てる教育は、民間教育団体が、憲法をくらしに活かすことをめざし1960年代から行われてきた。2015年『未来を拓く日本の未来』を文科省と総務省が共同して、高校副読本として全高校生に配布したことによって広められ、高校学習指導要領（2018年告示）にも取り入れられた。

▷3　持続可能な社会
国連のブルントラント委員会が、「持続可能な開発」として提唱したことに始まった。「将来の世代が自らのニーズを充足する能力を損なうことなく、現在の世代のニーズを満たすような発展（開発）」と定義された。このような意図を反映し、学習指導要領には、「持続可能な社会」として書き込まれた。

憲法教育は、中学は**学習指導要領**社会科公民的分野（2017年告示）で公民的分野で、高校では学習指導要領（2018年告示）の「公共」の中で示されています。一方、民間教育団体（全国民主主義教育研究会、歴史教育者協議会）でも、中高生の憲法学習について、多くの議論・出版物が出されています。

① 人権のバトンを引き継ぐ主権者として育てる

2018年18歳成年の民法改正が実現しました。2022年に施行されます。このような情勢の中でシティズンシップ教育、**主権者教育**の視点から、中高の公民分野の授業の構想が求められています。それを一番体現する科目は、高校の「公共」となります。

「公共」の概念は、公共圏（社会学）、市民社会論（政治学）等で説明されますが、政治的主体、経済的主体、生活者としての主体、労働者としての主体など、様々な主体として市民に高校生はなっていきます。18歳の段階で、論理的に現実社会の公共的な課題を議論できるようにする必要があるでしょう。

憲法学習をするには、最終的に、(1)憲法を人権擁護の体系として、市民社会の構成要素の普遍的なものとして理解すること、(2)統治機構が、権力分立であり市民社会にとって、平和で**持続可能な社会**を形成する主体として市民が動けるように機能しているかチェックすること、(3)未来の主権者として憲法の人権条項を発展させ、立憲主義に基づき、世界市民と共に歩む社会形成に寄与できる生徒を育むこと、が授業のねらいになります。

(1)に関して必要なのは、人類の人権獲得の歴史に学ぶことです。憲法学習の前提で歴史学習が十分にされてはいません。しかし、社会契約説や市民革命など、は学べます。一方中高憲法教育に足りなかったのは、立憲主義です。民主主義と立憲主義の緊張関係や、権力者の怖さ、自由権は、国家からの自由であり、権力者は暴走しやすいこと、権力は国民に奉仕させる（憲法第15条）ことが、税金を支払うのは国民（憲法第85条）としては当然なことなどは、あまり教えてこなかったのです。

次に、(2)のために、三権分立を教えます。ただ、それが実際に機能しているかどうかを教えている中高の教員は少ないでしょう。たとえば、北欧では消費税が高いですが財政がガラス張りであり、最終的には誰でも使え

る福祉や教育に使われることを知っているので，北欧の市民に不満は少ないようです。その他，最高裁の裁判官の任命も内閣（憲法第79条）が関与しています。たしかに，憲法上のチェック＆バランスはありますが，それは，小選挙区優位で選出される**比較多数派**に，多くの議席を与える方式では，政党が一強多弱の国権の最高機関のメンバーになっています。

(3)について，国民からの憲法は，基本的人権がより花開くために，統治機構が暴走をして戦争を起こさせないためにあります。平和主義は，憲法学的には**平和的生存権**として，人権と考えられています。今後も，日本国民は戦争を起こさない，戦争を呼び込まない社会のために憲法を活用すべきです。また，「他国を無視してはならない」（前文）のは当然で，国際協調と持続可能な社会に連帯していく生活が必要です。仕事などを考えるうえでも社会的課題の解決は，市民社会の発展と，他の国の人々の「他国と対等関係に立とうとする各国の責務」です。そのような人権的課題（平和・環境・貧困）を引き受ける地球市民になることが，21世紀では，人類的な価値をもつ憲法の精神を理解した市民の育成につながります。

② 政治的リテラシーを育む教育をめぐる課題と評価とは

本来政治的中立は，権力者（教育公務員含む）に求められています。しかし，日本の政治的中立の議論は，教育者の意見を授業で述べるかどうかに焦点があてられています。それは，政治的対立が教育現場で，暴力的な対立を生じさせていた1960年代後半の文部省の69年通達が禍根を残しているのです。2015年の公職選挙法の改正により，18歳選挙権が実現し，政治的な授業の可能性が広がりました。しかし，ある教育委員会は，高校生の政治活動を届け出制にしました。その活動への監視，高校生の萎縮が問題になっています。

そこで，超党派の議論で作り上げたドイツ連邦の**ボイテルスバッハ合意**が参考になります。その他，イングランドのクリック報告における教員の3つのポジションは「①教員が意見表明しない『中立司会者型』，②生徒の少数意見を大事にするため教員はバランスをとる『均衡型』，③教員が率直に自分の見解を明示する『明示参加型』の3つを組み合わせる」です。どの見解も教員不信で教員の政治的中立を強要するような見方はありません。

つまり，政治的価値の分かれているものでも，生徒の政治的リテラシーを評価することもできます。また，政治的な議論がある内容も，授業前にミニレポートをし，授業後のレポートで，その政治リテラシー向上の度合いをみるパフォーマンス評価やポートフォリオ評価をすることが可能なのです。

（杉浦真理）

▷4 比較多数派
3割の得票比較一位になれば，6，7割の議席を占めることが，政権交代のしやすさと同時に，権力を掌握した側の政党の絶対的優位な国会になってしまう問題として指摘されている。

▷5 平和的生存権
深瀬忠一による憲法解釈で，前文と第9条を根拠に，平和に生きる権利を，日本国憲法は権利として認めているという説。前文の「われらは，全世界の国民が，ひとしく恐怖と欠乏から免かれ，平和のうちに生存する権利を有することを確認する」ことに由来する。

▷6 ボイテルスバッハ合意
本書第2章11参照。

参考文献
杉浦真理（2013）『シティズンシップ教育のすすめ』法律文化社。
歴史教育者協議会編（2008）『ちゃんと学ぼう！憲法①』青木書店。
全国民主主義教育研究会（2018）『民主主義教育21』同時代社。

第5章　憲法学習を活かすために学校現場で気をつけること

4 外国にルーツを持つ児童生徒への対応

▷1　台湾や朝鮮半島を植民地とし，太平洋諸島の一部を南洋諸島として委任統治していた。

▷2　法務省「平成29年末現在における在留外国人数について（確定値）」(http://www.moj.go.jp/nyuukokukanri/kouhou/nyuukokukanri04_00073.html, 2018.5.29)。

１　現　状

　日本が「単一民族」国家でないことは戦前の大日本帝国（多民族国家）を見ても明らかですが，現在の日本も多文化社会です。たとえば，祖父母や父母のいずれかが外国人であるミックス（国際結婚）の子どもがいます。なかでも「アジア系ミックス」の子どもが増えています。また，いわゆるJFC（日本人とフィリピン人のミックス）の子どもが来日し，「日本語ができない日本国籍を持つ子ども」が増えています。さらには，日本に永住する在日コリアンの子どもが，外国籍のために18歳になっても選挙権（投票権）がない問題も最近話題になっています。

　日本に住み暮らす外国人は，1995年の阪神淡路大震災と2011年の東日本大震災や経済不況などによる一時的減少はありましたが，1990年以来増え続け，法務省によると2017年末現在で約256万人に達しています（約50人に１人が外国人住民です）。主な国籍は，韓国・朝鮮，ブラジル，中国，ベトナム，フィリピンなど多国籍化が目立っています。長く暮らす外国人の定住，永住志向も高くなっています。

２　日本国憲法の中の「日本国民・国民」と「何人も」

　憲法はをよく見ると，条文によって権利主体（主語）が違っていることに気がつくでしょう。

　憲法前文，国民主権（第１条），基本的人権（第11条），個人の尊重（第13条），法の下の平等（第14条），公務員の選挙（第15条），社会権・最低限度の生活（第25条），教育を受ける権利・教育の義務（第26条），納税の義務（第30条），憲法改正の国民投票（第96条），基本的人権の人類獲得の成果と永久不可侵性（第97条）などは，「日本国民・国民」が権利主体となっています。

　一方，奴隷的拘束の禁止（第18条），信教の自由（第20条），移動や職業選択，国籍離脱の自由（第22条），刑罰（第31条），裁判を受ける権利（第32条）などは権利主体が「何人」となっています。

　とくに記述されていない条文もあります。思想及び良心の自由（第19条）集会，結社及言論，出版その他一切の表現の自由（第21条），学問の

156

自由（第23条）などです。

「国民」（第10条「日本国民の要件」）は国籍法で定められていて、「出生の時に父又は母が日本国民であるとき」（第2条），もしくは「認知された場合」（第3条）および「帰化」をしたとき（第4条）です。

選挙権がそうであるように，外国人は日本国民ではないから，国民としての権利を行使できません。基本的人権もまたそうでしょうか。

③ 人間の権利──「何人も」の視点

世界人権宣言（1948年），難民の地位に関する条約（1954年発効），人種差別撤廃条約（1969年発効），女子差別撤廃条約（1981年発効），児童の権利に関する条約（通称，子どもの権利条約，1990年発効），障害者の権利に関する条約（通称，障害者権利条約，2008年発効）など国際社会が認めた諸規約条約は，すべての人に適用され，国家が批准すると国内法においてそれらの権利を保護する責任を負っています。とくに，移民（民族的マイノリティ），女性，子ども，障害者にあっては，「日本国民・国民」ではなく，人権の観点から「何人も」と解釈し，「包摂（インクルージョン）」の視点が求められます。でなければ，彼らはマイノリティとして権利という「恩恵」を与えられた人々であり，いたわりや思いやり，共感の対象であるかのように扱われてしまいます。

日本国憲法の基本的人権が「国民要件」である前に，すべての人々は尊厳をもった存在であり，自由や平等の権利をもった人間であることを明確にすることが大切だといえるでしょう。

④ 外国にルーツを持つ子どもたち

冒頭に指摘したように教室には，多くの課題をもった外国にルーツを持つ多様な子どもがいます。彼／彼女らが，仮に「特別支援教育」の対象ではあっても，支援されるだけではありません。「やさしい日本語」も，「日本語学習」や「母語学習」も必要でしょう。外国籍やミックスであっても憲法に保障された基本的人権をもつこと，国籍や民族的・文化的アイデンティティの複合性を否定されていいわけではありません。

そのためには，日本に暮らす多様な外国人やミックスの外国人・日本人が，芸能やスポーツ，介護，サービス業など職場で活躍していること，文化的にも社会的にも貢献していることなどを教えていくことが大切です。

彼・彼女らは，少子化の進む日本社会，18歳成人社会における社会参加・参画の市民として，その多様性・複合性を活かせるように育てられるべきだといえるでしょう。

（藤原孝章）

▷3 オードリー・オスラー，ヒュー・スターキー／藤原孝章・北山夕華監訳（2018）『教師と人権教育──公正，多様性，グローバルな連帯のために』明石書店。

▷4 田中治彦編（2018）『18歳成人社会ハンドブック──制度改革と教育の課題』明石書店。

5 特別支援を要する児童生徒への対応

① 特殊教育から特別支援教育へ

2001年から文部科学省は,「特殊教育」という表現に代えて,「特別支援教育」という表現を採用しています。その後,中央教育審議会の中間まとめや学校教育法施行規則の一部改正,学校教育法を一部改正する法律案の可決・成立などを経て,2007年から正式に特別支援教育が実施されることになりました。

では,なぜ「特殊教育」という表現をやめたのでしょうか。それにはまず,「特殊」という言葉のもつ意味が関係しています。この言葉は「健常児とは違う特殊な子だ」というレッテルを貼ることになります。このために,いじめや差別の対象となることもあったでしょう。「特殊」という言葉と同じく,「障害児」「障害者」という言葉も,差別的なニュアンスが含まれると感じる人もいるでしょう。

ある子やある人が,生まれもった「特殊」なものを「障害」と見るのではなく,障害をひとつの個性として捉え,どのように成長し発達をしていくのか,その子,人の考えを大切にしながら,具体的な支援をしていこうというのが「特別支援教育」なのです。このことは,文部科学省が「特別支援教育の理念」で定義をしています。

「特別支援教育」の前身である「特別な教育的ニーズ」という概念が世界で初めて使用されたのは,1978年のイギリスのマリー・ウォーノックの教育調査委員会の報告書です。イギリス政府は,「障害」のある子どもを,「特別な教育的ニーズ」のある子どもとし,概念の転換を行ったのです。

このように,今から約40年程前には,海外で「特別支援教育」の概念が生まれていたのです。しかし,日本はそれよりも早く,「特別支援教育」について言及しています。それは,日本国憲法の中にあります。日本国憲法第26条が,「すべて国民は,法律の定めるところにより,その能力に応じて,ひとしく教育を受ける権利を有する。」(下線は筆者)と謳っています。「その能力」とは,すなわち,その子の「個性」,「特別」なところなのです。そして,「ひとしく」その子の「個性」に合った,「ニーズ」に応えるのが教育であるとしています。終戦直後わずかの間に,現在行われている「特別支援教育」について,日本国憲法はすでに言及しているのです。

▷1 文部科学省初等中等教育局長通知「特別支援教育の推進について(通知)」2007年4月1日。

▷2 Department for Education and Science: Special Educational Needs: Report of the Committee of Inquiry into the Education of Handicapped Children and Young People. London: HMSO, 1978.

しかし，時代の流れにより解釈の仕方は様々で，その過程で「特殊教育」や「養護学校」という言葉が生まれます。現在「特別支援教育」という言葉に落ち着いていると思われがちですが，考え方は多種多様です。次項では日本国憲法第26条に関連づけて，少し詳しく述べていきます。

② 不平等の平等

「特別支援教育」は，体や心に顕著な障害をもっている者だけでなく，ADHDやLDといった，身体的には一見，健常児に見える者も対象とした教育です。医学や教育科学が発達し，以前ならば，ただ「やんちゃ」と捉えられていた子に診断名が下されることもあり，「特別支援教育」が必要とされる児童の数は，年々増えていっています。

教育現場で問題とされているもののひとつに，「保護者」と「児童生徒」そして「教員」の考えのズレがあります。憲法第26条の「その能力に応じて」を，それぞれがどう捉えているかが問題となります。教員による，その児童生徒の能力の考えと保護者による考えがずれていることがあります。特別支援教育でその子に合ったニーズに基づいて教育をしていくには，該当する児童生徒と保護者の理解，同意が必要なのです。保護者が「特別な支援を必要としない」とその必要性を認めなければそれで終わってしまいます。また，児童生徒が「今のままで充分だ」と思っていれば，その教育効果も半減してしまいます。

また，「周囲の目」も邪魔をします。自分の子への特別なニーズの必要性を理解しており，教員に協力的であっても，「周囲の目」を恐れるのは，人として当然です。「わかりますが他の子と同じ教育でお願いします」と言われることも，よくある話です。

第26条で，「その能力に合わせて」「ひとしく教育をうける」権利を有すると明記されている以上，普通学級で支援を受けながら授業を受けることもできますし，別教室で個別的な支援で授業を受けることも，その「児童生徒」にとって大切な権利なのです。

しかし，児童生徒たちがその権利を有し，周囲の大人から適切な教育を受けさせてもらわなければならないということを理解している大人が少ないように感じます。それは，特別支援教育が一見，「不平等」に見えるからでしょう。「基本的人権の尊重」に反するという見方さえあります。しかし，「特別支援教育」こそが，「基本的人権の尊重」だと言えます。その子に合わせた対応は，全体として同じでないという意味では「不平等」ですが，本来は，一人ひとりの気持ち，能力を考えた「平等」，つまり「不平等の平等」であるという考えを，まずクラス全体で共有し，保護者や地域にも広げる力が教員には求められます。

（松森靖行）

ゲストティーチャーとのかかわり

① ゲストティーチャーの選定で大きく変わる

憲法学習で気をつけなくてはいけないことはゲストティーチャーの選定で授業が大きく変わるということです。

そのため，どうして呼びたいのか，呼ぶとどんな効果があるのか，呼んでどんなことを話して欲しいのか，を事前によく考えて取り組む必要があります。

昔，地方検事の方を学校にお呼びしたことがあります。模擬裁判を実際行い，講演もしていただきました。数年続けた後，その検事の方は異動があり，新しい検事の方に来ていただきました。そうすると，似たような話をしてもまったく雰囲気が変わってしまったことが印象に残っています。同じ内容で同じ職種でも授業の雰囲気が大きく変わるので，誰を呼ぶかによっても大きく授業も異なっていきます。

② 打ち合わせを十分に

誰をお呼びするかを決めたら，しっかりと打ち合わせをすることが必要です。これは憲法学習に限ったことだけではありません。しかし，憲法学習は社会的に議論が多くデリケートな学習内容を含むので，よく話し合っておくことが必要です。

メールや電話での打ち合わせはもちろんのこと，事前に会って話をすることもときには大切です。実際に来ていただいてもよいですし，自分から伺うのもよいでしょう。また，外部の方なので，交通費や謝礼なども事前に確認しておく必要があるでしょう。学校関係は無料とする場合もありますが，まず確認をしておくことが必要であるといえます。

③ ゲストの話は短くわかりやすく

佐藤（2008）によれば，ゲストティーチャーのよさを引き出すことのひとつとして，ゲストティーチャーにポイントをしぼって話をしていただくような授業構成の工夫が述べられています。学校関係者以外の方は生徒たちの前で話すのも初めてという方も多くいます。そのため，大人向けの講演会のようにずっと話し続けてしまうことも少なくありません。

そうならないように，質問形式で話をお聞きしたり，最後の5分という形で話をしていただいたりしながら，話す時間をこちらで考えておくと生徒たちの学びにとってとても効果的です。

④ 様々なアプローチで

ゲストティーチャーにただ話していただくのではなく，様々なアプローチで授業を作り上げることが大切です。憲法学習は，「教え込む」学習ではありません。また，「教え込む」学習は特定の考えを伝えることにもつながる可能性は否定できないため，注意しなくてはいけません。とくにゲストティーチャーという外部の方に来ていただく訳ですから，より留意しておくことが必要でしょう。

そのため，ゲストティーチャーと授業者である教員と生徒たちで学び合い，考えを深め合うような授業の工夫をするとよいでしょう。

たとえば，
- 模擬裁判や模擬選挙などを行い，最後にコメントをもらう
- それぞれの異なる立場の方をお招きしてシンポジウム形式で行う
- ワールドカフェのように，グループの中に順番にゲストティーチャーが入っておしゃべりをする

など，ただ話をして終わりにならないような工夫をするとよいでしょう。

⑤ 憲法学習でおすすめのゲストティーチャーは

憲法学習でおすすめのゲストティーチャーを考えると，
- 弁護士，検事
- 大学の教員
- 選挙管理委員会（市役所の方）

といったような方を考えることができます。

検事の方であれば，近くの地方検察庁に問い合わせをするとよいでしょう。弁護士の方であれば，各都道府県の弁護士会に聞くのもよい方法です。出前出張授業を受けつけている場合がありますので，事前によく調べ，そうした機会を活かすのもよい方法です。また，大学の教員にお願いする方法もあります。

また，憲法学習ではないですが，選挙管理委員会の方に何度も来ていただき，模擬授業をしていただいたことがあります。このような専門職の方々は，ノウハウも多くもっているので，相談してもよいでしょう。

（長瀬拓也）

参考文献
佐藤正寿（2008）『価値ある出会いが教師を変える』ひまわり社。

第5章 憲法学習を活かすために学校現場で気をつけること

7 学級経営とのかかわり

① 学級経営と日本国憲法

　学級経営と聞いて，どのような事柄を思い浮かべるでしょうか。現役の教員はともかく，学生の皆さんにとっては，なかなかイメージがもちにくいかもしれません。学級経営を一言でいうと，「学級内の物的・人的環境を整え，効率的に学級集団及び個人を育てること」とういうことになります。つまり，様々な個性をもった児童，生徒たちを，ひとつの場所で効率的，効果的に計画的に教育をすることです。「みんな元気に，仲良く成長しよう」といえばわかりやすいでしょうか。計画的に学級経営をするために，各学校で「教育過程」を作成することが義務づけられています。教育課程は各学校が，日本国憲法をはじめとして教育基本法や学校教育法及び学校教育法施行規則，学習指導要領，各教育委員会規則等にしたがって作成していきます。それ故，日本国憲法は学校教育の中核となるものなのです。日本各地の学校や学級には，日本国憲法の考えが脈々と流れているのです。

　とはいえ，小学校1年生から日本国憲法について教えている訳ではありません。憲法を主に扱うのは，小学校6年生からです。日本国憲法は「各教科」や「総合的な学習の時間」「特別活動」にかたちを変えて，9年間かけて子どもたちに浸透していくように計画されています。それが「学習指導要領」で定めていることなのです。どの学年でも，教材研究をしているときに日本国憲法のどの分野なのか，どの条文なのかを意識すると，その教材で子どもたちに伝えたいこと，身につけてほしいことがはっきりとしてきます。各教科などによる授業だけでなく，それ以外の学級での活動（生徒指導や日々の生活）にも日本国憲法の考えが活かされています。「友達の意見を聞くこと」また「自分の意見を主張すること」そして「一人ひとりが大切にされること」は，学校や学級の中の話だけではなく，日本国憲法にしっかりと明記されています。

　つまり，学級は「小さな日本そのもの」なのです。子どもたちは，学級での生活を通して「日本国憲法を大切にして生きていくこと」を学びます。学んできた様々なことが6年生の社会科の憲法学習で「ああ，日本国憲法に書かれていることは自分たちが普段していることと同じじゃないか」と子どもたちの心にストンと落ちるようにしていくことが大切です。そのた

めに，日本国憲法をもとにして作成された学習指導要領をきちんと踏襲した教材研究，教育課程作成が必要とされます。

② 教員の言動に気をつける

憲法第26条は，子どもたちの教育を受ける権利と保護者の子女に教育を受けさせる義務について言及しています。すべての子どもたちは教育を受ける権利を有しています。

しかし，教員の言動によってその権利を剥奪されることが現場ではよくあるようです。それは，たとえば以下のような行為によるものです。

> 3年生のAさんは，授業中おしゃべりが止まりません。担任の先生が何度も注意をしましたが，最初は黙っていても，またしゃべってしまいます。ついに，担任の先生に「廊下に立っていなさい」と叱られてしまいました。Aさんは，残りの授業時間30分ほど，教科書も何も持たずにずっと廊下に立っていました。

似たようなことがあった方もいらっしゃるのではないでしょうか。これは完全に憲法第26条違反になります。教員としては，指導のつもりだったのでしょうが，Aさん以外の権利は保障されていて，Aさんの権利が保障されていないことは許されないことです。また，「忘れ物をした子に何の対策をしないまま授業を受けさせる」ことも憲法違反になります。「子どもたちにするべきことを考えさせたいから」「忘れた子が悪い」というのは教師の言い分です。教員の「指導のつもりだった」という行動が子どもたちの権利を奪うかもしれないことを忘れていけません。

③ 保護者対応と日本国憲法

保護者対応は，児童生徒と接する時以上に憲法を意識する必要があります。教師が対応を誤り，裁判になったケースも多くあります。

憲法第26条の保護者の「保護する子女に普通教育を受けさせる義務」について，自分の子どもたちを意図的に学校に通わせていない保護者も少なからず存在しています。教員は，その保護者に様々な対応をしますが，なかなかその意志は変わりません。ついには，教師は「憲法違反ですよ」という言葉を保護者に発したとします。すると，保護者からは「先生の言動で私の子は傷ついた。これこそ，憲法違反，基本人権の尊重違反ではないか」と言葉を返されてしまうことがあります。実は，この例もよくあるケースなのです。憲法第13条から，様々な新しい権利が生まれています（包括的基本権）。プライバシーの権利などです。保護者の職業を尋ねると怒りに触れたということもあります。保護者対応と日本国憲法を切り離して考えることは，今の学校現場では難しいことなのです。

（松森靖行）

第5章　憲法学習を活かすために学校現場で気をつけること

ICTを用いた授業の工夫

　ここでは，ICTと日本国憲法の関係について述べますが，一口にICTといってもたくさんの機材があります。今回は，パソコンやスマホによるインターネット，画像や動画の撮影を中心にして述べていきます。

① 情報を受ける側として気をつけること

　ICTの元祖といえば，書籍や新聞です。さらにたどっていくと「集会」になります。文字や記録された音声ではなく，人間の口から出る生の言語を「集会」の場で皆で共有するのです。明治維新後，終戦に至るまで，日本の「集会」は長い間，規制を受けてきました。新聞などの「言論」「出版」も同じです。それは，当時の日本にとって，日本の行く末を決めてしまうような影響を国民に与えると恐れられていたからです。しかし，日本国憲法には，第19条で「思想及び良心の自由」，第21条で「集会，結社及び言論，出版の自由」が明記されています。今では，情報発信を自由にできることになっています。

　情報発信が自由になることは，一人ひとりの学びの機会を保障し，より効率的に，効果的に学ぶことができるということです。パソコンやスマホ，インターネットが急速に発達し，たくさんの有益な情報が手軽に手に入るようになりました。しかし，その反対の「不利益な情報」「有害な情報」も簡単に手に入るようにもなりました。「不利益」「有害」な情報の中には，見るに耐えないものがたくさんあります。そのような情報に，児童生徒をいかに接触させないか，接触したとしても，どのように対応する術を教えるのかが課題です。以下，実際にあった実例を紹介します。

　総合的な学習で「ハンセン病」について学習をしていました。「ハンセン病」の学習では，国の誤った隔離政策で，今もなお，回復しても差別に苦しんでいる方がいらっしゃることを学びます。最初に，簡単に導入をした後，教員から「ハンセン病についてインターネットで調べてきましょう」という宿題が出されました。後日，宿題を点検すると，ハンセン病の事実に反する写真や事例が，調べてきた子どもたちのノートに列挙されていました。教員は「これはまずい」と思い「これは事実ではない。正しい事実は……」と授業をしたのですが，児童の脳裏には，インターネットで知った，「誤った情報」がこびりついているので，誤った認識を完全にぬ

ぐいとることは難しかったのです。

　憲法により情報発信が自由になっているので，このような誤った情報，ヘイトスピーチのような内容の情報の記載は増加傾向にあります。だれの確認もないので，反社会的集団の情報もそのままインターネット上に記載されます。子どもたちに「インターネットで調べておいで」と安易に伝えるのは，絶対に避けるべきです。教員は安易に「インターネットで調べて」と言ってしまいがちですが，事前に記載されている内容や配慮事項を把握しておかなければなりません。それ無くして，インターネットを使って調べることは大変危険な行為です。先に見た「ハンセン病」なら，学校で，教員の目の前で皆で調べるとよかったのではないでしょうか。万が一誤った情報が記載されていても，すぐには信じず，教員などに真意を確認する，ということもきちんと指導をするべきです。

　また，パソコンで調べることを宿題にすることも再考すべきです。パソコンがない家庭もあります。新聞にもいえることで，新聞をとっていない家庭もたくさんあります。そのような宿題を出されても，できない児童生徒はたくさんいます。これは「憲法第26条違反だ」と言われてもおかしくありません。

② 情報を発信する側として気をつけること

　児童生徒が調べたり，作成した情報を発信したりする事が学習活動でも行われています。学校のホームページに学習の成果として児童生徒が作成した新聞などを載せている場合もあります。大変すばらしい実践です。しかし，情報を発信する時に注意をすることがあります。

　児童生徒の個人情報が載っていないかを確認することは大切です。特定の児童生徒が推測される情報が記載されていないか点検をします。個人情報とは，一個人に対する2つ以上の情報が記載されている場合をいいます。この場合，「学校名」は既にわかっているので，個人の名前や顔が判別できる写真が記載されているだけで，個人情報漏洩になります。包括的基本権のプライバシーの権利の侵害にあたります。

　その他，誤字脱字がないかも確認しましょう。これは，教室や廊下の個人作品の掲示についてもよくいわれることです。誤字脱字をそのまま掲示をすると，その児童生徒の名誉毀損になります。いじめの対象になる可能性もありますし，「字を間違えた子だ」というレッテルをはられてしまうこともあります。名前がわからないようにしているから……という問題ではありません。誤字脱字をきちんと直す学校や教員の姿勢も見られているのです。

（松森靖行）

第5章 憲法学習を活かすために学校現場で気をつけること

9 ワークショップ型授業の工夫

▷1 ホリスティック（全包括的）
包括的，全体的な視点のこと。ホリスティック教育は，単に個別的な知を与えるのではなく，全体的な知の構造からアプローチしようとする。自然とのかかわりをはじめ，精神的なかかわりも重視し，学び深めることを目的とする。

ワークショップは，双方向的，ホリスティック（全包括的）な「学習」と「創造」の活動です。そしてワークショップの効用として，「体験」（身体と心をまるごと動員して実感していくこと），「参加」（教員から一方的に聴くのではなく自らかかわっていく主体性），「グループワーク」（双方向の相互作用や多様性の中で学びあうこと）という3つがあります。

① ワークショップとは

(1) ワークショップの実践とは

通常の授業は，知識伝達の講義式が多くを占めていました。しかし，教育現場では，主体的・対話的で深い学びに舵をきりつつあります。ワークショップの手順は，①情報（既知，学習すべき知）を共有する，②事実を探し共有しながら拡散（拡張）する，③混乱（混沌）し事実に基づき議論する，④まとめ収束し到達点を確認する，このようにして得る到達知は主体的-対話的・深い学びにつながり，オープンエンドとなります。

(2) 集団を意識すること

「知る」ことから「関心」が生まれて，自分と違う他者と相互関係で気づきが生まれます。気づきは「理解」につながります。そして，共通の課題になった社会課題について主権者としての「行動」を生んでいきます。このような相互作用をもった学びは，親和性の高い学級集団，もしくは，グループの形成によって，学習効果，成果をあげていくことになります。つまり，学習過程と集団形成のダイナミクスによって，このような授業形態がうまく機能できます。そこで，学習集団は，学級生活の自治や，生徒の誰も置き去りにしないクラスの雰囲気づくりを，授業者と担任が違う中高の学習現場では，学級の集団力学も含めた関係性の把握と変化に気を配ることが，ワークショップ型の授業の背景として大切になってきます。

▷2 体験知
学習知に対して，生活をしながら身につく知であり，同じ地域，所得階層の家庭では，同年齢で共通のものがある。それに対して，学習知は，生活をくぐるものと，そうでない制度・法的な知がある。憲法学習では，多くは，学習知として制度・法的な知を学んでいく。

(3) シュミレーションを使ったワークショップ

学校教育の学習は，学習課題の設定があり，中学校では，教科書を離れることは難しいのですが，高校では，体験知が向上しつつある世代なので，その生活知と結んだ学習課題であれば，ワークショップとして，学びをつくることも可能です。

ワークショップ型の憲法学習（シミュレーション）の例としては，憲法第

96条の憲法改正の議論が考えられるでしょう。具体的には，①グループで憲法第96条[43]の理解をはかる，②政治グループをつくり，グループで自分たちの意見，論拠を固める，③憲法改正をすべきかどうかについて，現実政治での論争課題を，主権者として議論するのです。

各段階の流れとしては，①親和的なグループでの知の共有をします。②意見を共有する各グループ間の意見を固め鍛えます。場合によっては，グループを変わることも認めます。③グループ間の討議により，未来の市民社会の在り方，憲法についての判断力を鍛えることができるのです。これは，シミュレーションを使ったワークショップです。普通のワークショップと違う点は，生徒の意見形成力や，この時点における意思決定力を養うことに焦点化されていることです。

② ワークショップの有効性と限界とは

ワークショップの有効性は高いといえます。生徒が社会や憲法を自分のこととして捉えることになるからです。それは，講義で知識を伝授されるのとは違います。今まで気づけなかった大人になる，市民社会の一員に育つうえでの課題が提起されます。また，その課題について日常を離れて考えます。それは，現実のルーティンな生活をおびやかす知を獲得する危険性をもつので，多くの生徒は，授業と日常を区別して考えます。しかし，その状況を超えて，憲法学習では，市民社会での集団生活が，社会から影響を受けているという自覚を促していきます。また，憲法学の知や人権の課題を知ることによって，個人から社会を見つめ，その主体者（当事者）として，社会の課題に立ち向かうことの意味を考える機会になります。さらに，集団で議論・討論・ディベートをすれば，その主体として判断し行動できる市民になっていくことができます。

ワークショップ形式は，結論や知識を身につける授業には向いていません。答えをひとつの方向にまとめていくのは，ワークショップではありません。ワークによる気づきを活かし，市民生活に影響を与えたり，多様な問題解決のアプローチがあることを生徒仲間と共有することが望ましいのです。

このようなワークショップ的な学びは，学習評価が難しいといえます。それは**ポートフォリオ評価**[44]や**パフォーマンス評価**[45]はできても，生徒が評価を意識すると創造的な学習ができなくなるからです。テストにワークショップの内容を出題するのも難しいかもしれません。獲得された知識の検証と評価につながるテストは，その客観性が問われる（生徒への説明責任）ことになるので，ワークショップも知識面に着目した一部の評価になってしまうのです。このような課題はありますが，社会と生徒を結んだ学習（憲法学習）にワークショップは可能性をもっているといえます。（杉浦真理）

▷3 憲法第96条は憲法改正の手続きを決めた条文。硬性憲法の性格を示し，基本的人権を守るために，憲法改正手続きを厳格化している。また，国民主権の発露としての国民投票を経ずして改正をできないように，立憲主義的な歯止めになっている。本書第4章37も参照。

▷4 ポートフォリオ評価
教育活動の前に，評価基準表をつくり，その評価基準表に即して，教育のレポート，生徒発表などのアウトプットを評価すること。教育評価だけでなく，本人の達成度の評価も入れることがある。評価基準，評価について，生徒も交えた検討会を行うこともある。

▷5 パフォーマンス評価
一定期間に教育活動をした評価の成果を測定し評価する。レポートやプレゼンテーション，ディベート，新聞作成などの技量，獲得知識など内容の達成度を評価する。

参考文献
荒木寿友（2016）「ワークショップの構造からみた新しい類型化の試み——連続した取り組みとしてワークショップを展開するために」『立命館教職教育研究』特別号。
中野民夫（2001）『ワークショップ』岩波書店。

10 提案・参加型授業の工夫

第5章 憲法学習を活かすために学校現場で気をつけること

　提案・参加型の授業は，歴史からつながっている現在を知り，憲法を静的に捉えず，動的に分析します。もちろん，何を分析してもよいのではなく，人権の発展を踏まえて，立憲主義を活用することになるのです。たとえば，人権の場合，21世紀的新しい権利は何かを考えてみましょう。

① 児童・生徒の資質能力を鍛える憲法学習とは

　小中学習指導要領（2017年告示），高校学習指導要領（2018年告示）では，育成をめざす具体的な資質・能力として，①生きて働く知識・技能，つまり，<u>何を理解しているのか</u>，②思考力・判断力・表現力等，つまり，<u>理解していることをどう使うか</u>，③学びに向かう力・人間性等，つまり，<u>どのような社会・世界と関り，より良い人生を送るか</u>が問われています。

　このような①②の学びを授業のグループワークとして組織したものが，主体的・対話的で深い学び（アクティブラーニング）です。さらに，③はシティズンシップ教育[41]的な未来の日本や世界を支えつなげる地球市民の育成と考えます。したがって，提案・参加型の学びは，憲法学習でも可能です。まず現行の憲法規定の正確な理解が出発点です。さらに，その法規定が社会で守られているか，どんな社会的課題が憲法裁判として取り上げられてきたかを考えます。つまり，憲法は，人権が侵害されている人，またはされていると感じている市民にとってとても重要であることをおさえます。そして，裁判を通して，憲法の番人[42]である裁判官に救済を求めるのです。つまり，<u>①何を理解しているかを超えて，②理解していることをどう使うか</u>という過程を歴史的に学ぶことになります。例として，思想信条の自由，表現の自由，平等権，生存権，**平和的生存権**[43]，環境権などにかかわって，多くの憲法裁判の例があげられるでしょう。

　市民として人権侵害を是認せず，自由な暮らしや世界を望み幸福を追求できる私たち市民の「不断の努力」を，「幾多の試練を超えて」私たちが保持する権利があります。①と②を通して，それについての児童，生徒の憲法を見る目を養うことができるのです。

② 提案，参加型の授業の例

　上記の説明から例をあげると，2004年自衛隊イラク派遣差止違憲訴訟が，

▷1　シティズンシップ教育
市民を育てる教育である。社会と個人のつながりが新自由主義の社会では弱くなっている。市民的社会的な課題について，個人の尊厳を保ちながら，自分と違う他者と共に市民社会を形成できる児童・生徒の育成をめざす教育。

▷2　憲法の番人
憲法の番人として，裁判所の裁判官に違憲立法審査権が付与されている。日本の場合，原告の具体的利益がないと裁判にならないので，違憲法令を直接裁判にかけることはできないが，具体的な人権侵害等があれば，憲法に照らして人権は救済される。最終的には，法令の改廃等，立法・行政の対応が必要になる。

▷3　平和的生存権
本書第5章3参照。

全国で起きました。これは、イラク戦争において、自衛隊がイラクで米兵や弾薬を運んでいたことが、平和的生存権（平和に生きる権利の保障）は具体的な権利であることを認めました。名古屋高裁の判決（2008）は、この原告の主張を認めました（名古屋高判平成20年4月17日）。まず、この訴状では、自衛隊のイラク派兵が市民の平和的生存権を脅かしていることで、憲法裁判が原告によって提起されました。この内容を理解することが必要です。被告の国側は、イラクの派遣先は戦闘地域ではありません。第9条の交戦権行使や、武力の行使、威嚇にあたらないという主張、また、平和的生存権は憲法的権利ではないという主張も争われました。

このような裁判という2項対立の場を教室に再現して、法的議論を、シミュレートするような生徒が原告役（代理人をつける）になり、その他の生徒が国側の被告役（代理人をつける）をロールプレイさせながら、傍聴人生徒に、判決を考えてもらいましょう。裁判の指揮は、教員が行うことができれば、憲法裁判のミニ再現とした参加型の授業ができます。最後に、平和的生存権とは何かをレポートし、この裁判の憲法裁判としての意義と課題について、生徒にレポートを書いてもらうのです。さらに、名古屋高裁判決を答えとするのではなく、市民の目線から、憲法に照らして、自衛隊のこの活動憲法に違反するかしないか、そのための事実認定や、証拠を上げながら、法の番人の機能を行ってみましょう。このことによって、刑事事件で活用されている裁判員の資質も養われます。中には、統治行為論を理由に裁判としてなじまないという主張の生徒もいれば、名古屋高裁の判決のように、平和的生存権を認める生徒もいるでしょう。

このような提案、参加型の授業では、第9条や前文をただ覚えることにとどまらず、①何を理解しているかを超えて、②理解していることをどう使うか、さらに③学びに向かう力・人間性等、どのような社会・世界と関り、より良い人生を送るかについても踏み込んだ授業を行うことができます。

他に、朝日訴訟の生存権の授業、国立マンション規制景観条例の財産権と環境権の授業、田中真紀子代議士の娘のプライバシーの権利と表現の自由の授業、津地鎮祭訴訟を使った宗教と国との関係を考える授業、選択的夫婦別姓と婚姻の自由、平等権の授業、なども考えられます。憲法裁判を通して、その対立の主張を分析し、事実を確認し、憲法に照らして考えてみること、さらに判決を相対化し、自分の未来社会と憲法の人権保障の在り方を考えることは、ただ憲法の価値を確認するだけでなく、「不断の努力」で人権を支える市民を育成する提案、参加型の授業をつくることにつながります。また、大いなる可能性があるのです。

（杉浦真理）

▷4 イラク戦争
1991年アメリカのブッシュJr.大統領が起こした戦争。イラクのフセイン政権はアメリカをはじめとする多国籍軍の武力侵攻によって崩壊した。現在につながるイラクの政情不安の原因を作った戦争。

▷5 国立マンション規制景観条例ができた背景には、「国立マンション規制景観訴訟」がある。これは、国立市の高層マンション規制条例を巡り、市が業者に支払った損害賠償金を元市長個人が負担するよう請求されていた問題。景観についての権利と財産権が裁判の焦点になった（最判平成18年3月30日）。

参考文献
杉浦真理（2013）『シティズンシップ教育のすすめ』法律文化社。
樋口陽一（2017）『六訂憲法入門』勁草書房。
上原公子ほか（2017）『国立景観裁判・ドキュメント17年』自治体研究社。
川口創・大塚英志（2009）『「自衛隊のイラク派遣差止訴訟」判決文を読む』角川書店。
水島朝穂（2016）『18歳からはじめる憲法（第2版）』法律文化社。

さらに学びたい人へのブックガイド

○佐藤正寿（2013）『新版　価値ある出会いが教師を変える』学事出版。
　教師としてどのように生きるのか，また，子どもたちにどうかかわるのかが書かれています。日本国憲法とのかかわりも理解することができ，憲法学習にも活かすことができます。

○松森靖行（2016）『子どもと保護者の心をわしづかむ！デキる教師の目配り・気配り・思いやり』明治図書出版。
　子どもと保護者の気持ちを大切にして，どうかかわるのかをわかりやすく説明した１冊。授業実践や保護者対応を通しての人権感覚の育成についても言及されています。

○荒木寿友（2017）『ゼロから学べる道徳科授業づくり』明治図書出版。
　道徳の教科化へ向けて，細かく指南された本。道徳科の授業づくりについて詳しく書かれています。道徳的な価値を授業で追究することは，憲法学習にも活かすことができます。

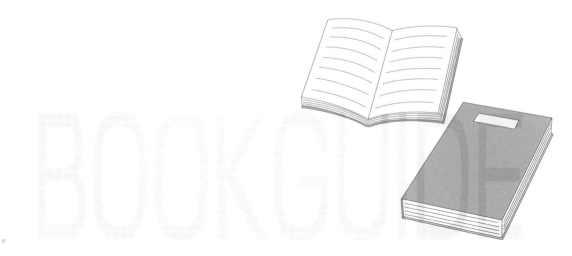

巻末資料

日本国憲法

(昭和21年11月3日公布)
(昭和22年5月3日施行)

　日本国民は、正当に選挙された国会における代表者を通じて行動し、われらとわれらの子孫のために、諸国民との協和による成果と、わが国全土にわたつて自由のもたらす恵沢を確保し、政府の行為によつて再び戦争の惨禍が起ることのないやうにすることを決意し、ここに主権が国民に存することを宣言し、この憲法を確定する。そもそも国政は、国民の厳粛な信託によるものであつて、その権威は国民に由来し、その権力は国民の代表者がこれを行使し、その福利は国民がこれを享受する。これは人類普遍の原理であり、この憲法は、かかる原理に基くものである。われらは、これに反する一切の憲法、法令及び詔勅を排除する。

　日本国民は、恒久の平和を念願し、人間相互の関係を支配する崇高な理想を深く自覚するのであつて、平和を愛する諸国民の公正と信義に信頼して、われらの安全と生存を保持しようと決意した。われらは、平和を維持し、専制と隷従、圧迫と偏狭を地上から永遠に除去しようと努めてゐる国際社会において、名誉ある地位を占めたいと思ふ。われらは、全世界の国民が、ひとしく恐怖と欠乏から免かれ、平和のうちに生存する権利を有することを確認する。

　われらは、いづれの国家も、自国のことのみに専念して他国を無視してはならないのであつて、政治道徳の法則は、普遍的なものであり、この法則に従ふことは、自国の主権を維持し、他国と対等関係に立たうとする各国の責務であると信ずる。

　日本国民は、国家の名誉にかけ、全力をあげてこの崇高な理想と目的を達成することを誓ふ。

第1章　天皇

〔天皇の象徴的地位、国民主権〕
第1条　天皇は、日本国の象徴であり日本国民統合の象徴であつて、この地位は、主権の存する日本国民の総意に基く。
〔皇位の世襲と継承〕
第2条　皇位は、世襲のものであつて、国会の議決した皇室典範の定めるところにより、これを継承する。
〔天皇の国事行為に対する内閣の助言・承認・責任〕
第3条　天皇の国事に関するすべての行為には、内閣の助言と承認を必要とし、内閣が、その責任を負ふ。
〔天皇の国事行為の限定とその委任〕
第4条　天皇は、この憲法の定める国事に関する行為のみを行ひ、国政に関する権能を有しない。
2　天皇は、法律の定めるところにより、その国事に関する行為を委任することができる。
〔摂政〕
第5条　皇室典範の定めるところにより摂政を置くときは、摂政は、天皇の名でその国事に関する行為を行ふ。この場合には、前条第1項の規定を準用する。
〔天皇の国事行為―内閣総理大臣・最高裁長官任命〕
第6条　天皇は、国会の指名に基いて、内閣総理大臣を任命する。
2　天皇は、内閣の指名に基いて、最高裁判所の長たる裁判官を任命する。
〔天皇の国事行為―その他〕
第7条　天皇は、内閣の助言と承認により、国民のために、左の国事に関する行為を行ふ。
　一　憲法改正、法律、政令及び条約を公布すること。
　二　国会を召集すること。
　三　衆議院を解散すること。
　四　国会議員の総選挙の施行を公示すること。
　五　国務大臣及び法律の定めるその他の官吏の任免並びに全権委任状及び大使及び公使の信任状を認証すること。
　六　大赦、特赦、減刑、刑の執行の免除及び復権を認証すること。
　七　栄典を授与すること。
　八　批准書及び法律の定めるその他の外交文書を認証すること。
　九　外国の大使及び公使を接受すること。
　十　儀式を行ふこと。
〔皇室の財産授受〕
第8条　皇室に財産を譲り渡し、又は皇室が、財産を譲り受け、若しくは賜与することは、国会の議決に基かなければならない。

第2章　戦争の放棄

〔戦争の放棄、戦力の不保持、交戦権の否認〕
第9条　日本国民は、正義と秩序を基調とする国際平和を誠実に希求し、国権の発動たる戦争と、武力による威嚇又は武力の行使は、国際紛争を解決する手段としては、永久にこれを放棄する。
2　前項の目的を達するため、陸海空軍その他の戦力は、これを保持しない。国の交戦権は、これを認めない。

第3章　国民の権利及び義務

〔日本国民たる要件〕
第10条　日本国民たる要件は，法律でこれを定める。

〔国民の基本的人権の永久不可侵性〕
第11条　国民は，すべての基本的人権の享有を妨げられない。この憲法が国民に保障する基本的人権は，侵すことのできない永久の権利として，現在及び将来の国民に与へられる。

〔自由及び権利の保持責任，濫用の禁止，利用責任〕
第12条　この憲法が国民に保障する自由及び権利は，国民の不断の努力によつて，これを保持しなければならない。又，国民は，これを濫用してはならないのであつて，常に公共の福祉のためにこれを利用する責任を負ふ。

〔個人の尊重〕
第13条　すべて国民は，個人として尊重される。生命，自由及び幸福追求に対する国民の権利については，公共の福祉に反しない限り，立法その他の国政の上で，最大の尊重を必要とする。

〔法の下の平等，貴族制度の否認，栄典の授与〕
第14条　すべて国民は，法の下に平等であつて，人種，信条，性別，社会的身分又は門地により，政治的，経済的又は社会的関係において，差別されない。
2　華族その他の貴族の制度は，これを認めない。
3　栄誉，勲章その他の栄典の授与は，いかなる特権も伴はない。栄典の授与は，現にこれを有し，又は将来これを受ける者の一代に限り，その効力を有する。

〔国民の公務員選定罷免権，公務員の本質，普通選挙及び秘密投票の保障〕
第15条　公務員を選定し，及びこれを罷免することは，国民固有の権利である。
2　すべて公務員は，全体の奉仕者であつて，一部の奉仕者ではない。
3　公務員の選挙については，成年者による普通選挙を保障する。
4　すべて選挙における投票の秘密は，これを侵してはならない。選挙人は，その選択に関し公的にも私的にも責任を問はれない。

〔請願権〕
第16条　何人も，損害の救済，公務員の罷免，法律，命令又は規則の制定，廃止又は改正その他の事項に関し，平穏に請願する権利を有し，何人も，かかる請願をしたためにいかなる差別待遇も受けない。

〔公務員の不法行為による損害賠償〕
第17条　何人も，公務員の不法行為により，損害を受けたときは，法律の定めるところにより，国又は公共団体に，その賠償を求めることができる。

〔奴隷的拘束及び苦役からの自由〕
第18条　何人も，いかなる奴隷的拘束も受けない。又，犯罪に因る処罰の場合を除いては，その意に反する苦役に服させられない。

〔思想及び良心の自由〕
第19条　思想及び良心の自由は，これを侵してはならない。

〔信教の自由〕
第20条　信教の自由は，何人に対してもこれを保障する。いかなる宗教団体も，国から特権を受け，又は政治上の権力を行使してはならない。
2　何人も，宗教上の行為，祝典，儀式又は行事に参加することを強制されない。
3　国及びその機関は，宗教教育その他いかなる宗教的活動もしてはならない。

〔集会・結社・表現の自由，検閲の禁止〕
第21条　集会，結社及び言論，出版その他一切の表現の自由は，これを保障する。
2　検閲は，これをしてはならない。通信の秘密は，これを侵してはならない。

〔居住，移転，職業選択，外国移住，国籍離脱の自由〕
第22条　何人も，公共の福祉に反しない限り，居住，移転及び職業選択の自由を有する。
2　何人も，外国に移住し，又は国籍を離脱する自由を侵されない。

〔学問の自由〕
第23条　学問の自由は，これを保障する。

〔家族生活における個人の尊厳と両性の平等〕
第24条　婚姻は，両性の合意のみに基いて成立し，夫婦が同等の権利を有することを基本として，相互の協力により，維持されなければならない。
2　配偶者の選択，財産権，相続，住居の選定，離婚並びに婚姻及び家族に関するその他の事項に関しては，法律は，個人の尊厳と両性の本質的平等に立脚して，制定されなければならない。

〔国民の生存権，国の保障義務〕
第25条　すべて国民は，健康で文化的な最低限度の生活を営む権利を有する。
2　国は，すべての生活部面について，社会福祉，社会保障及び公衆衛生の向上及び増進に努めなければならない。

〔教育を受ける権利，受けさせる義務〕
第26条　すべて国民は，法律の定めるところにより，その能力に応じて，ひとしく教育を受ける権利を有する。
2　すべて国民は，法律の定めるところにより，その保護する子女に普通教育を受けさせる義務を負ふ。義務教育は，これを無償とする。

〔勤労の権利・義務，勤労条件の基準，児童酷使の禁止〕
第27条　すべて国民は，勤労の権利を有し，義務を負ふ。
2　賃金，就業時間，休息その他の勤労条件に関する基準は，法律でこれを定める。
3　児童は，これを酷使してはならない。

〔労働者の団結権・団体行動権〕

第28条 勤労者の団結する権利及び団体交渉その他の団体行動をする権利は、これを保障する。

〔財産権〕

第29条 財産権は、これを侵してはならない。

2　財産権の内容は、公共の福祉に適合するやうに、法律でこれを定める。

3　私有財産は、正当な補償の下に、これを公共のために用ひることができる。

〔納税の義務〕

第30条 国民は、法律の定めるところにより、納税の義務を負ふ。

〔法定手続の保障〕

第31条 何人も、法律の定める手続によらなければ、その生命若しくは自由を奪はれ、又はその他の刑罰を科せられない。

〔裁判を受ける権利〕

第32条 何人も、裁判所において裁判を受ける権利を奪はれない。

〔逮捕に対する保障〕

第33条 何人も、現行犯として逮捕される場合を除いては、権限を有する司法官憲が発し、且つ理由となつてゐる犯罪を明示する令状によらなければ、逮捕されない。

〔抑留・拘禁に対する保障〕

第34条 何人も、理由を直ちに告げられ、且つ、直ちに弁護人に依頼する権利を与へられなければ、抑留又は拘禁されない。又、何人も、正当な理由がなければ、拘禁されず、要求があれば、その理由は、直ちに本人及びその弁護人の出席する公開の法廷で示されなければならない。

〔住居侵入・捜索・押収に対する保障〕

第35条 何人も、その住居、書類及び所持品について、侵入、捜索及び押収を受けることのない権利は、第33条の場合を除いては、正当な理由に基いて発せられ、且つ捜索する場所及び押収する物を明示する令状がなければ、侵されない。

2　捜索又は押収は、権限を有する司法官憲が発する各別の令状により、これを行ふ。

〔拷問及び残虐な刑罰の禁止〕

第36条 公務員による拷問及び残虐な刑罰は、絶対にこれを禁ずる。

〔刑事被告人の諸権利〕

第37条 すべて刑事事件においては、被告人は、公平な裁判所の迅速な公開裁判を受ける権利を有する。

2　刑事被告人は、すべての証人に対して審問する機会を充分に与へられ、又、公費で自己のために強制的手続により証人を求める権利を有する。

3　刑事被告人は、いかなる場合にも、資格を有する弁護人を依頼することができる。被告人が自らこれを依頼することができないときは、国でこれを附する。

〔黙秘権、自白の証拠能力〕

第38条 何人も、自己に不利益な供述を強要されない。

2　強制、拷問若しくは脅迫による自白又は不当に長く抑留若しくは拘禁された後の自白は、これを証拠とすることができない。

3　何人も、自己に不利益な唯一の証拠が本人の自白である場合には、有罪とされ、又は刑罰を科せられない。

〔遡及処罰の禁止、二重処罰の禁止〕

第39条 何人も、実行の時に適法であつた行為又は既に無罪とされた行為については、刑事上の責任を問はれない。又、同一の犯罪について、重ねて刑事上の責任を問はれない。

〔刑事補償〕

第40条 何人も、抑留又は拘禁された後、無罪の裁判を受けたときは、法律の定めるところにより、国にその補償を求めることができる。

第4章　国　会

〔国会の地位、立法権〕

第41条 国会は、国権の最高機関であつて、国の唯一の立法機関である。

〔両院制〕

第42条 国会は、衆議院及び参議院の両議院でこれを構成する。

〔両議院の組織〕

第43条 両議院は、全国民を代表する選挙された議員でこれを組織する。

2　両議院の議員の定数は、法律でこれを定める。

〔国会議員及び選挙人の資格〕

第44条 両議院の議員及びその選挙人の資格は、法律でこれを定める。但し、人種、信条、性別、社会的身分、門地、教育、財産又は収入によつて差別してはならない。

〔衆議院議員の任期〕

第45条 衆議院議員の任期は、4年とする。但し、衆議院解散の場合には、その期間満了前に終了する。

〔参議院議員の任期〕

第46条 参議院議員の任期は、6年とし、3年ごとに議員の半数を改選する。

〔選挙に関する事項の法定〕

第47条 選挙区、投票の方法その他両議院の議員の選挙に関する事項は、法律でこれを定める。

〔両議院議員兼職禁止〕

第48条 何人も、同時に両議院の議員たることはできない。

〔議員の歳費〕

第49条 両議院の議員は、法律の定めるところにより、国庫から相当額の歳費を受ける。

〔議員の不逮捕特権〕

第50条 両議院の議員は、法律の定める場合を除いては、国会の会期中逮捕されず、会期前に逮捕された議員は、その

〔議員の発言・表決の無責任〕
第51条 両議院の議員は、議院で行つた演説、討論又は表決について、院外で責任を問はれない。

〔常会〕
第52条 国会の常会は、毎年1回これを召集する。

〔臨時会〕
第53条 内閣は、国会の臨時会の召集を決定することができる。いづれかの議院の総議員の4分の1以上の要求があれば、内閣は、その召集を決定しなければならない。

〔衆議院の解散と総選挙、特別会〕
第54条 衆議院が解散されたときは、解散の日から40日以内に、衆議院議員の総選挙を行ひ、その選挙の日から30日以内に、国会を召集しなければならない。
2 衆議院が解散されたときは、参議院は、同時に閉会となる。但し、内閣は、国に緊急の必要があるときは、参議院の緊急集会を求めることができる。
3 前項但書の緊急集会において採られた措置は、臨時のものであつて、次の国会開会の後10日以内に、衆議院の同意がない場合には、その効力を失ふ。

〔議員の資格争訟〕
第55条 両議院は、各々その議員の資格に関する争訟を裁判する。但し、議員の議席を失はせるには、出席議員の3分の2以上の多数による議決を必要とする。

〔議員の定足数、議決〕
第56条 両議院は、各々その総議員の3分の1以上の出席がなければ、議事を開き議決することができない。
2 両議院の議事は、この憲法に特別の定のある場合を除いては、出席議員の過半数でこれを決し、可否同数のときは、議長の決するところによる。

〔会議の公開と秘密会、会議録〕
第57条 両議院の会議は、公開とする。但し、出席議員の3分の2以上の多数で議決したときは、秘密会を開くことができる。
2 両議院は、各々その会議の記録を保存し、秘密会の記録の中で特に秘密を要すると認められるもの以外は、これを公表し、且つ一般に頒布しなければならない。
3 出席議員の5分の1以上の要求があれば、各議員の表決は、これを会議録に記載しなければならない。

〔役員の選任、議院規則、懲罰〕
第58条 両議院は、各々その議長その他の役員を選任する。
2 両議院は、各々その会議その他の手続及び内部の規律に関する規則を定め、又、院内の秩序をみだした議員を懲罰することができる。但し、議員を除名するには、出席議員の3分の2以上の多数による議決を必要とする。

〔法律案の議決、衆議院の優越〕
第59条 法律案は、この憲法に特別の定のある場合を除いては、両議院で可決したとき法律となる。
2 衆議院で可決し、参議院でこれと異なつた議決をした法律案は、衆議院で出席議員の3分の2以上の多数で再び可決したときは、法律となる。
3 前項の規定は、法律の定めるところにより、衆議院が、両議院の協議会を開くことを求めることを妨げない。
4 参議院が、衆議院の可決した法律案を受け取つた後、国会休会中の期間を除いて60日以内に、議決しないときは、衆議院は、参議院がその法律案を否決したものとみなすことができる。

〔衆議院の予算先議と優越〕
第60条 予算は、さきに衆議院に提出しなければならない。
2 予算について、参議院で衆議院と異なつた議決をした場合に、法律の定めるところにより、両議院の協議会を開いても意見が一致しないとき、又は参議院が、衆議院の可決した予算を受け取つた後、国会休会中の期間を除いて30日以内に、議決しないときは、衆議院の議決を国会の議決とする。

〔条約の国会承認と衆議院の優越〕
第61条 条約の締結に必要な国会の承認については、前条第2項の規定を準用する。

〔議院の国政調査権〕
第62条 両議院は、各々国政に関する調査を行ひ、これに関して、証人の出頭及び証言並びに記録の提出を要求することができる。

〔国務大臣の議院出席〕
第63条 内閣総理大臣その他の国務大臣は、両議院の一に議席を有すると有しないとにかかはらず、何時でも議案について発言するため議院に出席することができる。又、答弁又は説明のため出席を求められたときは、出席しなければならない。

〔弾劾裁判所〕
第64条 国会は、罷免の訴追を受けた裁判官を裁判するため、両議院の議員で組織する弾劾裁判所を設ける。
2 弾劾に関する事項は、法律でこれを定める。

第5章 内閣

〔行政権と内閣〕
第65条 行政権は、内閣に属する。

〔内閣の組織、国務大臣の文民資格、国会に対する連帯責任〕
第66条 内閣は、法律の定めるところにより、その首長たる内閣総理大臣及びその他の国務大臣でこれを組織する。
2 内閣総理大臣その他の国務大臣は、文民でなければならない。
3 内閣は、行政権の行使について、国会に対し連帯して責任を負ふ。

〔内閣総理大臣の指名、衆議院の優越〕
第67条 内閣総理大臣は、国会議員の中から国会の議決で、

これを指名する。この指名は，他のすべての案件に先だつて，これを行ふ。
2 　衆議院と参議院とが異なつた指名の議決をした場合に，法律の定めるところにより，両議院の協議会を開いても意見が一致しないとき，又は衆議院が指名の議決をした後，国会休会中の期間を除いて10日以内に，参議院が，指名の議決をしないときは，衆議院の議決を国会の議決とする。

〔国務大臣の任命と罷免〕
第68条　内閣総理大臣は，国務大臣を任命する。但し，その過半数は，国会議員の中から選ばれなければならない。
2 　内閣総理大臣は，任意に国務大臣を罷免することができる。

〔衆議院の内閣不信任，解散又は総辞職〕
第69条　内閣は，衆議院で不信任の決議案を可決し，又は信任の決議案を否決したときは，10日以内に衆議院が解散されない限り，総辞職をしなければならない。

〔内閣総理大臣の欠缺又は総選挙後の内閣総辞職〕
第70条　内閣総理大臣が欠けたとき，又は衆議院議員総選挙の後に初めて国会の召集があつたときは，内閣は，総辞職をしなければならない。

〔総辞職後の内閣の職務執行〕
第71条　前2条の場合には，内閣は，あらたに内閣総理大臣が任命されるまで引き続きその職務を行ふ。

〔内閣総理大臣の職務〕
第72条　内閣総理大臣は，内閣を代表して議案を国会に提出し，一般国務及び外交関係について国会に報告し，並びに行政各部を指揮監督する。

〔内閣の事務〕
第73条　内閣は，他の一般行政事務の外，左の事務を行ふ。
　一　法律を誠実に執行し，国務を総理すること。
　二　外交関係を処理すること。
　三　条約を締結すること。但し，事前に，時宜によつては事後に，国会の承認を経ることを必要とする。
　四　法律の定める基準に従ひ，官吏に関する事務を掌理すること。
　五　予算を作成して国会に提出すること。
　六　この憲法及び法律の規定を実施するために，政令を制定すること。但し，政令には，特にその法律の委任がある場合を除いては，罰則を設けることができない。
　七　大赦，特赦，減刑，刑の執行の免除及び復権を決定すること。

〔法律・政令の署名及び連署〕
第74条　法律及び政令には，すべて主任の国務大臣が署名し，内閣総理大臣が連署することを必要とする。

〔国務大臣の訴追〕
第75条　国務大臣は，その在任中，内閣総理大臣の同意がなければ，訴追されない。但し，これがため，訴追の権利は，害されない。

第6章　司　法

〔司法権の独立〕
第76条　すべて司法権は，最高裁判所及び法律の定めるところにより設置する下級裁判所に属する。
2 　特別裁判所は，これを設置することができない。行政機関は，終審として裁判を行ふことができない。
3 　すべて裁判官は，その良心に従ひ独立してその職権を行ひ，この憲法及び法律にのみ拘束される。

〔最高裁判所の規則制定権〕
第77条　最高裁判所は，訴訟に関する手続，弁護士，裁判所の内部規律及び司法事務処理に関する事項について，規則を定める権限を有する。
2 　検察官は，最高裁判所の定める規則に従はなければならない。
3 　最高裁判所は，下級裁判所に関する規則を定める権限を，下級裁判所に委任することができる。

〔裁判官の身分保障〕
第78条　裁判官は，裁判により，心身の故障のために職務を執ることができないと決定された場合を除いては，公の弾劾によらなければ罷免されない。裁判官の懲戒処分は，行政機関がこれを行ふことはできない。

〔最高裁判所裁判官，国民審査〕
第79条　最高裁判所は，その長たる裁判官及び法律の定める員数のその他の裁判官でこれを構成し，その長たる裁判官以外の裁判官は，内閣でこれを任命する。
2 　最高裁判所の裁判官の任命は，その任命後初めて行はれる衆議院議員総選挙の際国民の審査に付し，その後10年を経過した後初めて行はれる衆議院議員総選挙の際更に審査に付し，その後も同様とする。
3 　前項の場合において，投票者の多数が裁判官の罷免を可とするときは，その裁判官は，罷免される。
4 　審査に関する事項は，法律でこれを定める。
5 　最高裁判所の裁判官は，法律の定める年齢に達した時に退官する。
6 　最高裁判所の裁判官は，すべて定期に相当額の報酬を受ける。この報酬は，在任中，これを減額することができない。

〔下級裁判所裁判官〕
第80条　下級裁判所の裁判官は，最高裁判所の指名した者の名簿によつて，内閣でこれを任命する。その裁判官は，任期を10年とし，再任されることができる。但し，法律の定める年齢に達した時には退官する。
2 　下級裁判所の裁判官は，すべて定期に相当額の報酬を受ける。この報酬は，在任中，これを減額することができない。

〔最高裁判所の違憲法令審査権〕
第81条　最高裁判所は，一切の法律，命令，規則又は処分が

憲法に適合するかしないかを決定する権限を有する終審裁判所である。

〔裁判の公開〕

第82条 裁判の対審及び判決は，公開法廷でこれを行ふ。

2　裁判所が，裁判官の全員一致で，公の秩序又は善良の風俗を害する虞があると決した場合には，対審は，公開しないでこれを行ふことができる。但し，政治犯罪，出版に関する犯罪又はこの憲法第3章で保障する国民の権利が問題となつてゐる事件の対審は，常にこれを公開しなければならない。

第7章　財　政

〔財政処理の基本原則〕

第83条 国の財政を処理する権限は，国会の議決に基いて，これを行使しなければならない。

〔租税法律主義〕

第84条 あらたに租税を課し，又は現行の租税を変更するには，法律又は法律の定める条件によることを必要とする。

〔国費の支出及び債務負担と国会の議決〕

第85条 国費を支出し，又は国が債務を負担するには，国会の議決に基くことを必要とする。

〔予算の作成と国会の議決〕

第86条 内閣は，毎会計年度の予算を作成し，国会に提出して，その審議を受け議決を経なければならない。

〔予備費〕

第87条 予見し難い予算の不足に充てるため，国会の議決に基いて予備費を設け，内閣の責任でこれを支出することができる。

2　すべて予備費の支出については，内閣は，事後に国会の承諾を得なければならない。

〔皇室財産，皇室費用〕

第88条 すべて皇室財産は，国に属する。すべて皇室の費用は，予算に計上して国会の議決を経なければならない。

〔公の財産の支出・利用の制限〕

第89条 公金その他の公の財産は，宗教上の組織若しくは団体の使用，便益若しくは維持のため，又は公の支配に属しない慈善，教育若しくは博愛の事業に対し，これを支出し，又はその利用に供してはならない。

〔決算，会計検査院〕

第90条 国の収入支出の決算は，すべて毎年会計検査院がこれを検査し，内閣は，次の年度に，その検査報告とともに，これを国会に提出しなければならない。

2　会計検査院の組織及び権限は，法律でこれを定める。

〔内閣の財政状況報告〕

第91条 内閣は，国会及び国民に対し，定期に，少くとも毎年1回，国の財政状況について報告しなければならない。

第8章　地方自治

〔地方自治の原則〕

第92条 地方公共団体の組織及び運営に関する事項は，地方自治の本旨に基いて，法律でこれを定める。

〔地方公共団体の議会，長・議員等の直接選挙〕

第93条 地方公共団体には，法律の定めるところにより，その議事機関として議会を設置する。

2　地方公共団体の長，その議会の議員及び法律の定めるその他の吏員は，その地方公共団体の住民が，直接これを選挙する。

〔地方公共団体の権能〕

第94条 地方公共団体は，その財産を管理し，事務を処理し，及び行政を執行する権能を有し，法律の範囲内で条例を制定することができる。

〔特別法の住民投票〕

第95条 一の地方公共団体のみに適用される特別法は，法律の定めるところにより，その地方公共団体の住民の投票においてその過半数の同意を得なければ，国会は，これを制定することができない。

第9章　改　正

〔憲法改正の発議・国民投票・公布〕

第96条 この憲法の改正は，各議院の総議員の3分の2以上の賛成で，国会が，これを発議し，国民に提案してその承認を経なければならない。この承認には，特別の国民投票又は国会の定める選挙の際行はれる投票において，その過半数の賛成を必要とする。

2　憲法改正について前項の承認を経たときは，天皇は，国民の名で，この憲法と一体を成すものとして，直ちにこれを公布する。

第10章　最高法規

〔基本的人権の本質〕

第97条 この憲法が日本国民に保障する基本的人権は，人類の多年にわたる自由獲得の努力の成果であつて，これらの権利は，過去幾多の試錬に堪へ，現在及び将来の国民に対し，侵すことのできない永久の権利として信託されたものである。

〔憲法の最高法規性，条約及び国際法規の遵守〕

第98条 この憲法は，国の最高法規であつて，その条規に反する法律，命令，詔勅及び国務に関するその他の行為の全部又は一部は，その効力を有しない。

2　日本国が締結した条約及び確立された国際法規は，これを誠実に遵守することを必要とする。

〔憲法尊重擁護の義務〕

第99条 天皇又は摂政及び国務大臣，国会議員，裁判官その他の公務員は，この憲法を尊重し擁護する義務を負ふ。

第11章 補　則

〔施行期日〕
第100条　この憲法は，公布の日から起算して6箇月を経過した日から，これを施行する。
2　この憲法を施行するために必要な法律の制定，参議院議員の選挙及び国会召集の手続並びにこの憲法を施行するために必要な準備手続は，前項の期日よりも前に，これを行ふことができる。

〔経過規定〕
第101条　この憲法施行の際，参議院がまだ成立してゐないときは，その成立するまでの間，衆議院は，国会としての権限を行ふ。

〔経過規定〕
第102条　この憲法による第1期の参議院議員のうち，その半数の者の任期は，これを3年とする。その議員は，法律の定めるところにより，これを定める。

〔経過規定〕
第103条　この憲法施行の際現に在職する国務大臣，衆議院議員及び裁判官並びにその他の公務員で，その地位に相応する地位がこの憲法で認められてゐる者は，法律で特別の定をした場合を除いては，この憲法施行のため，当然にはその地位を失ふことはない。但し，この憲法によつて，後任者が選挙又は任命されたときは，当然その地位を失ふ。

＊注　〔　〕の見出しは編集部が付した。

小学校学習指導要領（抄）

平成29年3月31日
文部科学省告示第63号
平成32年4月1日施行

第2節　社会

第1　目標
　（中略）
第2　各学年の目標及び内容
　（中略）
〔第6学年〕
1　目標
　　社会的事象の見方・考え方を働かせ，学習の問題を追究・解決する活動を通して，次のとおり資質・能力を育成することを目指す。
　(1)　我が国の政治の考え方と仕組みや働き，国家及び社会の発展に大きな働きをした先人の業績や優れた文化遺産，我が国と関係の深い国の生活やグローバル化する国際社会における我が国の役割について理解するとともに，地図帳や地球儀，統計や年表などの各種の基礎的資料を通して，情報を適切に調べまとめる技能を身に付けるようにする。
　(2)　社会的事象の特色や相互の関連，意味を多角的に考える力，社会に見られる課題を把握して，その解決に向けて社会への関わり方を選択・判断する力，考えたことや選択・判断したことを説明したり，それらを基に議論したりする力を養う。
　(3)　社会的事象について，主体的に学習の問題を解決しようとする態度や，よりよい社会を考え学習したことを社会生活に生かそうとする態度を養うとともに，多角的な思考や理解を通して，我が国の歴史や伝統を大切にして国を愛する心情，我が国の将来を担う国民としての自覚や平和を願う日本人として世界の国々の人々と共に生きることの大切さについての自覚を養う。
2　内容
　(1)　我が国の政治の働きについて，学習の問題を追究・解決する活動を通して，次の事項を身に付けることができるよう指導する。
　　ア　次のような知識及び技能を身に付けること。
　　　(ｱ)　日本国憲法は国家の理想，天皇の地位，国民としての権利及び義務など国家や国民生活の基本を定めていることや，現在の我が国の民主政治は日本国憲法の基本的な考え方に基づいていることを理解するとともに，立法，行政，司法の三権がそれぞれの役割を果たしていることを理解すること。
　　　(ｲ)　国や地方公共団体の政治は，国民主権の考え方の下，国民生活の安定と向上を図る大切な働きをしていることを理解すること。
　　　(ｳ)　見学・調査したり各種の資料で調べたりして，まとめること。
　　イ　次のような思考力，判断力，表現力等を身に付けること。
　　　(ｱ)　日本国憲法の基本的な考え方に着目して，我が国の民主政治を捉え，日本国憲法が国民生活に果たす役割や，国会，内閣，裁判所と国民との関わりを考え，表現すること。
　　　(ｲ)　政策の内容や計画から実施までの過程，法令や予算との関わりなどに着目して，国や地方公共団体の政治の取組を捉え，国民生活における政治の働きを考え，表現すること。
　(2)　我が国の歴史上の主な事象について，学習の問題を追究・解決する活動を通して，次の事項を身に付けることができるよう指導する。
　　ア　次のような知識及び技能を身に付けること。その際，我が国の歴史上の主な事象を手掛かりに，大まかな歴史を理解するとともに，関連する先人の業績，優れた文化遺産を理解すること。
　　　(ｱ)　狩猟・採集や農耕の生活，古墳，大和朝廷（大和政権）による統一の様子を手掛かりに，むらからくにへと変化したことを理解すること。その際，神話・伝承を手掛かりに，国の形成に関する考え方などに関心をもつこと。
　　　(ｲ)　大陸文化の摂取，大化の改新，大仏造営の様子を手掛かりに，天皇を中心とした政治が確立されたことを理解すること。
　　　(ｳ)　貴族の生活や文化を手掛かりに，日本風の文化が生まれたことを理解すること。
　　　(ｴ)　源平の戦い，鎌倉幕府の始まり，元との戦いを手掛かりに，武士による政治が始まったことを理解すること。
　　　(ｵ)　京都の室町に幕府が置かれた頃の代表的な建造物や絵画を手掛かりに，今日の生活文化につながる室町文化が生まれたことを理解すること。
　　　(ｶ)　キリスト教の伝来，織田・豊臣の天下統一を手掛かりに，戦国の世が統一されたことを理解すること。
　　　(ｷ)　江戸幕府の始まり，参勤交代や鎖国などの幕府の

政策，身分制を手掛かりに，武士による政治が安定したことを理解すること。
(ク) 歌舞伎や浮世絵，国学や蘭学を手掛かりに，町人の文化が栄え新しい学問がおこったことを理解すること。
(ケ) 黒船の来航，廃藩置県や四民平等などの改革，文明開化などを手掛かりに，我が国が明治維新を機に欧米の文化を取り入れつつ近代化を進めたことを理解すること。
(コ) 大日本帝国憲法の発布，日清・日露の戦争，条約改正，科学の発展などを手掛かりに，我が国の国力が充実し国際的地位が向上したことを理解すること。
(サ) 日中戦争や我が国に関わる第二次世界大戦，日本国憲法の制定，オリンピック・パラリンピックの開催などを手掛かりに，戦後我が国は民主的な国家として出発し，国民生活が向上し，国際社会の中で重要な役割を果たしてきたことを理解すること。
(シ) 遺跡や文化財，地図や年表などの資料で調べ，まとめること。
イ 次のような思考力，判断力，表現力等を身に付けること。
(ア) 世の中の様子，人物の働きや代表的な文化遺産などに着目して，我が国の歴史上の主な事象を捉え，我が国の歴史の展開を考えるとともに，歴史を学ぶ意味を考え，表現すること。
(3) グローバル化する世界と日本の役割について，学習の問題を追究・解決する活動を通して，次の事項を身に付けることができるよう指導する。
ア 次のような知識及び技能を身に付けること。
(ア) 我が国と経済や文化などの面でつながりが深い国の人々の生活は，多様であることを理解するとともに，スポーツや文化などを通して他国と交流し，異なる文化や習慣を尊重し合うことが大切であることを理解すること。
(イ) 我が国は，平和な世界の実現のために国際連合の一員として重要な役割を果たしたり，諸外国の発展のために援助や協力を行ったりしていることを理解すること。
(ウ) 地図帳や地球儀，各種の資料で調べ，まとめること。
イ 次のような思考力，判断力，表現力等を身に付けること。
(ア) 外国の人々の生活の様子などに着目して，日本の文化や習慣との違いを捉え，国際交流の果たす役割を考え，表現すること。
(イ) 地球規模で発生している課題の解決に向けた連携・協力などに着目して，国際連合の働きや我が国の国際協力の様子を捉え，国際社会において我が国が果たしている役割を考え，表現すること。

3 内容の取扱い
(1) 内容の(1)については，次のとおり取り扱うものとする。
ア アの(ア)については，国会などの議会政治や選挙の意味，国会と内閣と裁判所の三権相互の関連，裁判員制度や租税の役割などについて扱うこと。その際，イの(ア)に関わって，国民としての政治への関わり方について多角的に考えて，自分の考えをまとめることができるよう配慮すること。
イ アの(ア)の「天皇の地位」については，日本国憲法に定める天皇の国事に関する行為など児童に理解しやすい事項を取り上げ，歴史に関する学習との関連も図りながら，天皇についての理解と敬愛の念を深めるようにすること。また，「国民としての権利及び義務」については，参政権，納税の義務などを取り上げること。
ウ アの(イ)の「国や地方公共団体の政治」については，社会保障，自然災害からの復旧や復興，地域の開発や活性化などの取組の中から選択して取り上げること。
エ イの(ア)の「国会」について，国民との関わりを指導する際には，各々の国民の祝日に関心をもち，我が国の社会や文化における意義を考えることができるよう配慮すること。
(2) 内容の(2)については，次のとおり取り扱うものとする。
ア アの(ア)から(サ)までについては，児童の興味・関心を重視し，取り上げる人物や文化遺産の重点の置き方に工夫を加えるなど，精選して具体的に理解できるようにすること。その際，アの(サ)の指導に当たっては，児童の発達の段階を考慮すること。
イ アの(ア)から(サ)までについては，例えば，国宝，重要文化財に指定されているものや，世界文化遺産に登録されているものなどを取り上げ，我が国の代表的な文化遺産を通して学習できるように配慮すること。
ウ アの(ア)から(コ)までについては，例えば，次に掲げる人物を取り上げ，人物の働きを通して学習できるよう指導すること。
卑弥呼，聖徳太子，小野妹子，中大兄皇子，中臣鎌足，聖武天皇，行基，鑑真，藤原道長，紫式部，清少納言，平清盛，源頼朝，源義経，北条時宗，足利義満，足利義政，雪舟，ザビエル，織田信長，豊臣秀吉，徳川家康，徳川家光，近松門左衛門，歌川広重，本居宣長，杉田玄白，伊能忠敬，ペリー，勝海舟，西郷隆盛，大久保利通，木戸孝允，明治天皇，福沢諭吉，大隈重信，板垣退助，伊藤博文，陸奥宗光，東郷平八郎，小村寿太郎，野口英世
エ アの(ア)の「神話・伝承」については，古事記，日本書紀，風土記などの中から適切なものを取り上げること。
オ アの(イ)から(サ)までについては，当時の世界との関わ

りにも目を向け，我が国の歴史を広い視野から捉えられるよう配慮すること。
　カ　アの(シ)については，年表や絵画など資料の特性に留意した読み取り方についても指導すること。
　キ　イの(ア)については，歴史学習全体を通して，我が国は長い歴史をもち伝統や文化を育んできたこと，我が国の歴史は政治の中心地や世の中の様子などによって幾つかの時期に分けられることに気付くようにするとともに，現在の自分たちの生活と過去の出来事との関わりを考えたり，過去の出来事を基に現在及び将来の発展を考えたりするなど，歴史を学ぶ意味を考えるようにすること。
(3)　内容の(3)については，次のとおり取り扱うものとする。
　ア　アについては，我が国の国旗と国歌の意義を理解し，これを尊重する態度を養うとともに，諸外国の国旗と国歌も同様に尊重する態度を養うよう配慮すること。
　イ　アの(ア)については，我が国とつながりが深い国から数か国を取り上げること。その際，児童が1か国を選択して調べるよう配慮すること。
　ウ　アの(ア)については，我が国や諸外国の伝統や文化を尊重しようとする態度を養うよう配慮すること。
　エ　イについては，世界の人々と共に生きていくために大切なことや，今後，我が国が国際社会において果たすべき役割などを多角的に考えたり選択・判断したりできるよう配慮すること。
　オ　イの(イ)については，網羅的，抽象的な扱いを避けるため，「国際連合の働き」については，ユニセフやユネスコの身近な活動を取り上げること。また，「我が国の国際協力の様子」については，教育，医療，農業などの分野で世界に貢献している事例の中から選択して取り上げること。

第3　指導計画の作成と内容の取扱い
1　指導計画の作成に当たっては，次の事項に配慮するものとする。
(1)　単元など内容や時間のまとまりを見通して，その中で育む資質・能力の育成に向けて，児童の主体的・対話的で深い学びの実現を図るようにすること。その際，問題解決への見通しをもつこと，社会的事象の見方・考え方を働かせ，事象の特色や意味などを考え概念などに関する知識を獲得すること，学習の過程や成果を振り返り学んだことを活用することなど，学習の問題を追究・解決する活動の充実を図ること。
(2)　各学年の目標や内容を踏まえて，事例の取り上げ方を工夫して，内容の配列や授業時数の配分などに留意して効果的な年間指導計画を作成すること。
(3)　我が国の47都道府県の名称と位置，世界の大陸と主な海洋の名称と位置については，学習内容と関連付けながら，その都度，地図帳や地球儀などを使って確認するなどして，小学校卒業までに身に付け活用できるように工夫して指導すること。
(4)　障害のある児童などについては，学習活動を行う場合に生じる困難さに応じた指導内容や指導方法の工夫を計画的，組織的に行うこと。
(5)　第1章総則の第1の2の(2)に示す道徳教育の目標に基づき，道徳科などとの関連を考慮しながら，第3章特別の教科道徳の第2に示す内容について，社会科の特質に応じて適切な指導をすること。
2　第2の内容の取扱いについては，次の事項に配慮するものとする。
(1)　各学校においては，地域の実態を生かし，児童が興味・関心をもって学習に取り組めるようにするとともに，観察や見学，聞き取りなどの調査活動を含む具体的な体験を伴う学習やそれに基づく表現活動の一層の充実を図ること。また，社会的事象の特色や意味，社会に見られる課題などについて，多角的に考えたことや選択・判断したことを論理的に説明したり，立場や根拠を明確にして議論したりするなど言語活動に関わる学習を一層重視すること。
(2)　学校図書館や公共図書館，コンピュータなどを活用して，情報の収集やまとめなどを行うようにすること。また，全ての学年において，地図帳を活用すること。
(3)　博物館や資料館などの施設の活用を図るとともに，身近な地域及び国土の遺跡や文化財などについての調査活動を取り入れるようにすること。また，内容に関わる専門家や関係者，関係の諸機関との連携を図るようにすること。
(4)　児童の発達の段階を考慮し，社会的事象については，児童の考えが深まるよう様々な見解を提示するよう配慮し，多様な見解のある事柄，未確定な事柄を取り上げる場合には，有益適切な教材に基づいて指導するとともに，特定の事柄を強調し過ぎたり，一面的な見解を十分な配慮なく取り上げたりするなどの偏った取扱いにより，児童が多角的に考えたり，事実を客観的に捉え，公正に判断したりすることを妨げることのないよう留意すること。

中学校学習指導要領（抄）

平成29年3月31日
文部科学省告示第64号
平成33年4月1日施行

第2節　社会

第1　目標
（中略）
第2　各学年の目標及び内容
（中略）
〔公民的分野〕
1　目標
現代社会の見方・考え方を働かせ，課題を追究したり解決したりする活動を通して，広い視野に立ち，グローバル化する国際社会に主体的に生きる平和で民主的な国家及び社会の形成者に必要な公民としての資質・能力の基礎を次のとおり育成することを目指す。
(1)　個人の尊厳と人権の尊重の意義，特に自由・権利と責任・義務との関係を広い視野から正しく認識し，民主主義，民主政治の意義，国民の生活の向上と経済活動との関わり，現代の社会生活及び国際関係などについて，個人と社会との関わりを中心に理解を深めるとともに，諸資料から現代の社会的事象に関する情報を効果的に調べまとめる技能を身に付けるようにする。
(2)　社会的事象の意味や意義，特色や相互の関連を現代の社会生活と関連付けて多面的・多角的に考察したり，現代社会に見られる課題について公正に判断したりする力，思考・判断したことを説明したり，それらを基に議論したりする力を養う。
(3)　現代の社会的事象について，現代社会に見られる課題の解決を視野に主体的に社会に関わろうとする態度を養うとともに，多面的・多角的な考察や深い理解を通して涵養される，国民主権を担う公民として，自国を愛し，その平和と繁栄を図ることや，各国が相互に主権を尊重し，各国民が協力し合うことの大切さについての自覚などを深める。
2　内容
A　私たちと現代社会
(1)　私たちが生きる現代社会と文化の特色
位置や空間的な広がり，推移や変化などに着目して，課題を追究したり解決したりする活動を通して，次の事項を身に付けることができるよう指導する。
ア　次のような知識を身に付けること。
(ｱ)　現代日本の特色として少子高齢化，情報化，グローバル化などが見られることについて理解すること。
(ｲ)　現代社会における文化の意義や影響について理解すること。
イ　次のような思考力，判断力，表現力等を身に付けること。
(ｱ)　少子高齢化，情報化，グローバル化などが現在と将来の政治，経済，国際関係に与える影響について多面的・多角的に考察し，表現すること。
(ｲ)　文化の継承と創造の意義について多面的・多角的に考察し，表現すること。
(2)　現代社会を捉える枠組み
対立と合意，効率と公正などに着目して，課題を追究したり解決したりする活動を通して，次の事項を身に付けることができるよう指導する。
ア　次のような知識を身に付けること。
(ｱ)　現代社会の見方・考え方の基礎となる枠組みとして，対立と合意，効率と公正などについて理解すること。
(ｲ)　人間は本来社会的存在であることを基に，個人の尊厳と両性の本質的平等，契約の重要性やそれを守ることの意義及び個人の責任について理解すること。
イ　次のような思考力，判断力，表現力等を身に付けること。
(ｱ)　社会生活における物事の決定の仕方，契約を通した個人と社会との関係，きまりの役割について多面的・多角的に考察し，表現すること。
B　私たちと経済
(1)　市場の働きと経済
対立と合意，効率と公正，分業と交換，希少性などに着目して，課題を追究したり解決したりする活動を通して，次の事項を身に付けることができるよう指導する。
ア　次のような知識を身に付けること。
(ｱ)　身近な消費生活を中心に経済活動の意義について理解すること。
(ｲ)　市場経済の基本的な考え方について理解すること。その際，市場における価格の決まり方や資源の配分について理解すること。
(ｳ)　現代の生産や金融などの仕組みや働きを理解すること。
(ｴ)　勤労の権利と義務，労働組合の意義及び労働基準法の精神について理解すること。
イ　次のような思考力，判断力，表現力等を身に付ける

巻末資料

こと。
 (ア) 個人や企業の経済活動における役割と責任について多面的・多角的に考察し，表現すること。
 (イ) 社会生活における職業の意義と役割及び雇用と労働条件の改善について多面的・多角的に考察し，表現すること。
(2) 国民の生活と政府の役割
 対立と合意，効率と公正，分業と交換，希少性などに着目して，課題を追究したり解決したりする活動を通して，次の事項を身に付けることができるよう指導する。
 ア 次のような知識を身に付けること。
  (ア) 社会資本の整備，公害の防止など環境の保全，少子高齢社会における社会保障の充実・安定化，消費者の保護について，それらの意義を理解すること。
  (イ) 財政及び租税の意義，国民の納税の義務について理解すること。
 イ 国民の生活と福祉の向上を図ることに向けて，次のような思考力，判断力，表現力等を身に付けること。
  (ア) 市場の働きに委ねることが難しい諸問題に関して，国や地方公共団体が果たす役割について多面的・多角的に考察，構想し，表現すること。
  (イ) 財政及び租税の役割について多面的・多角的に考察し，表現すること。
C 私たちと政治
(1) 人間の尊重と日本国憲法の基本的原則
 対立と合意，効率と公正，個人の尊重と法の支配，民主主義などに着目して，課題を追究したり解決したりする活動を通して，次の事項を身に付けることができるよう指導する。
 ア 次のような知識を身に付けること。
  (ア) 人間の尊重についての考え方を，基本的人権を中心に深め，法の意義を理解すること。
  (イ) 民主的な社会生活を営むためには，法に基づく政治が大切であることを理解すること。
  (ウ) 日本国憲法が基本的人権の尊重，国民主権及び平和主義を基本的原則としていることについて理解すること。
  (エ) 日本国及び日本国民統合の象徴としての天皇の地位と天皇の国事に関する行為について理解すること。
 イ 次のような思考力，判断力，表現力等を身に付けること。
  (ア) 我が国の政治が日本国憲法に基づいて行われていることの意義について多面的・多角的に考察し，表現すること。
(2) 民主政治と政治参加
 対立と合意，効率と公正，個人の尊重と法の支配，民主主義などに着目して，課題を追究したり解決したりする活動を通して，次の事項を身に付けることができるよう指導する。
 ア 次のような知識を身に付けること。
  (ア) 国会を中心とする我が国の民主政治の仕組みのあらましや政党の役割を理解すること。
  (イ) 議会制民主主義の意義，多数決の原理とその運用の在り方について理解すること。
  (ウ) 国民の権利を守り，社会の秩序を維持するために，法に基づく公正な裁判の保障があることについて理解すること。
  (エ) 地方自治の基本的な考え方について理解すること。その際，地方公共団体の政治の仕組み，住民の権利や義務について理解すること。
 イ 地方自治や我が国の民主政治の発展に寄与しようとする自覚や住民としての自治意識の基礎を育成することに向けて，次のような思考力，判断力，表現力等を身に付けること。
  (ア) 民主政治の推進と，公正な世論の形成や選挙など国民の政治参加との関連について多面的・多角的に考察，構想し，表現すること。
D 私たちと国際社会の諸課題
(1) 世界平和と人類の福祉の増大
 対立と合意，効率と公正，協調，持続可能性などに着目して，課題を追究したり解決したりする活動を通して，次の事項を身に付けることができるよう指導する。
 ア 次のような知識を身に付けること。
  (ア) 世界平和の実現と人類の福祉の増大のためには，国際協調の観点から，国家間の相互の主権の尊重と協力，各国民の相互理解と協力及び国際連合をはじめとする国際機構などの役割が大切であることを理解すること。その際，領土（領海，領空を含む。），国家主権，国際連合の働きなど基本的な事項について理解すること。
  (イ) 地球環境，資源・エネルギー，貧困などの課題の解決のために経済的，技術的な協力などが大切であることを理解すること。
 イ 次のような思考力，判断力，表現力等を身に付けること。
  (ア) 日本国憲法の平和主義を基に，我が国の安全と防衛，国際貢献を含む国際社会における我が国の役割について多面的・多角的に考察，構想し，表現すること。
(2) よりよい社会を目指して
 持続可能な社会を形成することに向けて，社会的な見方・考え方を働かせ，課題を探究する活動を通して，次の事項を身に付けることができるよう指導する。
 ア 私たちがよりよい社会を築いていくために解決すべき課題を多面的・多角的に考察，構想し，自分の考えを説明，論述すること。

3　内容の取扱い
(1) 内容の取扱いについては，次の事項に配慮するものとする。
　ア　地理的分野及び歴史的分野の学習の成果を活用するとともに，これらの分野で育成された資質・能力が，更に高まり発展するようにすること。また，社会的事象は相互に関連し合っていることに留意し，特定の内容に偏ることなく，分野全体として見通しをもったまとまりのある学習が展開できるようにすること。
　イ　生徒が内容の基本的な意味を理解できるように配慮し，現代社会の見方・考え方を働かせ，日常の社会生活と関連付けながら具体的事例を通して，政治や経済などに関わる制度や仕組みの意義や働きについて理解を深め，多面的・多角的に考察，構想し，表現できるようにすること。
　ウ　分野全体を通して，課題の解決に向けて習得した知識を活用して，事実を基に多面的・多角的に考察，構想したことを説明したり，論拠を基に自分の意見を説明，論述させたりすることにより，思考力，判断力，表現力等を養うこと。また，考察，構想させる場合には，資料を読み取らせて解釈させたり，議論などを行って考えを深めさせたりするなどの工夫をすること。
　エ　合意形成や社会参画を視野に入れながら，取り上げた課題について構想したことを，妥当性や効果，実現可能性などを踏まえて表現できるよう指導すること。
　オ　分野の内容に関係する専門家や関係諸機関などと円滑な連携・協働を図り，社会との関わりを意識した課題を追究したり解決したりする活動を充実させること。
(2) 内容のAについては，次のとおり取り扱うものとする。
　ア　(1)については，次のとおり取り扱うものとすること。
　　(ア)　「情報化」については，人工知能の急速な進化などによる産業や社会の構造的な変化などと関連付けたり，災害時における防災情報の発信・活用などの具体的事例を取り上げたりすること。アの(イ)の「現代社会における文化の意義と影響」については，科学，芸術，宗教などを取り上げ，社会生活との関わりなどについて学習できるように工夫すること。
　　(イ)　イの(イ)の「文化の継承と創造の意義」については，我が国の伝統と文化などを取り扱うこと。
　イ　(1)及び(2)については公民的分野の導入部として位置付け，(1)，(2)の順で行うものとし，適切かつ十分な授業時数を配当すること。
(3) 内容のBについては，次のとおり取り扱うものとする。
　ア　(1)については，次のとおり取り扱うものとすること。
　　(ア)　アの(イ)の「市場における価格の決まり方や資源の配分」については，個人や企業の経済活動が様々な条件の中での選択を通して行われていることや，市場における取引が貨幣を通して行われていることなどを取り上げること。
　　(イ)　イの(ア)の「個人や企業の経済活動における役割と責任」については，起業について触れるとともに，経済活動や起業などを支える金融などの働きについて取り扱うこと。イの(イ)の「社会生活における職業の意義と役割及び雇用と労働条件の改善」については，仕事と生活の調和という観点から労働保護立法についても触れること。
　イ　(2)については，次のとおり取り扱うものとすること。
　　(ア)　アの(ア)の「消費者の保護」については，消費者の自立の支援なども含めた消費者行政を取り扱うこと。
　　(イ)　イの(イ)の「財政及び租税の役割」については，財源の確保と配分という観点から，財政の現状や少子高齢社会など現代社会の特色を踏まえて財政の持続可能性と関連付けて考察し，表現させること。
(4) 内容のCについては，次のとおり取り扱うものとする。
　ア　(2)のアの(ウ)の「法に基づく公正な裁判の保障」に関連させて，裁判員制度についても触れること。
(5) 内容のDについては，次のとおり取り扱うものとする。
　ア　(1)については，次のとおり取り扱うものとすること。
　　(ア)　アの(ア)の「国家間の相互の主権の尊重と協力」との関連で，国旗及び国歌の意義並びにそれらを相互に尊重することが国際的な儀礼であることの理解を通して，それらを尊重する態度を養うように配慮すること。また，「領土（領海，領空を含む。），国家主権」については関連させて取り扱い，我が国が，固有の領土である竹島や北方領土に関し残されている問題の平和的な手段による解決に向けて努力していることや，尖閣諸島をめぐり解決すべき領有権の問題は存在していないことなどを取り上げること。「国際連合をはじめとする国際機構などの役割」については，国際連合における持続可能な開発のための取組についても触れること。
　　(イ)　イの(ア)の「国際社会における我が国の役割」に関連させて，核兵器などの脅威に触れ，戦争を防止し，世界平和を確立するための熱意と協力の態度を育成するように配慮すること。また，国際社会における文化や宗教の多様性について取り上げること。
　イ　(2)については，身近な地域や我が国の取組との関連性に着目させ，世界的な視野と地域的な視点に立って探究させること。また，社会科のまとめとして位置付け，適切かつ十分な授業時数を配当すること。

第3　指導計画の作成と内容の取扱い

1 指導計画の作成に当たっては，次の事項に配慮するものとする。
  (1) 単元など内容や時間のまとまりを見通して，その中で育む資質・能力の育成に向けて，生徒の主体的・対話的で深い学びの実現を図るようにすること。その際，分野の特質に応じた見方・考え方を働かせ，社会的事象の意味や意義などを考察し，概念などに関する知識を獲得したり，社会との関わりを意識した課題を追究したり解決したりする活動の充実を図ること。また，知識に偏り過ぎた指導にならないようにするため，基本的な事柄を厳選して指導内容を構成するとともに，各分野において，第2の内容の範囲や程度に十分配慮しつつ事柄を再構成するなどの工夫をして，基本的な内容が確実に身に付くよう指導すること。
  (2) 小学校社会科の内容との関連及び各分野相互の有機的な関連を図るとともに，地理的分野及び歴史的分野の基礎の上に公民的分野の学習を展開するこの教科の基本的な構造に留意して，全体として教科の目標が達成できるようにする必要があること。
  (3) 各分野の履修については，第1，第2学年を通じて地理的分野及び歴史的分野を並行して学習させることを原則とし，第3学年において歴史的分野及び公民的分野を学習させること。各分野に配当する授業時数は，地理的分野115単位時間，歴史的分野135単位時間，公民的分野100単位時間とすること。これらの点に留意し，各学校で創意工夫して適切な指導計画を作成すること。
  (4) 障害のある生徒などについては，学習活動を行う場合に生じる困難さに応じた指導内容や指導方法の工夫を計画的，組織的に行うこと。
  (5) 第1章総則の第1の2の(2)に示す道徳教育の目標に基づき，道徳科などとの関連を考慮しながら，第3章特別の教科道徳の第2に示す内容について，社会科の特質に応じて適切な指導をすること。
2 第2の内容の取扱いについては，次の事項に配慮するものとする。
  (1) 社会的な見方・考え方を働かせることをより一層重視する観点に立って，社会的事象の意味や意義，事象の特色や事象間の関連，社会に見られる課題などについて，考察したことや選択・判断したことを論理的に説明したり，立場や根拠を明確にして議論したりするなどの言語活動に関わる学習を一層重視すること。
  (2) 情報の収集，処理や発表などに当たっては，学校図書館や地域の公共施設などを活用するとともに，コンピュータや情報通信ネットワークなどの情報手段を積極的に活用し，指導に生かすことで，生徒が主体的に調べ分かろうとして学習に取り組めるようにすること。その際，課題の追究や解決の見通しをもって生徒が主体的に情報手段を活用できるようにするとともに，情報モラルの指導にも留意すること。
  (3) 調査や諸資料から，社会的事象に関する様々な情報を効果的に収集し，読み取り，まとめる技能を身に付ける学習活動を重視するとともに，作業的で具体的な体験を伴う学習の充実を図るようにすること。その際，地図や年表を読んだり作成したり，現代社会の諸課題を捉え，多面的・多角的に考察，構想するに当たっては，関連する新聞，読み物，統計その他の資料に平素から親しみ適切に活用したり，観察や調査などの過程と結果を整理し報告書にまとめ，発表したりするなどの活動を取り入れるようにすること。
  (4) 社会的事象については，生徒の考えが深まるよう様々な見解を提示するよう配慮し，多様な見解のある事柄，未確定な事柄を取り上げる場合には，有益適切な教材に基づいて指導するとともに，特定の事柄を強調し過ぎたり，一面的な見解を十分な配慮なく取り上げたりするなどの偏った取扱いにより，生徒が多面的・多角的に考察したり，事実を客観的に捉え，公正に判断したりすることを妨げることのないよう留意すること。
3 第2の内容の指導に当たっては，教育基本法第14条及び第15条の規定に基づき，適切に行うよう特に慎重に配慮して，政治及び宗教に関する教育を行うものとする。

高等学校学習指導要領（抄）

平成30年3月30日
文部科学省告示第68号
平成34年4月1日施行

第3節 公民

第1款 目標

社会的な見方・考え方を働かせ，現代の諸課題を追究したり解決したりする活動を通して，広い視野に立ち，グローバル化する国際社会に主体的に生きる平和で民主的な国家及び社会の有為な形成者に必要な公民としての資質・能力を次のとおり育成することを目指す。

(1) 選択・判断の手掛かりとなる概念や理論及び倫理，政治，経済などに関わる現代の諸課題について理解するとともに，諸資料から様々な情報を適切かつ効果的に調べまとめる技能を身に付けるようにする。

(2) 現代の諸課題について，事実を基に概念などを活用して多面的・多角的に考察したり，解決に向けて公正に判断したりする力や，合意形成や社会参画を視野に入れながら構想したことを議論する力を養う。

(3) よりよい社会の実現を視野に，現代の諸課題を主体的に解決しようとする態度を養うとともに，多面的・多角的な考察や深い理解を通して涵養される，人間としての在り方生き方についての自覚や，国民主権を担う公民として，自国を愛し，その平和と繁栄を図ることや，各国が相互に主権を尊重し，各国民が協力し合うことの大切さについての自覚などを深める。

第2款 各科目

第1 公共

1 目標

人間と社会の在り方についての見方・考え方を働かせ，現代の諸課題を追究したり解決したりする活動を通して，広い視野に立ち，グローバル化する国際社会に主体的に生きる平和で民主的な国家及び社会の有為な形成者に必要な公民としての資質・能力を次のとおり育成することを目指す。

(1) 現代の諸課題を捉え考察し，選択・判断するための手掛かりとなる概念や理論について理解するとともに，諸資料から，倫理的主体などとして活動するために必要となる情報を適切かつ効果的に調べまとめる技能を身に付けるようにする。

(2) 現実社会の諸課題の解決に向けて，選択・判断の手掛かりとなる考え方や公共的な空間における基本的原理を活用して，事実を基に多面的・多角的に考察し公正に判断する力や，合意形成や社会参画を視野に入れながら構想したことを議論する力を養う。

(3) よりよい社会の実現を視野に，現代の諸課題を主体的に解決しようとする態度を養うとともに，多面的・多角的な考察や深い理解を通して涵養される，現代社会に生きる人間としての在り方生き方についての自覚や，公共的な空間に生き国民主権を担う公民として，自国を愛し，その平和と繁栄を図ることや，各国が相互に主権を尊重し，各国民が協力し合うことの大切さについての自覚などを深める。

2 内容

A 公共の扉

(1) 公共的な空間を作る私たち

公共的な空間と人間との関わり，個人の尊厳と自主・自律，人間と社会の多様性と共通性などに着目して，社会に参画する自立した主体とは何かを問い，現代社会に生きる人間としての在り方生き方を探求する活動を通して，次の事項を身に付けることができるよう指導する。

ア 次のような知識を身に付けること。

(ｱ) 自らの体験などを振り返ることを通して，自らを成長させる人間としての在り方生き方について理解すること。

(ｲ) 人間は，個人として相互に尊重されるべき存在であるとともに，対話を通して互いの様々な立場を理解し高め合うことのできる社会的な存在であること，伝統や文化，先人の取組や知恵に触れたりすることなどを通して，自らの価値観を形成するとともに他者の価値観を尊重することができるようになる存在であることについて理解すること。

(ｳ) 自分自身が，自主的によりよい公共的な空間を作り出していこうとする自立した主体になることが，自らのキャリア形成とともによりよい社会の形成に結び付くことについて理解すること。

イ 次のような思考力，判断力，表現力等を身に付けること。

(ｱ) 社会に参画する自立した主体とは，孤立して生きるのではなく，地域社会などの様々な集団の一員として生き，他者との協働により当事者として国家・社会などの公共的な空間を作る存在であることについて多面的・多角的に考察し，表現すること。

(2) 公共的な空間における人間としての在り方生き方

巻末資料

主体的に社会に参画し，他者と協働することに向けて，幸福，正義，公正などに着目して，課題を追究したり解決したりする活動を通して，次の事項を身に付けることができるよう指導する。
ア 次のような知識及び技能を身に付けること。
(ｱ) 選択・判断の手掛かりとして，行為の結果である個人や社会全体の幸福を重視する考え方や，行為の動機となる公正などの義務を重視する考え方などについて理解すること。
(ｲ) 現代の諸課題について自らも他者も共に納得できる解決方法を見いだすことに向け，(ｱ)に示す考え方を活用することを通して，行為者自身の人間としての在り方生き方について探求することが，よりよく生きていく上で重要であることについて理解すること。
(ｳ) 人間としての在り方生き方に関わる諸資料から，よりよく生きる行為者として活動するために必要な情報を収集し，読み取る技能を身に付けること。
イ 次のような思考力，判断力，表現力等を身に付けること。
(ｱ) 倫理的価値の判断において，行為の結果である個人や社会全体の幸福を重視する考え方と，行為の動機となる公正などの義務を重視する考え方などを活用し，自らも他者も共に納得できる解決方法を見いだすことに向け，思考実験など概念的な枠組みを用いて考察する活動を通して，人間としての在り方生き方を多面的・多角的に考察し，表現すること。
(3) 公共的な空間における基本的原理
自主的によりよい公共的な空間を作り出していこうとする自立した主体となることに向けて，幸福，正義，公正などに着目して，課題を追究したり解決したりする活動を通して，次の事項を身に付けることができるよう指導する。
ア 次のような知識を身に付けること。
(ｱ) 各人の意見や利害を公平・公正に調整することなどを通して，人間の尊厳と平等，協働の利益と社会の安定性の確保を共に図ることが，公共的な空間を作る上で必要であることについて理解すること。
(ｲ) 人間の尊厳と平等，個人の尊重，民主主義，法の支配，自由・権利と責任・義務など，公共的な空間における基本的原理について理解すること。
イ 次のような思考力，判断力，表現力等を身に付けること。
(ｱ) 公共的な空間における基本的原理について，思考実験など概念的な枠組みを用いて考察する活動を通して，個人と社会との関わりにおいて多面的・多角的に考察し，表現すること。
B 自立した主体としてよりよい社会の形成に参画する私たち

自立した主体としてよりよい社会の形成に参画することに向けて，現実社会の諸課題に関わる具体的な主題を設定し，幸福，正義，公正などに着目して，他者と協働して主題を追究したり解決したりする活動を通して，次の事項を身に付けることができるよう指導する。
ア 次のような知識及び技能を身に付けること。
(ｱ) 法や規範の意義及び役割，多様な契約及び消費者の権利と責任，司法参加の意義などに関わる現実社会の事柄や課題を基に，憲法の下，適正な手続きに則り，法や規範に基づいて各人の意見や利害を公平・公正に調整し，個人や社会の紛争を調停，解決することなどを通して，権利や自由が保障，実現され，社会の秩序が形成，維持されていくことについて理解すること。
(ｲ) 政治参加と公正な世論の形成，地方自治，国家主権，領土（領海，領空を含む。），我が国の安全保障と防衛，国際貢献を含む国際社会における我が国の役割などに関わる現実社会の事柄や課題を基に，よりよい社会は，憲法の下，個人が議論に参加し，意見や利害の対立状況を調整して合意を形成することなどを通して築かれるものであることについて理解すること。
(ｳ) 職業選択，雇用と労働問題，財政及び租税の役割，少子高齢社会における社会保障の充実・安定化，市場経済の機能と限界，金融の働き，経済のグローバル化と相互依存関係の深まり（国際社会における貧困や格差の問題を含む。）などに関わる現実社会の事柄や課題を基に，公正かつ自由な経済活動を行うことを通して資源の効率的な配分が図られること，市場経済システムを機能させたり国民福祉の向上に寄与したりする役割を政府などが担っていること及びより活発な経済活動と個人の尊重を共に成り立たせることが必要であることについて理解すること。
(ｴ) 現実社会の諸課題に関わる諸資料から，自立した主体として活動するために必要な情報を適切かつ効果的に収集し，読み取り，まとめる技能を身に付けること。
イ 次のような思考力，判断力，表現力等を身に付けること。
(ｱ) アの(ｱ)から(ｳ)までの事項について，法，政治及び経済などの側面を関連させ，自立した主体として解決が求められる具体的な主題を設定し，合意形成や社会参画を視野に入れながら，その主題の解決に向けて事実を基に協働して考察したり構想したりしたことを，論拠をもって表現すること。
C 持続可能な社会づくりの主体となる私たち
持続可能な地域，国家・社会及び国際社会づくりに向

けた役割を担う,公共の精神をもった自立した主体となることに向けて,幸福,正義,公正などに着目して,現代の諸課題を探究する活動を通して,次の事項を身に付けることができるよう指導する。

  ア 地域の創造,よりよい国家・社会の構築及び平和で安定した国際社会の形成へ主体的に参画し,共に生きる社会を築くという観点から課題を見いだし,その課題の解決に向けて事実を基に協働して考察,構想し,妥当性や効果,実現可能性などを指標にして,論拠を基に自分の考えを説明,論述すること。

3 内容の取扱い
 (1) 内容の全体にわたって,次の事項に配慮するものとする。
  ア 内容のA,B及びCについては,この順序で取り扱うものとし,既習の学習の成果を生かすこと。
  イ 中学校社会科及び特別の教科である道徳,高等学校公民科に属する他の科目,この章に示す地理歴史科,家庭科及び情報科並びに特別活動などとの関連を図るとともに,項目相互の関連に留意しながら,全体としてのまとまりを工夫し,特定の事項だけに指導が偏らないようにすること。
 (2) 指導計画の作成に当たっては,次の事項に配慮するものとする。
  ア 第1章第1款の2の(2)に示す道徳教育の目標に基づき,この科目の特質に応じて適切な指導をすること。
 (3) 内容の取扱いに当たっては,次の事項に配慮するものとする。
  ア この科目の内容の特質に応じ,学習のねらいを明確にした上でそれぞれ関係する専門家や関係諸機関などとの連携・協働を積極的に図り,社会との関わりを意識した主題を追究したり解決したりする活動の充実を図るようにすること。また,生徒が他者と共に生きる自らの生き方に関わって主体的・対話的に考察,構想し,表現できるよう学習指導の展開を工夫すること。
  イ この科目においては,教科目標の実現を見通した上で,キャリア教育の充実の観点から,特別活動などと連携し,自立した主体として社会に参画する力を育む中核的機能を担うことが求められることに留意すること。
  ウ 生徒が内容の基本的な意味を理解できるように配慮し,小・中学校社会科などで鍛えられた見方・考え方に加え,人間と社会の在り方についての見方・考え方を働かせ,現実社会の諸課題と関連付けながら具体的事例を通して社会的事象等についての理解を深め,多面的・多角的に考察,構想し,表現できるようにすること。
  エ 科目全体を通して,選択・判断の手掛かりとなる考え方や公共的な空間における基本的原理を活用して,事実を基に多面的・多角的に考察し公正に判断する力を養うとともに,考察,構想したことを説明したり,論拠を基に自分の意見を説明,論述させたりすることにより,思考力,判断力,表現力等を養うこと。また,考察,構想させる場合には,資料から必要な情報を読み取らせて解釈させたり,議論などを行って考えを深めさせたりするなどの工夫をすること。
  オ 内容のAについては,次のとおり取り扱うものとすること。
   (ｱ) この科目の導入として位置付け,(1),(2),(3)の順序で取り扱うものとし,B及びCの学習の基盤を養うよう指導すること。その際,Aに示した事項については,B以降の学習においても,それらを踏まえて学習が行われるよう特に留意すること。
   (ｲ) Aに示したそれぞれの事項を適切に身に付けることができるよう,指導のねらいを明確にした上で,今まで受け継がれてきた我が国の文化的蓄積を含む古今東西の先人の取組,知恵などにも触れること。
   (ｳ) (1)については,アの(ｱ)から(ｳ)までのそれぞれの事項との関連において,学校や地域などにおける生徒の自発的,自治的な活動やBで扱う現実社会の事柄や課題に関わる具体的な場面に触れ,生徒の学習意欲を喚起することができるよう工夫すること。その際,公共的な空間に生きる人間は,様々な集団の一員としての役割を果たす存在であること,伝統や文化,宗教などを背景にして現代の社会が成り立っていることについても触れること。また,生涯における青年期の課題を人,集団及び社会との関わりから捉え,他者と共に生きる自らの生き方についても考察できるよう工夫すること。
   (ｴ) (2)については,指導のねらいを明確にした上で,環境保護,生命倫理などの課題を扱うこと。その際,Cで探究する課題との関わりに留意して課題を取り上げるようにすること。
   (ｵ) (3)については,指導のねらいを明確にした上で,日本国憲法との関わりに留意して指導すること。「人間の尊厳と平等,個人の尊重」については,男女が共同して社会に参画することの重要性についても触れること。
  カ 内容のBについては,次のとおり取り扱うものとすること。
   (ｱ) アの(ｱ)から(ｳ)までのそれぞれの事項は学習の順序を示すものではなく,イの(ｱ)において設定する主題については,生徒の理解のしやすさに応じ,学習意欲を喚起することができるよう創意工夫した適切な順序で指導すること。
   (ｲ) 小学校及び中学校で習得した知識などを基盤に,Aで身に付けた選択・判断の手掛かりとなる考え

方や公共的な空間における基本的原理を活用して，現実社会の諸課題に関わり設定した主題について，個人を起点に他者と協働して多面的・多角的に考察，構想するとともに，協働の必要な理由，協働を可能とする条件，協働を阻害する要因などについて考察を深めることができるようにすること。その際，生徒の学習意欲を高める具体的な問いを立て，協働して主題を追究したり解決したりすることを通して，自立した主体としてよりよい社会の形成に参画するために必要な知識及び技能を習得できるようにするという観点から，生徒の日常の社会生活と関連付けながら具体的な事柄を取り上げること。

(ウ) 生徒や学校，地域の実態などに応じて，アの(ア)から(ウ)までのそれぞれの事項において主題を設定すること。その際，主題に関わる基本的人権の保障に関連付けて取り扱ったり，自立した主体となる個人を支える家族・家庭や地域などにあるコミュニティに着目して，世代間の協力，協働や，自助，共助及び公助などによる社会的基盤の強化などと関連付けたりするなどして，主題を追究したり解決したりできるようにすること。また，指導のねらいを明確にした上で，現実の具体的な社会的事象等を扱ったり，模擬的な活動を行ったりすること。

(エ) アの(ア)の「法や規範の意義及び役割」については，法や道徳などの社会規範がそれぞれの役割を有していることや，法の役割の限界についても扱うこと。「多様な契約及び消費者の権利と責任」については，私法に関する基本的な考え方についても扱うこと。「司法参加の意義」については，裁判員制度についても扱うこと。

(オ) アの(イ)の「政治参加と公正な世論の形成，地方自治」については関連させて取り扱い，地方自治や我が国の民主政治の発展に寄与しようとする自覚や住民としての自治意識の涵養に向けて，民主政治の推進における選挙の意義について指導すること。「国家主権，領土（領海，領空を含む。）」については関連させて取り扱い，我が国が，固有の領土である竹島や北方領土に関し残されている問題の平和的な手段による解決に向けて努力していることや，尖閣諸島をめぐり解決すべき領有権の問題は存在していないことなどを取り上げること。「国家主権，領土（領海，領空を含む。）」及び「我が国の安全保障と防衛」については，国際法と関連させて取り扱うこと。「国際貢献」については，国際連合における持続可能な開発のための取組についても扱うこと。

(カ) アの(ウ)の「職業選択」については，産業構造の変化やその中での起業についての理解を深めることができるようにすること。「雇用と労働問題」については，仕事と生活の調和という観点から労働保護立法についても扱うこと。「財政及び租税の役割，少子高齢社会における社会保障の充実・安定化」については関連させて取り扱い，国際比較の観点から，我が国の財政の現状や少子高齢社会など，現代社会の特色を踏まえて財政の持続可能性と関連付けて扱うこと。「金融の働き」については，金融とは経済主体間の資金の融通であることの理解を基に，金融を通した経済活動の活性化についても触れること。「経済のグローバル化と相互依存関係の深まり（国際社会における貧困や格差の問題を含む。）」については，文化や宗教の多様性についても触れ，自他の文化などを尊重する相互理解と寛容の態度を養うことができるよう留意して指導すること。

(キ) アの(エ)については，(ア)から(ウ)までのそれぞれの事項と関連させて取り扱い，情報に関する責任や，利便性及び安全性を多面的・多角的に考察していくことを通して，情報モラルを含む情報の妥当性や信頼性を踏まえた公正な判断力を身に付けることができるよう指導すること。その際，防災情報の受信，発信などにも触れること。

キ 内容のCについては，次のとおり取り扱うものとすること。

(ア) この科目のまとめとして位置付け，社会的な見方・考え方を総合的に働かせ，Aで身に付けた選択・判断の手掛かりとなる考え方や公共的な空間における基本的原理などを活用するとともに，A及びBで扱った課題などへの関心を一層高めるよう指導すること。また，個人を起点として，自立，協働の観点から，多様性を尊重し，合意形成や社会参画を視野に入れながら探究できるよう指導すること。

(イ) 課題の探究に当たっては，法，政治及び経済などの個々の制度にとどまらず，各領域を横断して総合的に探究できるよう指導すること。

第2 倫 理
（中略）

第3 政治・経済
1 目 標
社会の在り方についての見方・考え方を働かせ，現代の諸課題を追究したり解決に向けて構想したりする活動を通して，広い視野に立ち，グローバル化する国際社会に主体的に生きる平和で民主的な国家及び社会の有為な形成者に必要な公民としての資質・能力を次のとおり育成することを目指す。

(1) 社会の在り方に関わる現実社会の諸課題の解決に向けて探究するための手掛かりとなる概念や理論などについて理解するとともに，諸資料から，社会の在り方に関わる情報を適切かつ効果的に調べまとめる技能を

身に付けるようにする。
 (2) 国家及び社会の形成者として必要な選択・判断の基準となる考え方や政治・経済に関する概念や理論などを活用して，現実社会に見られる複雑な課題を把握し，説明するとともに，身に付けた判断基準を根拠に構想する力や，構想したことの妥当性や効果，実現可能性などを指標にして議論し公正に判断して，合意形成や社会参画に向かう力を養う。
 (3) よりよい社会の実現のために現実社会の諸課題を主体的に解決しようとする態度を養うとともに，多面的・多角的な考察や深い理解を通して涵養（かん）される，国民主権を担う公民として，自国を愛し，その平和と繁栄を図ることや，我が国及び国際社会において国家及び社会の形成に，より積極的な役割を果たそうとする自覚などを深める。
2 内容
A 現代日本における政治・経済の諸課題
 (1) 現代日本の政治・経済
   個人の尊厳と基本的人権の尊重，対立，協調，効率，公正などに着目して，現代の諸課題を追究したり解決に向けて構想したりする活動を通して，次の事項を身に付けることができるよう指導する。
  ア 次のような知識及び技能を身に付けること。
   (ア) 政治と法の意義と機能，基本的人権の保障と法の支配，権利と義務との関係，議会制民主主義，地方自治について，現実社会の諸事象を通して理解を深めること。
   (イ) 経済活動と市場，経済主体と経済循環，国民経済の大きさと経済成長，物価と景気変動，財政の働きと仕組み及び租税などの意義，金融の働きと仕組みについて，現実社会の諸事象を通して理解を深めること。
   (ウ) 現代日本の政治・経済に関する諸資料から，課題の解決に向けて考察，構想する際に必要な情報を適切かつ効果的に収集し，読み取る技能を身に付けること。
  イ 次のような思考力，判断力，表現力等を身に付けること。
   (ア) 民主政治の本質を基に，日本国憲法と現代政治の在り方との関連について多面的・多角的に考察し，表現すること。
   (イ) 政党政治や選挙などの観点から，望ましい政治の在り方及び主権者としての政治参加の在り方について多面的・多角的に考察，構想し，表現すること。
   (ウ) 経済活動と福祉の向上との関連について多面的・多角的に考察し，表現すること。
   (エ) 市場経済の機能と限界，持続可能な財政及び租税の在り方，金融を通した経済活動の活性化について多面的・多角的に考察，構想し，表現すること。
 (2) 現代日本における政治・経済の諸課題の探究
   社会的な見方・考え方を総合的に働かせ，他者と協働して持続可能な社会の形成が求められる現代日本社会の諸課題を探究する活動を通して，次の事項を身に付けることができるよう指導する。
  ア 少子高齢社会における社会保障の充実・安定化，地域社会の自立と政府，多様な働き方・生き方を可能にする社会，産業構造の変化と起業，歳入・歳出両面での財政健全化，食料の安定供給の確保と持続可能な農業構造の実現，防災と安全・安心な社会の実現などについて，取り上げた課題の解決に向けて政治と経済とを関連させて多面的・多角的に考察，構想し，よりよい社会の在り方についての自分の考えを説明，論述すること。
B グローバル化する国際社会の諸課題
 (1) 現代の国際政治・経済
   国際平和と人類の福祉に寄与しようとする自覚を深めることに向けて，個人の尊厳と基本的人権の尊重，対立，協調，効率，公正などに着目して，現代の諸課題を追究したり解決に向けて構想したりする活動を通して，次の事項を身に付けることができるよう指導する。
  ア 次のような知識及び技能を身に付けること。
   (ア) 国際社会の変遷，人権，国家主権，領土（領海，領空を含む。）などに関する国際法の意義，国際連合をはじめとする国際機構の役割，我が国の安全保障と防衛，国際貢献について，現実社会の諸事象を通して理解を深めること。
   (イ) 貿易の現状と意義，為替相場の変動，国民経済と国際収支，国際協調の必要性や国際経済機関の役割について，現実社会の諸事象を通して理解を深めること。
   (ウ) 現代の国際政治・経済に関する諸資料から，課題の解決に向けて考察，構想する際に必要な情報を適切かつ効果的に収集し，読み取る技能を身に付けること。
  イ 次のような思考力，判断力，表現力等を身に付けること。
   (ア) 国際社会の特質や国際紛争の諸要因を基に，国際法の果たす役割について多面的・多角的に考察し，表現すること。
   (イ) 国際平和と人類の福祉に寄与する日本の役割について多面的・多角的に考察，構想し，表現すること。
   (ウ) 相互依存関係が深まる国際経済の特質について多面的・多角的に考察し，表現すること。
   (エ) 国際経済において果たすことが求められる日本の役割について多面的・多角的に考察，構想し，表現

すること。
　(2) グローバル化する国際社会の諸課題の探究
　　　社会的な見方・考え方を総合的に働かせ，他者と協働して持続可能な社会の形成が求められる国際社会の諸課題を探究する活動を通して，次の事項を身に付けることができるよう指導する。
　ア　グローバル化に伴う人々の生活や社会の変容，地球環境と資源・エネルギー問題，国際経済格差の是正と国際協力，イノベーションと成長市場，人種・民族問題や地域紛争の解決に向けた国際社会の取組，持続可能な国際社会づくりなどについて，取り上げた課題の解決に向けて政治と経済とを関連させて多面的・多角的に考察，構想し，よりよい社会の在り方についての自分の考えを説明，論述すること。
3　内容の取扱い
　(1) 内容の全体にわたって，次の事項に配慮するものとする。
　ア　公民科に属する他の科目，この章に示す地理歴史科，家庭科及び情報科などとの関連を図るとともに，項目相互の関連に留意しながら，全体としてのまとまりを工夫し，特定の事項だけに指導が偏らないようにすること。
　(2) 内容の取扱いに当たっては，次の事項に配慮するものとする。
　ア　この科目の内容の特質に応じ，学習のねらいを明確にした上でそれぞれ関係する専門家や関係諸機関などとの連携・協働を積極的に図り，社会との関わりを意識した課題を追究したり解決に向けて構想したりする活動の充実を図るようにすること。
　イ　内容のA及びBについては，次の事項に留意すること。
　　(ア)　A及びBのそれぞれの(2)においては，小学校及び中学校で習得した概念などに関する知識や，「公共」で身に付けた選択・判断の手掛かりとなる考え方などを基に，それぞれの(1)における学習の成果を生かし，政治及び経済の基本的な概念や理論などの理解の上に立って，理論と現実の相互関連を踏まえながら，事実を基に多面的・多角的に探究できるよう学習指導の展開を工夫すること。その際，生徒や学校，地域の実態などに応じて，A及びBのそれぞれにおいて探究する課題を選択させること。また，適切かつ十分な授業時数を配当すること。
　ウ　内容のAについては，次のとおり取り扱うものとすること。
　　(ア)　(1)においては，日本の政治・経済の現状について触れること。
　　(イ)　(1)のアの(ア)については，日本国憲法における基本的人権の尊重，国民主権，天皇の地位と役割，国会，内閣，裁判所などの政治機構に関する小・中学校社会科及び「公共」の学習との関連性に留意して指導すること。
　　(ウ)　(1)のアの(ア)の「政治と法の意義と機能，基本的人権の保障と法の支配，権利と義務との関係」については関連させて取り扱うこと。その際，裁判員制度を扱うこと。また，私法に関する基本的な考え方についても理解を深めることができるよう指導すること。
　　(エ)　(1)のアの(イ)については，分業と交換，希少性などに関する小・中学校社会科及び「公共」の学習との関連性に留意して指導すること。また，事項の全体を通して日本経済のグローバル化をはじめとする経済生活の変化，現代経済の仕組みや機能について扱うとともに，その特質を捉え，経済についての概念や理論についての理解を深めることができるよう指導すること。
　　(オ)　(1)のイの(ア)の「民主政治の本質」については，世界の主な政治体制と関連させて取り扱うこと。
　　(カ)　(1)のイの(イ)の「望ましい政治の在り方及び主権者としての政治参加の在り方」については，(1)のイの(ア)の「現代政治の在り方」との関連性に留意して，世論の形成などについて具体的な事例を取り上げて扱い，主権者としての政治に対する関心を高め，主体的に社会に参画する意欲をもたせるよう指導すること。
　　(キ)　(1)のイの(エ)の「市場経済の機能と限界」については，市場経済の効率性とともに，市場の失敗の補完の観点から，公害防止と環境保全，消費者に関する問題も扱うこと。また，「金融を通した経済活動の活性化」については，金融に関する技術変革と企業経営に関する金融の役割にも触れること。
　　(ク)　(2)における課題の探究に当たっては，日本社会の動向に着目したり，国内の諸地域や諸外国における取組などを参考にしたりできるよう指導すること。「産業構造の変化と起業」を取り上げる際には，中小企業の在り方についても触れるよう指導すること。
　エ　内容のBについては，次のとおり取り扱うものとすること。
　　(ア)　(1)においては，国際政治及び国際経済の現状についても扱うこと。
　　(イ)　(1)のアの(ア)の「国家主権，領土（領海，領空を含む。）などに関する国際法の意義，国際連合をはじめとする国際機構の役割」については関連させて取り扱い，我が国が，固有の領土である竹島や北方領土に関し残されている問題の平和的な手段による解決に向けて努力していることや，尖閣諸島をめぐり解決すべき領有権の問題は存在していないことなど

を取り上げること。
(ウ) (1)のイの(ア)の「国際紛争の諸要因」については，多様な角度から考察させるとともに，軍縮や核兵器廃絶などに関する国際的な取組についても扱うこと。
(エ) (2)における課題の探究に当たっては，国際社会の動向に着目したり，諸外国における取組などを参考にしたりできるよう指導すること。その際，文化や宗教の多様性を踏まえるとともに，国際連合における持続可能な開発のための取組についても扱うこと。

おわりに

　憲法の景色は変わりましたか。憲法を教えるとは未来を語ることです。

　児童・生徒と未来を語る。社会の一員として育てる，そんな営みは教員でないとできません。あなたは教員をめざしますか。その志は何でしょうか。部活動で，生徒とともに汗をかきたい。学級活動や行事で生徒を輝かせるクラスをつくりたい。いろいろな思いで教員をめざされると思います。あるいは，憲法学習の授業を行うことに関心をもって，教員として本書に目を通されたかもしれません。

　教員は，大学の教員養成の講義でも，中高の社会科（公民科）の授業でも，小学校の社会科6年の憲法学習でも，生徒に憲法を語ります。しかしこのことが，市民社会の中で，人権が憲法を通じて実現し，未来の世代に受け渡すことにつながると考えている方は少ないかもしれません。憲法を，単に大事なもの，法律の親分ととらえていては勿体ありません。本書に目を通された読者はおわかりのように，憲法は，児童・生徒たちの豊かな未来を保障するとても大切なものなのです。

　憲法改正が語られていますが，それは，私たちの「不断の努力」で人権を守り，そして，「ここに主権が国民に存することを宣言」した憲法を発展させるものでしょうか。そういった視点で学ぶことは，今，とても大事なことです。

　本書の読者と本書を授業で活用される教員に，編者として呼びかけます。憲法を人権の法典として生徒に伝えましょう。侵害されている人権は，裁判をはじめ声を上げることをためらうことはないことを語りましょう。

　戦争の反省を刻印して平和主義が謳われました。「戦争の惨禍」を繰り返さないように，国家から戦争する権利を奪ったこの憲法は，射程が広く未来を照らしています。それは，世界の人々の「平和に生きる権利」を語ったのですから。それを児童・生徒に伝え，その実践者（アクティブ・シティズン）を育てましょう。

　憲法の景色は変わりましたか。あなたは，そして，あなたが教える児童・生徒は，未来の地球市民です。主権者として憲法を抱いて，多くの人々とともに生きる持続可能な社会のフロントランナーに育っていくことを祈念してやみません。ともに未来を語っていきましょう。

2019年2月吉日

編著者の一人として　杉浦真理

執筆者紹介 （50音順／＊印は編者）

渥美利文（あつみ　としふみ）
　　現　在　東京都立農芸高等学校教諭

阿部隆幸（あべ　たかゆき）
　　現　在　上越教育大学教職大学院准教授
　　主　著　『全単元・全時間の流れが一目でわかる！社会科　365日の板書型指導案』（共著）明治図書出版，2019年

荒木寿友（あらき　かずとも）
　　現　在　立命館大学大学院教職研究科教授
　　主　著　『ゼロから学べる道徳科授業づくり』（単著）明治図書出版，2017年

大津尚志（おおつ　たかし）
　　現　在　武庫川女子大学学校教育センター講師
　　主　著　『新版　教育課程論のフロンティア』（共編著）晃洋書房，2018年

＊奥野浩之（おくの　ひろゆき）
　　現　在　同志社大学免許資格課程センター准教授
　　主　著　『新しい教職基礎論』（共編著）サンライズ出版，2018年

河原和之（かわはら　かずゆき）
　　現　在　立命館大学非常勤講師
　　主　著　『続・100万人が受けたい「中学公民」ウソ・ホント？授業』（単著）明治図書出版，2017年

河原紀彦（かわはら　のりひこ）
　　現　在　立命館宇治中学校・高等学校常勤講師
　　主　著　『100万人が受けたい社会科アクティブ授業モデル』（共著）明治図書出版，2017年

桑山俊昭（くわやま　としあき）
　　現　在　法政大学／神奈川大学非常勤講師

斎木英範（さいき　ひでのり）
　　現　在　大阪府立北千里高等学校教諭

佐藤　功（さとう　いさお）
　　現　在　大阪大学大学院人間科学研究科教授
　　主　著　『えーっ！バイト高校生も有給休暇とれるンだって！』（単著，筆名：航薫平）フォーラム・A，2012年

佐藤正寿（さとう　まさとし）
　　現　在　東北学院大学文学部教授
　　主　著　『スペシャリスト直伝！社会科授業成功の極意』（単著）明治図書出版，2011年

首藤広道（しゅとう　ひろみち）
　　現　在　大阪府立摂津高等学校教諭

菅澤康雄（すがさわ　やすお）
　　現　在　千葉県立市川工業高等学校教諭
　　主　著　『主権者教育のすすめ』（共著）同時代社，2014年

＊杉浦真理（すぎうら　しんり）
　　現　在　立命館宇治中学校・高等学校教諭
　　主　著　『シティズンシップ教育のすすめ』（単著）法律文化社，2013年

　竹山幸男（たけやま　ゆきお）
　　現　在　同志社中学校・高等学校副校長
　　主　著　『わかってたのしい中学社会科公民の授業』（共著）大月書店，2002年

　田中祐児（たなか　ゆうじ）
　　現　在　元　武蔵大学非常勤講師
　　主　著　『格差社会と若者の未来』（共著）同時代社，2007年

　田丸美紀（たまる　みき）
　　現　在　大阪府立金岡高等学校教諭

＊長瀬拓也（ながせ　たくや）
　　現　在　同志社小学校教諭
　　主　著　『ゼロから学べる小学校社会科授業づくり』（共編著）明治図書出版，2016年

　西村美智子（にしむら　みちこ）
　　現　在　都留文科大学非常勤講師
　　主　著　『平和をつむぐ12歳のメッセージ』（単著）かもがわ出版，2009年

　福岡公俊（ふくおか　きみとし）
　　現　在　元　首都大学東京非常勤講師
　　主　著　『高校生からの「憲法改正問題」入門』（共著）平和文化，2013年

　福田秀志（ふくだ　ひでし）
　　現　在　兵庫県立尼崎小田高等学校教諭
　　主　著　『高校社会「公共」の授業を創る』（共著）明治図書出版，2018年

　藤原孝章（ふじわら　たかあき）
　　現　在　同志社女子大学特任教授
　　主　著　『シミュレーション教材「ひょうたん島問題」』（単著）明石書店，2008年

　古川光弘（ふるかわ　みつひろ）
　　現　在　兵庫県佐用町立三河小学校校長
　　主　著　『「古川流」戦略的学級経営　学級ワンダーランド計画』（単著）黎明書房，2016年

＊松森靖行（まつもり　やすゆき）
　　現　在　大阪府寝屋川市立田井小学校教諭
　　主　著　『子どもと保護者の心をわしづかむ！デキる教師の目配り・気配り・思いやり』（単著）明治図書出版，2016年

　安野雄一（やすの　ゆういち）
　　現　在　大阪教育大学附属平野小学校教諭

　由井薗　健（ゆいぞの　けん）
　　現　在　筑波大学附属小学校教諭／筑波大学非常勤講師
　　主　著　『一人ひとりが考え，全員でつくる社会科授業』（単著）東洋館出版社，2017年

吉井美奈子（よしい　みなこ）
　　現　在　武庫川女子大学専任講師
　　主　著　『子どもの食と栄養』（共編著）ミネルヴァ書房，2017年

＊渡辺暁彦（わたなべ　あきひこ）
　　現　在　滋賀大学教育学部准教授
　　主　著　『憲法判例クロニクル』（共編著）ナカニシヤ出版，2016年

渡邉　巧（わたなべ　たくみ）
　　現　在　広島大学大学院教育学研究科准教授

ここから始める「憲法学習」の授業
――児童生徒の深く豊かな学びのために――

2019年5月20日　初版第1刷発行　　　　　　　　〈検印省略〉

定価はカバーに
表示しています

編著者	長瀬拓也
	杉浦真理
	奥野浩之
	渡辺暁彦
	松森靖行
発行者	杉田啓三
印刷者	江戸孝典

発行所　株式会社　ミネルヴァ書房
607-8494 京都市山科区日ノ岡堤谷町1
電話代表 (075)581-5191
振替口座 01020-0-8076

© 長瀬拓也ほか, 2019　　共同印刷工業・清水製本
ISBN978-4-623-08459-3
Printed in Japan

吉崎静夫 監修／村川雅弘・木原俊行 編著
授業研究のフロンティア
「授業で勝負する」教師と学校のために。授業研究に関する理論的・実践的知見を集積，出発点からそのフロンティアまでを見渡す。　　　　　　　A5判　228頁　3,000円

佐々木 司・三山 緑 編著
これからの学校教育と教師
●「失敗」から学ぶ教師論入門　各章末で現職教員による「失敗・挫折」を扱ったエピソードを紹介。本文と合わせて，そこから「何を学ぶのか」を平易に解説。
A5判　200頁　本体2,200円

篠原清昭 編著
教育のための法学
●子ども・親の権利を守る教育法　「教育」の制度・法令を丁寧に読み解き解説する。教育法の変化を的確に理解し対応するために必携の教科書。　　B5判　296頁　本体2,800円

工藤達朗 編著
よくわかる憲法（第2版）
「最高法規」の重要論点をわかりやすく体系的に網羅し，具体的な事例とともに丁寧に解説。「憲法」の成り立ちから各規程の趣旨までを的確に理解した上で，憲法をめぐる諸問題の本質から論理的に考察する力を身に付けることを目指す。　　　　B5判　240頁　本体2,600円

吉田武男 監修／手打明敏・上田孝典 編著
社会教育・生涯学習
学校の教育活動を豊かに展開するうえで，地域との連携・協働する意義など，現代の学校教育改革との関連を踏まえて解説する。　　　　　　　　　　B5判　216頁　本体2,200円

吉田武男 監修／井田仁康・唐木清志 編著
初等社会科教育
新学習指導要領を踏まえ，社会科の本質を理念的に解説するとともに，優れた授業実践から授業づくりの実際を学ぶことを目指すテキスト。　　　　B5判　200頁　本体2,200円

―― ミネルヴァ書房 ――
http://www.minervashobo.co.jp/